QCA WITH R

A COMPREHENSIVE RESOURCE

QCA方法
从入门到精通

基于R语言

[罗]　**阿德里安·杜萨**（Adrian Dușa）　著

杜运周◎等译

机械工业出版社

CHINA MACHINE PRESS

图书在版编目（CIP）数据

QCA方法从入门到精通：基于R语言／（罗）阿德里安·杜萨著；杜运周等译 . -- 北京：机械工业出版社，2021.3（2024.6重印）
（华章教材经典译丛）
书名原文：QCA with R：A Comprehensive Resource
ISBN 978-7-111-67521-1

I. ①Q… II. ①阿… ②杜… III. ①定性分析 IV. ①C34

中国版本图书馆CIP数据核字（2021）第028582号

北京市版权局著作权合同登记 图字：01-2020-7144号。

出版发行：机械工业出版社（北京市西城区百万庄大街22号 邮政编码：100037）

责任编辑：吴亚军 丁小悦		责任校对：殷 虹	
印　　刷：北京建宏印刷有限公司		版　　次：2024年6月第1版第5次印刷	
开　　本：185mm×260mm 1/16		印　　张：17.75	
书　　号：ISBN 978-7-111-67521-1		定　　价：79.00元	

客服电话：（010）88361066 68326294

The Translator's Words | 译者序

著名物理学者 Platt（1964）在 *Science* 上曾撰文提出 Platt 之问："为什么不同领域的发展速度会有显著差异？"他认为主要的原因是各领域之间科学方法的发展和传播速度存在一定的差异。2016 年金秋，金陵桂花飘香，我与机械工业出版社的吴亚军先生讨论可以为国内的同行做些什么。我思考了片刻，斗胆把我当时正在学习的 QCA 方法推荐给亚军，当时我的理由是，QCA 不仅是一种分析方法，而且它将改变我们的思维方式，从还原论到整体论，从线性思维到组态思维，从简化思维到复杂系统思维，从量化主导思维到定量与定性相结合思维，从相关关系到集合关系，不断加深我们对复杂系统和因果复杂性的认识。幸运的是，我们达成了共识，决定翻译出版介绍 QCA 方法的书来推进 QCA 方法在国内的传播和发展，以服务更多的同行。经过讨论，我们认为应先从方法应用开始，再逐渐深化。于是，2017 年，我们首先翻译出版了伯努瓦·里豪克斯与查尔斯·C. 拉金共同主编的一本经典的 QCA 入门书——《QCA 设计原理与应用：超越定性与定量研究的新方法》，在此感谢徐淑英老师专门为该书作序。这本 QCA 入门书得到了社会科学同行们的广泛认可。2019 年，为了拓宽和深化对 QCA 的认识，我们又翻译出版了查尔斯·C. 拉金的经典书《重新设计社会科学研究》。2017 年至今，我先后受邀到教育部全国高校教师网络培训中心，以及北京大学、中国人民大学等高校，报告交流 QCA 方法的原理和技术，并于 2017 年 11 月 10～12 日与机械工业出版社共同在东南大学经济管理学院组织了国内第一届 QCA 工作坊，吸引了来自内地和香港众多高校的 200余位学者参与。2018 年 6 月 17 日在武汉召开的中国管理研究国际学会（IACMR）的会议上，我邀请浙江大学魏江教授、南京大学贾良定教授、华东理工大学阎海峰教授、苏黎世联邦理工学院约翰内斯·梅尔（Johannes Meuer）博士，以及开发了定性比较分析（QCA）R 包的布加勒斯特大学阿德里安·杜萨（Adrian Duşa）教授，共同组织了一个 QCA 方法原理、应用与论文发表工作坊。在之后的两年时间里，我们又顺利举办了三届 QCA 工作坊，吸引了更多优秀学者参与到 QCA 学习的队伍中来。2018 年 11 月 23～25 日，第二届 QCA 方法与论文发表工作坊在东南大学四牌楼校区召开。来自中山大学、浙江大学、西安交通大学、中国人民大学、南京大学、南开大学、同济大学、厦门大学、中国科学技术大学等 130 余所高校的 280 多位老师和研究生参与了研讨交流。第二届工作坊首次把论文发表与工作坊活动结合起来。《管理学季刊》联席主编、南开大学张玉利教授，中国人民大学王凤彬教授、南京大学贾良定教授及《管理世界》原主编蒋东生教授分别做了主题报告。《南开管理评论》副主编程新生教授、《管理学报》郭恺主任、《外国经济与管理》宋澄宇主任与参会者进行了积极的交流。2019 年 3 月，在唐震教授等的支持下，第三届工作坊在河海大学商学院成功举办。同年 11 月，在东北大学秦皇岛分校管理学院苏锋教授、杨勇教授，燕山大学经济管理学院张敬伟教授、杨春江教授等的共同支持下，第四届 QCA 工作坊在秦皇岛成功举办，本次工作坊得到了《南开管理评论》《管理学报》《管理学季刊》《经济管理》《科学学与科学技术管理》《外国经济与管理》等期刊的支持。非常感谢大家在每一次活动中的积极参与和鼎力支持，这使国内举办的 QCA 活动成为国际上规模最大的 QCA 活动之一，也使中国 QCA 快速地与国际接轨。QCA 方法作为一种分析因果复杂性的方法和视角，在工商管理、教育学、公共管理、管理信息系统等多个领域的研究和运用快速增长。截至 2020 年 9 月 14 日，在中国知网以"QCA"或"定性比较分析"为主题进行检索，共检索到 267 篇相关文献。2017 年至 2020 年 9 月，管理学重要期刊共发表了 50 余篇 QCA 论文。其中，《管理世界》7 篇，《南开管理评论》7 篇，《公共管理学报》5 篇，《经济管理》4 篇，《中国工业经济》2 篇。

在复杂科学、复杂数字管理与生态系统背景下，需要新理论、新方法和新范式的研究。范式提供了研究者路线图以及制作路线图的基本方向（Kuhn，1996）。还原论在近代科学中被广泛运用，但在处理复杂系统问题方面仍存在缺陷。尤其在产业与数字技术进一步融合发展，企业面临愈加复杂的数字生态环境的背景下，需要超越传统还原论，发展适应数字转型等复杂系统管理的新理论、新方法和新范式。面向国家经济治理体系协调优化的重大需求，从复杂科学的视角，突破既有认知，探索和构建新技术驱动的管理与经济科学新理论、新方法和新范式，服务和推动数字转型背景下的复杂管理和经济高质量发展。因此，对数字转型、生态系统等复杂社会现象的研究需要直面因果复杂性，不断创新理论和方法。2017 年以来，我在撰写的论文或发表的演讲中都曾指出，企业作为一个系统，其组织要素间相互依赖共同导致结果，需要突破传统认知、理论和方法的约束。2017~2020 年，我有 11 篇关于 QCA 的论文得到了发表和录用，其中 4 篇发表在《管理世界》期刊上，研究成果也扩展至工商管理之外，涉及公共管理、图书情报等领域，推动了 QCA 在多领域的运用和发展。我意识到不同学科在底层的知识上是相通的，交叉创新是学科发展中很有前景的方向。我与贾良定教授于 2017 年在《管理世界》期刊上发表了文章《组态视角与定性比较分析（QCA）：管理学研究的一条新道路》，明确呼吁在管理学研究中引入组态视角和 QCA 方法，研究管理学多种因素耦合对结果的复杂影响，这一文章及其呼吁与国际同行不约而同。2020 年，*Academy of Management Review*、*Journal of International Business Studies*、*Journal of Business Research* 等国际顶级期刊相继呼吁开展新范式下组态视角和基于 QCA 方法的管理学研究，以更好地解释管理领域的复杂现象，这也有力地支持了我们 2017 年的呼吁。该篇文章获得了教育部第八届高等学校科学研究优秀成果奖青年成果奖。

本次翻译出版的《QCA 方法从入门到精通：基于 R 语言》是阿德里安·杜萨教授的杰作。为什么要翻译出版这本基于 R 语言的 QCA 方法书呢？有三个原因促使我们去做这件事。一是不断升级的 QCA 功能。R 作为一种开源语言，除了开发者可以对 QCA 软件包进行不断升级，使用者也可以根据需求进行开发，因此 QCA 软件包的功能升级得很快。二是研究结果复现的需要。科学研究结果复现日益受到重视，R 语言编程可以很方便地保存分析过程及其编码，使复现变得容易。三是对标国际对方法论原创的需要。方法论原创需要揭开方法或者软件包底层的"黑箱"，这就需要掌握一些编程语言和算法。熟悉 R 语言编程有利于方法原创，有助于解决方法技术上的"瓶颈"问题。

基础原创研究日益受到重视，"新理论、新方法、新范式"原创探索研究是国之所需。从 2017 年开始，我每年都会参加苏黎世联邦理工学院举办的国际 QCA 专家工作坊。2018 年 11 月，在苏黎世联邦理工学院举办的第六届国际 QCA 专家工作坊上，我荣幸地受邀成为国际比较方法专家网络 COMPASSS 咨询委员会全球 50 位 QCA 咨询专家之一。同时，我也发现美国的国际管理学会有专门的研究方法分部。参加这些国际活动让我意识到国内工商管理领域还缺乏专门的方法组织，我国较西方在工商管理研究方法和技术发展上还存在较大差距，而且这个差距有被拉大的风险。2020 年 8 月，国家自然科学基金委员会管理科学部首次提出"管理与经济科学新理论、新方法和新范式"原创探索项目。这进一步支持了我的判断，即需要加强原创方法的研究，关注更加底层的基础研究。国际管理学会（AOM）专门设有研究方法分部（RM 分部），RM 分部非常受欢迎，在 AOM 的 26 个分部中排名第六。AOM 还有专门研究方法的期刊 *Organizational Research Methods*（*ORM*），RM 分部和 *ORM* 期刊大大地推动了管理学新方法的发展。这些做法很值得国内借鉴。而促进方法的发展还须深入地研究方法背后的科学哲学。为了对国内管理哲学、方法论与实践的融合发展贡献绵薄之力，我与《外国经济与管理》编辑部主任宋澄宇商议把"东方管理"专栏编委会活动扩大，于 2019 年 4 月在东南大学组织召开了首届"管理哲学、研究方法与中国管理实践"研讨会。在此基础上，申请在中国企业管理研究会新增设立管理哲学专委会，获得学会通过，这是国内第一个管理哲学专委会，需要感谢黄速建会长的支持。我本人也很荣幸地担任了中国企业管理研究会副理事长及管理哲学专委会主任。我们计划管理哲学专委会每年组织召开"管理哲学、研究方法与中国管理实践"学术年会或系列工作坊，推动管理哲学和方法论的发展，更好地发展管理理论，促进管理实践，也为解决在研究方法论和管理哲学等基础研究方面的短板问题贡献力量。管理哲学专委会的成立引起中国网等权威媒体的关注和报道。2020 年 9 月 24 日上午，"中国科学院哲学研究所揭牌仪式暨科学与哲学前沿问题研讨会"在北京召开，这说明哲学在科学原创中的重要性得到了科学界的认可。

QCA 方法的特点之一是改变了我们长期以来认为理所当然的分析范式，用整体视角和组态思维帮助我们认识复杂现实。范式是一个研究共同体成员共享的信仰、价值、技术等的集合，研究范式一般包括四个要素：达成共识的基本假定、通用的研究方法、共同的研究问题以及专业的研究群体（Kuhn, 1996）。每一次思想的解放和创新变革的发生，都伴随着人们基本假定和思维定式的改变。传统范式分析的一个共同特点是聚焦于变量层面的净效应分析。回答的问题是在其他变量相互竞争的情况下，某个变量对研究结果的净效应是否显著以及强度有多大。这一分析思路和技术不能有效地分析在复杂系统的社会现象中多种因素共同决定结果的情况。QCA 的组态思维为我们开启了另一扇窗户，让我们可以去探索一个更加丰富的复杂世界。正如柏拉图所说："只有通过组合已知，才能创造新知。"聚焦于变量层面的分析和聚焦于变量组合（案例导向）的分析反映了认识方式的不同，前者更强调变量思维，后者更强调整体思维。

QCA 方法的另一个特点是它用集合关系取代了相关关系，深化了对必要性和充分性等复杂因果关系的分析，这让逻辑哲学、理论和实践语言匹配起来。逻辑哲学采用必要性和充分性及其延伸表达因果关系。关注日常实践语言，我们可以发现"必要""必须""充分""一定"等表述经常出现。比如，最近经常提到的"卡脖子"

问题，它实际上就是表达了某个条件是某种产品的必要条件。在一次校园报告中，华为副董事长孟晚舟引用"一万小时定律"，即"一万个小时的锤炼是任何人从平凡走向非凡的必要条件"，并强调一万个小时的锤炼是必要条件而非充分条件。以往我们的社会科学分析和这类实践难以对话，这是因为传统范式分析的是不明确的相关关系而非必要与充分这类逻辑关系。一万个小时是成为非凡的人的必要条件，即不经历一万个小时的锤炼（条件），便不会成为非凡的人。更常见的是充分关系，即某种前因（组合）可以充分地产生特定结果。比如，如果我们拥有动机、能力和机会，就能实现预期目标。至此，你或许已经发现 QCA 方法与必要和充分这类因果关系的表达使得学术语言与实践语言非常接近。今天，管理学等社会学科面临的一个巨大挑战就是理论与实践的脱节。传统的相关分析方法基于严谨的模型和假设，但也因此偏离实际。而 QCA 方法让严密的逻辑更贴近实际。

这本书的翻译出版也得益于几位 QCA 方法的领军学者一直以来对我在中国推动 QCA 方法的鼓励，他们包括 QCA 方法的开创者查尔斯·C. 拉金教授、南加州大学费彼尔（Peer C. Fiss）教授、苏黎世联邦理工学院约翰内斯·梅尔博士，以及路易斯安那州立大学托马斯·格瑞汉姆（Thomas Greckhamer）教授等。拉金教授已经为 QCA 事业投入了 30 多年或至少 60 000 个小时，他的长期主义和坚定的信念深深地影响了我。拉金教授 22 岁时（1975 年）在北卡罗来纳大学教堂山分校社会学系获得社会学博士学位。彼时，在传统社会学研究中，存在两种主流的社会科学研究方法：定性与定量。工作后的拉金教授经常因定量分析方法不能处理因果复杂性及其结果的不稳定性而感到沮丧，而案例研究又经常被质疑缺乏普适性。拉金教授开创的 QCA 方法超越了定性与定量的界限，通过将案例视为条件的组态，用条件组态取代自变量、组态思想代替净效应思想、集合关系代替相关关系，整合了定性分析与定量分析的优势，使社会学研究从线性相关分析步入一个"集合"分析的时代。QCA 方法使得因果复杂性和组态分析在方法实现上得到了有效支撑，因而在社会学、政治学、管理学、传播学、信息管理、营销学、药学等研究领域具有广泛的应用前景。正是由于 QCA 方法的巨大突破，2009 年，《当代社会学》将拉金教授开创的 QCA 方法称为"拉金革命"。拉金教授于 1989 年获得国际社会科学委员会（ISSC）授予的斯坦·罗卡奖（Stein Rokka Prize），并于 2014 年获得美国社会学会（ASA）授予的拉扎斯菲尔德奖（Paul F. Lazarsfeld Award），以表彰他在方法论上做出的杰出贡献。2017 年 12 月 12 ~ 14 日在苏黎世联邦理工学院召开的国际 QCA 专家会议上，包括我在内的 QCA 方法研究者共同在 QCA 方法开创之作（即 1987 年出版的《比较方法》）上签名，以此感谢拉金教授30多年来的杰出贡献。

这本书能够顺利翻译完成，要感谢翻译团队集体的努力和付出。刘秋辰负责第1、5、6章的翻译，柏洁负责第2、7、11章的翻译，我负责第3章的翻译，陈凯薇负责第4章的翻译，赵舒婷负责第8章的翻译，李佳馨负责第9、10章的翻译。我还负责完成本书其他部分的翻译，并对所有章节的译稿进行了二次校正。这本书能够顺利呈现给读者，也要感谢机械工业出版社吴亚军先生和张翠编辑的辛勤工作；感谢为本书写封底推荐语的费彼尔教授、约翰内斯·梅尔博士、托马斯·格瑞汉姆教授、张玉利教授、魏江教授、王永贵教授；感谢《管理世界》李志军社长、《南开管理评论》程新生副主编、《经济管理》刘建丽副主编、《管理评论》乔晗副主编、《管理学报》郭恺主任、《外国经济与管理》宋澄宇主任、《科学学与科学技术管理》孙兰主任等朋友的支持；感谢国家自然科学基金面上项目"营商环境多生态要素的耦合机制：组态视角与方法的探究"（项目编号：72072030），以及国家自然科学基金面上项目"自恋人格、多层次制度逻辑与众创空间内创业者战略选择及效果研究"（项目编号：71672033）的资助。

我们正处在一个复杂科学崛起的变革时代，正面临如何开展复杂系统背景下"新理论、新方法、新范式"的探索研究。我们努力翻译好这本QCA方法书是为了与世界同行共同探索向复杂科学研究范式变革的路径和方法。相信这本书能够让读者朋友系统地学习QCA在分析复杂因果关系中的原理、思路与方法。

杜运周

于东南大学经济与管理学院（九龙湖校区）

撰写这本书的最初想法始于 2016 年 8 月，目的是更新 R 中对 QCA 软件包的描述。自 5 年前上一版用户指南问世以来，很多东西都发生了变化，当时该软件包的版本为 1.0- 0。

大多数命令都是向后兼容的，这意味着上一版用户指南中的示例仍可与当前版本的软件包一起使用。不同版本之间会有一些细微但非常重要的差异。例如，函数 calibrate( ) 的默认值从 **type ="crisp"** 更改成了 **type ="fuzzy"**，但是在分析之前版本中的例子时，对于清晰集校准，应明确指定参数 **type ="crisp"**。软件包安装目录中的 ChangeLog 文件明确了各个版本的所有更改信息（第 2 章有更多的详细信息）。

本书与该软件包 3.3 版本的发布相关。与之前相比，该版本有许多最前沿的特色：不仅大大改进了功能，还提供了图形用户界面，使得 R 初学者可以通过点击的方式使用此程序包。如果说以前的内容与命令行有关，那么现在与命令行和图形用户界面之间的互联有关。

图形用户界面的重点不是替代命令行，而是提供一种更易访问的方式来学习如何使用命令。无论用户友好程度如何，没有哪一种图形用户界面可以完全替代命令行的灵活性。R 基础包尤其是 QCA 包中的各种可用书面函数，超出了任何标准化图形（因此受限）用户界面的可能性。

但是，该图形用户界面在某一点上显得非常特别：每一次单击都会立即触发相应命令的构造。由此，图形用户界面的真正目的是展示一种编写命令的可能的方式，同时也有更多其他方式等着用户去挖掘。

本书的结构与之前的用户指南不同。当然，它涉及相同的主题并介绍了相同的（更新后的）程序包，但在章节设置上，与以二元清晰集、多值清晰集和模糊集之间的区别为主线不同，一种更好的方式是基于 QCA 的分析过程：校准、必要性分析、充分性分析、构造和最小化真值表等。

本书已不仅仅是一本用户指南，也不是完全的理论材料。这对 R 相关信息（第 1 章做了非常简短的介绍）和 QCA 相关主题两部分来说均是如此。每一部分都有其专门的书籍，本书不能替代它们，而是将重点转移到了如何使用 R 进行定性比较分析上。

本书包含将 QCA 变体（cs、mv 和 fs，也有其他扩展）的理论和 R 结合在一起的专门章节，详细说明了如何使用命令行和新的图形用户界面执行每种分析。但是，仍鼓励读者借助其他来源补充相关知识，其中大多数来源将在特定章节介绍给大家。

说撰写这本书是一种挑战，这是一种保守的说法。它最初是一种挑战，但慢慢地已经发展成我绝对没有预料到的事情。本书是为想象中的读者写的，我们进行了许多有趣的讨论，这些讨论都源于自然的问题。读者既可以是对 R 感兴趣的 QCA 专家，也可以是对 QCA 感兴趣的 R 专家，又或者是最常见的情况：既不是 QCA 专家也不是 R 专家。但是，问题都是一样的：

- 这到底是什么？和 / 或
- 如何用 R 做到这一点？

在与虚构的读者进行对话并试图预测读者期望从书中了解何种问题并得到何种答案时，必须重写许多章节和段落，有时甚至是一个词。在描述和解释的过程中，我常常意识到，我认为理所当然的许多事情并非微不足道。实际上，这个过程是在提示我重新思考和重写命令结构以更好地回答潜在的问题，同时也可以提升用户体验。

就像雕塑家对于雕刻出一座雕像的可能性有具体的想法那样，最初的书稿计划逐渐适应新的结构，以实现撰写过程中出现的所有想法。从某种意义上说，这本书是它自己写成的，就像石头里已经存在雕像，雕塑家只是去除多余的材料来揭示它一样。我非常高兴能经历这样一个过程。

改进软件包中的代码意味着要在书中进行进一步的、更好的阐释，而在多次描述概念时又涉及重新编写代码，从而耗费了将近整整一年的时间。在本书内容和代码之外，每次更改都意味着要付出更多的努力来更新图形用户界面。在没有编程专业背景的情况下，编写软件包尤其是图形用户界面是一项艰巨的任务。

为了规避操作系统之间的差异，最好的选择是打开最为通用的环境——网络页面的对话框。值得庆幸的是，尽管我仍须在此过程中学习 HTML、Javascript 和

SVG，但是优秀的 Shiny 软件包使得在网络页面打开对话框这项工作变得可行。现在，该图形用户界面的后端已经相当稳定且易于管理，而前端非常接近理想状态，将点击对话框与基于网络的命令行结合在了一起，且都位于同一工作空间。

目前，该图形用户界面仍然缺少一个重要的并且肯定会保留在下一版本的开发列表中的东西，即代码编辑器。有很多选择可供挑选，但我根本没有时间选择合适的方式去开发代码编辑器。该软件包的下一个版本很可能旨在完善图形用户界面。

R 是一个很棒的环境，很少有人意识到它可以用于写书。这本书是用 R 编写的。没有足够的文字可以描述 Yihui Xie 和 RStudio 所有工程师团队的出色工作，他们提供了这项公共服务，尤其是接纳 HTML、PDF 和电子书出版形式（还有其他形式）的 knitr、rmarkdown 和 bookdown 软件包。自动将标记代码转换为 LaTeX，并最终呈现为精美的 PDF 版本，使得本书的编写比我预期的要容易得多。

在本书中，有很多地方都使用 R 命令来举例说明理论知识。它们被安排在特定的灰色框中。除了极少数仅用于说明的命令外，所有命令都有相应的输出结果，这些结果位于命令下方。

我非常感谢这样一群人，他们在本书撰写过程中提供了反馈，甚至提出了进一步改善软件包功能的想法，感谢 Eva Thomann、Omar Bautista González 和 Monica Şerban 非常认真地阅读了整本书，并感谢 Ioana-Elena Oana 和 Carsten Schneider 为 SetMethods 软件包与 QCA 软件包一起顺利运行付出的一切努力。

还有很多人提出了建议、错误报告和功能请求，在这里不能一一提及，我非常感谢他们对这本书感兴趣。

我想把这本书献给我的妻子 Adriana Rotar，在写这本书时，她对我十分耐心。我从太多的日常活动中抽出时间来写书，她对此表示理解，我感激不已。

阿德里安·杜萨（Adrian Duşa）

于罗马尼亚布加勒斯特

目录 | Contents

第 1 章

R 语言基础

本章将向用户介绍使用 R 语言（也可简称为 R）过程中的一系列基本概念。读者也可以参考其他专门介绍这方面的入门书籍（例如 Verzani，2005；Dalgaard，2008；Zuur 等，2009），并且在 CRAN（Comprehensive R Archive Network）网站[⊖]上还有专门的页面提供免费的手册。

本章的目的不是提供 R 的完整和详尽的指南，而是帮助用户理解那些使用 QCA 软件包（以下简称 QCA 包）所要了解的基本概念。

第 2 章将进一步实现这一目标，特别是 2.4 节，它展示了如何使用图形交互界面交互式地构造书面命令，但是在一开始，我们建议用户至少要理解 R 是什么，更重要的是要了解它与通常使用的数据分析软件有何不同。

1.3 节将简要介绍各种对象类型。在随后的章节中，每种类型的对象间都会产生联系，因此必须深入了解这些类型。有很多其他书籍描述了这些对象，但这些内容超出了本书的范围。若你认为这个简短的介绍没有充分涵盖主题，你可以通过扩展阅读来补充相关知识。

当第一次打开 R 控制台时，你马上会遇到一个固有的感观上的难题：没有特定的可视菜单，导入简单的数据集似乎是一项不可完成的任务。当以某种方

⊖ CRAN 网站的网址为：https://cran.r-project.org/。

式将数据导入时，最常见的问题是：

- 数据在哪里？

- 我们如何看数据？

对习惯使用 SPSS 或 Excel 等数据分析软件的用户来说，遇见这样的问题非常正常。毕竟，这些软件在打开文件后可以立即看到数据。随着用户关于 R 知识的增多，他们会意识到实际上并不需要看到数据。事实上，除非数据集足够小，能适合屏幕显示，否则在 R 中看到数据是无法实现的。大型数据集（数千行和数百列）仅有部分显示，用户通常只能左右、上下滚动数据集来查看。此外，R 可以同时打开多个数据集，或者创建一些数据集的临时副本，但是不可能看到所有数据集。

当打开大型数据集时，人眼不可能观察到数据集中的所有潜在问题。R 在这方面做得很好，它使用书面命令以交互方式查询数据以查找潜在问题。

特定的命令可以获取对应问题的答案，例如：我的数据中是否有任何缺失值？如果是，它们在哪里？所有值都是数值型的吗？所有特定列的值都在 0 到 1 之间吗？哪些行的值大于某个阈值？

即使数据集很小并且适合屏幕显示，使用书面命令解决上述问题仍然是一个很好的实践建议，因此不要相信我们通常在屏幕上看到的内容。例如，在有些情况下某个列被编码为字符，即使所有值都是数字，形如 "1""5""3" 等。当这些值在屏幕上出现时，引号不会自动显示，因此用户自然地假设变量是数字。更好的方法是询问 R 某个向量（列）是否为数值，这将会在 1.3 节中展示。

在深入研究这些问题之前，初次体验 R 交互的最简单的命令是：

```
1 + 1
```

结果为：

```
[1] 2
```

R 读取命令并检查它是否存在可能的语法错误，如果没有错误则执行命令并在屏幕上输出结果。这就是像 R 这样的解释型语言的工作原理，首先花点时间理解文本命令是什么，然后执行。这种方法的最大优点是交互性和灵活性。

有许多细节一旦被理解和掌握，可以帮助用户通过陡峭的学习曲线。在这些细节中，最重要的是这两个概念：工作目录（关于数据的输入和输出）和工作空间（关于多种类型的对象）。

1.1　工作目录

初学者最具挑战性的任务之一就是获取数据。一些经典软件的图形用户界面通过使用鼠标浏览不同目录和文件，这使获取数据看起来非常自然。在 R 中，有两种方法可以读取某个文件：一是使用其名称，这种方法适用于这个文件已经保存在工作目录中的情形；二是提供包含文件名的所有目录和子目录的完整路径（详见 2.4.8 节）。

读取文件最简单的方法是将其保存在工作目录中，可以使用以下命令找到工作目录：

```
getwd()
```

```
[1] "/Users/jsmith/"
```

不同的操作系统之间可能会存在差异，例如在 Windows 中结果可能会显示为：

```
[1] "C:/Documents and Settings/jsmith"
```

数据文件可以保存到此默认目录中，或者用户可以为工作目录设置新位置，如：

```
setwd("D:/data")
```

这两个命令对于选择文件和目录非常有用。作为替代方法，可以用命令 file.choose( ) 来使用计算机的本地文件浏览器。可以将导入命令（假设从 CSV 文件读取）与文件浏览器组合（而无须详细设定某个文件的完整路径）：

```
datafile <- read.csv(file.choose())
```

此命令是两个函数的组合，按特定顺序执行。首先，文件浏览器由函数 file.choose( ) 激活，然后一旦用户通过手动导航到特定目录选择特定的 CSV 文件，该文件的路径将自动构建并提供给函数 read.csv( ) 执行实际数据读取。

这时，命令组合的结果输出在屏幕上，但通常的做法是将此结果指定给某个对象。下一节中将会具体展示这一具体操作。

1.2　工作空间

创建或导入的每个对象都保存在计算机的内存（RAM）中。在 R 中，几乎所有东西都是一个对象：数据文件、标量、向量、矩阵、列表甚至函数等。例如，创建一个包含单个值（标量）的对象可以使用运算符"<-"来完成。

```
scalar <- 3
```

这样就在工作空间中创建了一个名为 scalar 的新对象，它包含值 3。使用命令 ls( ) 可以查看当前工作空间中所有对象的列表：

```
ls()
```

```
[1] "datafile" "scalar"
```

某些对象要从硬盘驱动器中读取，而其他对象则直接在 R 环境中创建。因为有足够的内存可用，容纳大量对象不是问题。只有当工作空间被许多临时对象占据时才会比较麻烦，这使得找到重要的对象变得更加困难。

可以通过以下方式消除单个对象：

```
rm(scalar)
```

在未保存的情况下，关闭 R 时工作空间将会丢失。除了使用 write.table( ) 导出数据集（2.4.8 节中有更多详细信息）以外，单个对象也可以以二进制格式保存：

```
save(datafile, file = "datafile.Rdata")
```

也可以使用二进制格式保存整个工作空间的所有对象：

```
save.image(file = "workspace.Rdata")
```

可以使用以下命令清理整个工作空间（一次性删除所有对象）：

```
rm(list = ls())
```

通过 save.image( ) 可以以二进制格式将工作空间镜像保存在硬盘驱动器中，那么在需要时可以用相反的命令 load( ) 在 R 中打开已保存的工作空间镜像。只需要一个函数就可以加载这两种类型的二进制文件（单个对象或整个工作空间）：

```
load("workspace.Rdata")
```

1.3　对象类型

向量是某个特定类型（如数值、字符、逻辑等）的值的集合。向量可能是 R 中最常见的对象类型，这与其他软件有很大不同。在许多情况下，数据的结构被限制为包括行案例和列变量的矩形，但 R 更灵活，在兼容该类型文件的同时也兼容其他各种结构。

我们并不总是需要将值构造成矩形。有时我们可能会对（单个）简单向量的值感兴趣，原因可能有很多，包括使用它并查看应用不同的转换命令时会发生什么。

向量很简单，但结构非常强大。有时它们只包含它们自己的值，有时它们包含引用其他向量或其他对象中某些值的位置的索引。创建向量的最简单方法是使用函数 c( )：

```
nvector <- c(1, 3, 5, 7, 9, 11)
```

向量的名称（就像任何其他对象的名称一样）并不重要，在此处命名为 nvector，但用户可以自由地尝试其他任何名字。调用该名称将在屏幕上输出其内容：

```
nvector
```

```
[1]  1  3  5  7  9 11
```

你也可以使用一些其他预定义函数获得相同的值，例如使用 seq( )，生成 1 到 11 ⊖之间的每间隔 1 个值的序列：

```
seq(1, 11, by = 2)
```

```
[1]  1  3  5  7  9 11
```

如前所述，最常见的向量类型是数值、逻辑、字符或因子。上面的示例是数值，创建字符向量也是这么简单：

```
svector <- c("C", "C", "B", "A", "A")
svector
```

```
[1] "C" "C" "B" "A" "A"
```

因子是一种特殊类型的向量，它定义了分类变量。这些类别在 R 中称为"水

⊖　此处原文有误，原文为 9。——译者注

平"(level)，分类变量可以是无序的（名义变量），也可以是有序的（有序变量）。

```
fvector <- factor(svector)
fvector
```

```
[1] C C B A A
Levels: A B C
```

除非另有说明，否则水平按字母顺序显示，但无论水平如何排列，此类因子仍是名义变量：

```
fvector <- factor(svector, levels = c("C", "A", "B"))
fvector
```

```
[1] C C B A A
Levels: C A B
```

有序变量可以用名为 ordered 的参数接受一个逻辑真值实现：

```
ofvector <- factor(svector, ordered = TRUE)
ofvector
```

```
[1] C C B A A
Levels: A < B < C
```

此对象与前一个对象之间的差异由水平之间的"<"符号给出。如果没有另外的指定，默认情况下，水平仍按字母顺序排序，但可以指定首选顺序：

```
cofvector <- factor(svector, ordered = TRUE,levels = c("B","A","C"))
cofvector
```

```
[1] C C B A A
Levels: B < A < C
```

矩阵是另一种常用的对象，具有两个维度，即行和列：

```
mobject <- matrix(nvector, nrow = 2)
mobject
```

```
     [,1] [,2] [,3]
[1,]    1    5    9
[2,]    3    7   11
```

可以为矩阵的行和列设定名称：

```
rownames(mobject) <- c("ROW1", "ROW2")
colnames(mobject) <- c("COL1", "COL2", "COL3")
mobject
```

```
     COL1 COL2 COL3
ROW1    1    5    9
ROW2    3    7   11
```

　　数据框可能是所有数据分析中最重要的对象类型。这样的对象具有前述类似的矩形形状，包括行案例和列变量。但实际上它是一个列表，只是增加了一个额外的限定，即它的所有组件都具有相同的长度（就像一个数据集中的所有变量具有相同数量的案例一样）。

```
dfobject <- data.frame(A = c("urban", "urban", "rural", "rural"),
                       B = 12:15, C = 5:8, D = c("1", "2", "3", "4"))
rownames(dfobject) <- paste("C", 1:4, sep = "")
dfobject
```

```
      A  B C D
C1 urban 12 5 1
C2 urban 13 6 2
C3 rural 14 7 3
C4 rural 15 8 4
```

　　在其他软件中，只有列（变量）具有名称。而在 R 中，行（案例）也可以具有名称，特别是对于 QCA，这样是有意义的，因为每个案例常是众所周知且被精心策划的，这不同于大样本定量分析，即案例是从较大的群体中随机选择的。在大样本案例中，QCA 分析聚合实体（如社区、国家、地区），在这样的分析中，案例名称与列或前因条件一样重要。

　　需要注意的是在屏幕上列 D 的显示方式。它看起来是数值，就像列 B 和列 C，但是从命令中可以清楚地看出这是用与 "1" 同类的字符写的（列 D 实际上是字符）。正如我们前面提到的，我们不应该相信我们在屏幕上看到的内容，而是要查询 R 对象的结构：

```
str(dfobject$D)
```

```
 Factor w/ 4 levels "1","2","3","4": 1 2 3 4
```

　　可以看出，列 D 不是数值，而是由函数 data.frame( ) 自动强制转换字符而产生的因子。可以使用 is.something( ) 系列中的函数，执行相同类型的查询：

```
is.numeric(dfobject$D)
```

```
 [1] FALSE
```

　　这也是检验看似是数值的列是否的确是数值的一种非常好的方法，除此之外，我们还可以使用 is.character( )、is.factor( ) 或 is.integer( ) 等执行类似的查询。

1.4 数学与逻辑运算

R 是向量化语言。这使它不仅功能强大，而且非常易于使用。在其他编程语言中，若将一个数值向量加上数字 1，命令必须明确地循环访问向量的每个值并将其增加 1，如下所示：

```
for (i in 1:6) {
    print(nvector[i] + 1)
}
```

在像 R 这样的向量化语言中，这种迭代是多余的，因为 R 可以同时处理整个向量：

```
nvector + 1
```

```
[1]  2  4  6  8 10 12
```

R 已经知道在这个数学运算中的对象是一个向量，它负责场景背后的迭代。代码不仅更容易编写，而且更容易阅读和理解。这是 R 变得如此受欢迎的众多原因之一：它易于使用，成千上万的非程序员能够快速使用它并贡献更多的软件包。

在上面的迭代中，有一个特定的序列运算符"："，它很容易被忽略。它用来生成 1 到 6 之间所有数字的序列：

```
1:6
```

```
[1] 1 2 3 4 5 6
```

R 的向量化本质具有更多优势，因为数学运算可以同时应用于两个向量：

```
nvector + 1:2
```

```
[1]  2  5  6  9 10 13
```

生成的向量看起来很奇怪，但展现了 R 的另一个非常强大的特征——循环，即较小的向量（长度为 2）中的值被循环使用，直到达到较长向量的长度。较小向量的值 1 和 2 将自动重复使用三次，并加到向量 nvector 的值中。

加法是 R 中的数学运算之一，除此之外，还有减法 (–)、乘法 (*)、除法 (/) 等。

还有一种是逻辑运算，它与索引相结合（见下一节）有助于用户和数据之间的对话。对于无法在屏幕上显示的非常大的数据集，用户通常需要询问：

那里有一个值吗？该值是否为数值？如果是，它是否大于另一个数值？有没有等于 3 的值？哪个值是第一个？

通过应用于整个对象或特定值的逻辑运算，可以将这些人类可判断的问题"翻译"为 R 语言。

```
is.numeric(nvector)
```

[1] TRUE

上面的命令用于向 R 询问对象 nvector 是不是数值，即它的所有值是否都为数值。如果答案是真，逻辑运算的结果返回 TRUE；如果答案是假，则返回 FALSE。这种运算也可以应用于对象包含的每个值：

```
lvector <- nvector > 3
lvector
```

[1] FALSE FALSE TRUE TRUE TRUE TRUE

每个值与 3 相比返回一个逻辑结果，这意味着该逻辑运算的结果是一个相同长度（与向量 nvector 相比）的逻辑向量。同样的程序可以应用于各种类似的问题，例如测试向量是否等于 3：

```
nvector == 3
```

[1] FALSE TRUE FALSE FALSE FALSE FALSE

注意使用双等号"=="来测试相等性。这是必要的，因为在 R 中，与所有其他编程语言非常相似，单个等号"="用于给对象赋值，就像"<-"运算符一样。

上面测试的结果是一个包含 6 个值的逻辑向量。现在，再询问哪个值等于 3：

```
which(nvector == 3)
```

[1] 2

将诸如 which( ) 的函数与诸如"=="的逻辑运算符组合在一起使得用户与 R 的交流简单可行。已知上面命令的结果是一个向量，现在可以在命令中进一步引入索引来询问更复杂的问题，例如第一个大于 5 的值。在这个案例中，可以在第四个位置找到：

```
which(nvector > 5)[1]
```

[1] 4

1.5 索引与子集

索引是一种强大的工具，可以检查数据的各个部分或根据特定条件执行数据修改。理解索引的工作原理是数据查询、提取数据子集、分析对象结构的基础，它通常有助于 R 与用户之间的交流。

R 是基于 1 的语言，这意味着对象的第一个元素用数字 1 表示。相比之下，在其他基于 0 的语言中，对象的第一个元素用数字 0 表示，而数字 1 表示第二个元素。这是一个有用的信息，特别是对于之前使用其他软件的用户。

通过索引，可以引用对象在不同位置上的特定值。比如，数值向量的第二个元素是 3，可以通过下面的代码看到：

```
nvector[2]
```

```
[1] 3
```

使用方括号 "[" 进行索引，并且内部的值取决于对象具有的维数。向量具有单个维度，因此单个数字可以来指代特定位置。

矩阵和数据框具有两个维度（行和列），因此需要两个数字来指示行和列的交叉点处的特定单元格：

```
dfobject[3, 2]
```

```
[1] 14
```

在上面的数据框对象中，在第二列的第三行中找到的值是 14，并且方括号内的位置用逗号分隔。这是定义语法规则的重要细节，如果使用不当，可能会产生错误。

可以在矩阵上执行相同类型的索引：

```
mobject[2, 3]
```

```
[1] 11
```

矩阵存储在内存中的方式是它的一个有趣的属性。它看起来像一个二维对象（就像一个数据框），但其实矩阵由一个一维的向量构成，只是看起来像有两个维度。通过使用最后的第六个值索引可以获得相同的值 11：

```
mobject[6]
```

```
[1] 11
```

对于数据框，可以通过方括号中的第二个值选择（以及索引）列。但是列中的变量也可以通过在变量名之前使用"$"运算符进行选择：

```
dfobject$A
```

```
[1] urban urban rural rural
Levels: rural urban
```

上面的命令从 dfobject 中选择列 A，并将其作为向量显示在屏幕上。函数 data.frame( ) 会自动将任何字符变量转换为因子（分类变量）并显示其水平。为了防止这种强制转换，有一个名为 stringsAsFactors 的逻辑参数，在创建数据框时需要将其设置为 FALSE。

向量可以采用常用方法进一步索引：

```
dfobject$A[4]
```

```
[1] rural
Levels: rural urban
```

如前所述，数据框是一个列表，其附加了一个约束条件，即其所有组件必须具有相同的长度。列表也可以使用双方括号"[["索引：

```
dfobject[[2]]
```

```
[1] 12 13 14 15
```

上面命令的结果是一个向量，可以使用一连串方括号进一步索引，下面的示例选择数据框中第二列的第三个值：

```
dfobject[[2]][3]
```

```
[1] 14
```

R 索引系统的另一个特征是负索引。如前面的示例所示，正的索引是选择某些位置的值。而负索引显示除方括号内指定的值之外的所有值。

```
dfobject[[2]][-3]
```

```
[1] 12 13 15
```

关于索引还有很多其他内容，超出了本节的范围，但还有一个值得提出的重要特征：索引可以是单个值（如果要从某个位置选择单个值），在其他环境中，索引也可以是向量本身（索引的向量）。

这些观察（observation）非常重要，是对其他概念（如子集）的铺垫。在子集中，某些位置的向量被用来从数据集中选择特定的观测值，或应用某些计算；或者基于某些观测值来使用特定位置的向量。R中的每个数据操作都存在索引，如何正确使用索引是非常值得学习的。

构造子集类似于索引，但其具有获取一个子集的特定目标，子集是数据集中需要加以分析以回答特定研究问题的一个特定的部分。它有时被称为"过滤"（filtering），尤其是在应用于数据集的行时。

可以使用像上面示例中一样的数值向量来执行子集（某些位置被保留或被消除），也可以使用逻辑向量，使其中任何具有 TRUE 值的位置被保留（或者反过来，任何具有 FALSE 值的位置被消除）

```
nvector
```

```
[1]  1  3  5  7  9 11
# 使用逻辑向量（所有值大于3）
nvector[lvector]
```

```
[1]  5  7  9 11
# 使用数值位置
npos <- which(lvector)
npos
```

```
[1] 3 4 5 6
# 现在两种方式的结果相同
nvector[npos]
```

```
[1]  5  7  9 11
```

这对提取数据框的行和列上的子集特别有用。对于列，它们在变量名中选择（可能具有特定模式），在行上它创建一个案例的子集，在下面的示例中，选择列 C 大于 6 的所有行：

```
dfobject[dfobject$C > 6, ]
```

```
        A  B C D
C3 rural 14 7 3
C4 rural 15 8 4
```

注意列 C 的指定方式：与对象的名称一起并将二者用"$"分隔，但是也可以使用函数 with( ) 直接引用列名，下面的命令将列 B 和列 C 相加：

```
with(dfobject, B + C)
```

```
[1] 17 19 21 23
```

R 有一个名为 subset( ) 的基础函数，可用于向量以及如矩阵和数据框这样的矩形对象。对于数据框，可能的命令是：

```
subset(dfobject, B > 13, select = c(A, C, D))
```

```
       A C D
C3 rural 7 3
C4 rural 8 4
```

该命令应该是自解释的，即获取一个 dfobject 的子集，保留列 B 大于 13 的所有行，并从列中选择列 A、C 和 D。

1.6　数据强制

函数 is.numeric( ) 检验向量中的所有值，但与上一节中的大多数逻辑运算不同，它生成一个值，指示整个对象是否为数值。

R 的一个特定特性使其成为可能，这个特性即某个向量中的所有值必须是相同的类型。如果向量中的所有值都是数值，例如来自 nvector 的数值，则该对象为数值型。但是如果对象中有一个值是字符，则整个向量表示为字符。

许多人没有意识到数值本身就是字符，重要的是字符 "1" 与数值 1 不同（特别是如果被强制为一个因子）。在任何情况下如果将字符添加到数值向量中，或者它替换向量中的一个值，那么此转换就有可能发生。此时，先前为数值的整个向量被（强制）转换为字符类型。

向量中的所有值必须属于同一类型。一个不同类型的值足以将整个向量强制转换为另一个类型，但强制只有一种方向：字符向量中的单个数值不会将整个向量强制转换为数值型。这是因为所有数值都可以作为字符，但不是所有字符都可以被当作数值。

```
cnvector <- c(1, 2, 3, "a")
cnvector
```

```
[1] "1" "2" "3" "a"
```

对象 cnvector 包含 3 个数值和 1 个字符，但由于字符的存在，所有数值现在都显示为字符。删除这个字符后向量仍具有与之前相同的字符类型，即便余下所有值都是事实上的数值。

```
cnvector <- cnvector[-4]
cnvector
```

```
[1] "1" "2" "3"
```

使用功能 "as." 能将一种类型转换为另一种类型。在这个案例中：

```
cnvector <- as.numeric(cnvector)
cnvector
```

```
[1] 1 2 3
```

所有这些演示都揭示了数据分析中一个最常见的情况，特别是对于那些想要"看到"数据的用户：有些对象并不总是我们所认为的那样，我们只是在屏幕上看到了它们（就认为它们是怎样的）。

```
dfobject$D <- as.character(dfobject$D)
dfobject
```

```
      A  B C D
C1 urban 12 5 1
C2 urban 13 6 2
C3 rural 14 7 3
C4 rural 15 8 4
```

乍一看，第四个变量 D 似乎与 B 和 C 一样，包含的是数值。然而，它们只是看起来是数值，实际上列 D 包含的是字符（"1""2""3""4"）。这个观察之所以重要，有下述两个原因，且与下一章有级联效应（cascading effects）。

- 在任何数据分析阶段，如果我们需要对一个我们认为是数值而实际并不是的向量执行数学运算，将会出现一个（意想不到的）错误，大多数新手用户并不明白这个错误是如何突然出现的。

- 正如上文所说，我们仅仅是看到某种对象显示在屏幕上的样子就假设它是某种类型的对象，这并不一定正确；相反，更好的方法是经常检查变量是否确实是我们假设的类型。

在逻辑和数值向量之间会发生一种特殊类型的强制。在包括 R 在内的许多语言中，逻辑向量被视为具有两个值的二进制向量：0 代替 FALSE，1 代替 TRUE。

```
# lvector 是上一节中创建的逻辑向量
sum(lvector)
```

[1] 4

反过来也是有效的，这意味着数值向量可以被解释为逻辑向量，其中 0 表示 FALSE，其他任何数字表示 TRUE，而感叹号"!"否定整个向量：

```
!c(0, 2, 1)
```

[1] TRUE FALSE FALSE

1.7 用户界面

有多种方式可以使用 R，图 1-1 显示的 R 开始窗口看起来很简单：

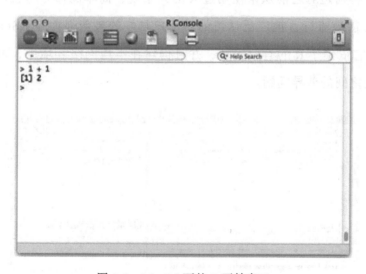

图 1-1 MacOS 下的 R 开始窗口

事实上，这个 R 开始窗口过于简洁，许多新用户因此感到困惑：没有花哨的菜单，只有少数与数据分析完全无关的按钮。这个窗口与 Windows 和 Linux 中的开始窗口看起来不同，但整体外观是相同的：一个控制台，用户在这里键入命令以完成任务。

基础的 R 开始窗口看起来如此简单是有原因的。最好的解释是图形用户界面无法替代命令行。编写有效的命令是一门艺术，大量可能的命令组合可以产生数千种不同的获得某种结果的方法。有些很简单，有些看起来很复杂但效率很高，这一切都取决于用户掌握的知识。

相反，图形用户界面会将获得结果的数千种可能的方式限制为一种。对于诸如检查数据或基本数据操作（创建或修改变量等）的简单活动，提供图形用户界面相对容易。但除非工作高度标准化，输入和输出完全相似，否则每个研究问题都是独特的，需要定制解决方案。

使用书面命令自定义解决方案比使用点击式的图形用户界面容易得多。在某些情况下，图形用户界面根本无法回答非常具体的问题，因为它首先没有针对这些问题进行设计。这就是为什么尽管 R 存在了将近 30 年，但很少有图形用户界面能够与基础 R 环境进行顺畅的交互。

另外，特别是对之前从未使用过 R 的人来说，简单的命令行就足以产生威慑作用。目前最流行且被广泛认可的对用户友好的最新界面是 RStudio，如图 1-2 所示。它依赖于 R 的有效安装，并且构建在本地网络环境中，可以解决不同操作系统之间的差异问题。

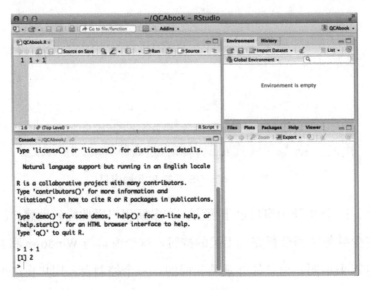

图 1-2　RStudio 用户界面

最重要的是，RStudio 设法将命令控制台、对象浏览器、软件包安装程序、绘图窗口等设置在一个单一的界面。RStudio 可能是最接近良好平衡的用户界面，它平衡了习惯点击的用户的期望与 R 环境固有的丰富的可能性。

RStudio 最有用的功能之一是 History 选项卡，其中存储了控制台中所有的先前命令，方便以后进行检查。这个选项卡没有在图中做详细展示，但它也有一个现代语法编辑器，这个编辑器中有括号匹配，有不同的颜色来突出函数，还有注释和运算符等。这非常有用，特别是可以快速选择要测试的命令并立即发送到控制台。虽然具有更好的用户体验，但 RStudio 仍是一个以命令为中心的界面，原因与上述相同。

1.8 运行脚本文件

图 1-2 中 RStudio 窗口的左上部分是一个扩展名为 ".R" 的文本文件，在这里可以编写和保存特定命令以供之后引用。可以在 R 环境中从左下部分选择并运行命令，单独（特定行）运行或整个文件同时运行所有命令均可。

这些包含书面命令的脚本是 R 环境的核心。这不仅是因为书面命令比具有精确边界的图形用户界面更灵活，而且因为脚本具有可复制性，这个特性对于科学研究很重要。

假设使用相同的输入数据，除非以某种方式记录点击、选择和其他各种设置的确切顺序，否则使用图形用户界面获得完全相同的结果是非常困难的（如果不是不可能的话）。通过图形对话框进行单击操作的用户很少考虑记录操作的确切顺序，他们只是简单地报告结果，就好像其他用户都知道操作顺序是什么一样。

与图形用户界面相对的是，R 环境中命令可以保存在文本文件中，这样任何人都可以遵循（复制 / 粘贴）这些命令并获得完全相同的结果。语法文件对用户来说具有更重要的作用：它们还可以作为包含在不同命令中的特定想法的文件载体。

任何以散列标记 "#" 开头的行都被视为注释（正如读者可能已在前面的

示例中注意到的那样），该行上的任何内容都不会被计算，因此它可以包含关于命令要执行哪种操作的自然语言。尽可能多地记录脚本文件是一个很好的建议，特别是在刚开始使用 R 时。它不仅使不同的用户更容易理解命令，而且很多时候它使同一个用户在一段时间后更容易理解代码。

就像数据文件（或通常具有扩展名 ".Rdata" 的 R 二进制数据文件）一样，语法文件可以保存在工作目录中，通常具有扩展名 ".R"，但这些文件扩展名都不是必需的。语法文件里面的命令可以逐行运行，也可以分批运行（使用 RStudio 或简单地复制并粘贴到 R 控制台），但是也可以使用下面这个命令，从整个脚本文件运行所有命令（可能是从读取数据集开始，操作它，进而获得最终结果）。

```
source("path/to/script/file.R")
```

这样的脚本文件很容易和同事交流，它们在任何操作系统下的工作方式都是一样的，这使得 R 成为一个非常有吸引力的、可交互操作的工作环境，适用于来自世界各地的团队。

虽然新版的 shinyapps[注]、flexboards，甚至是 R Notebooks 需要更高级的 R 知识，但交换脚本文件以及它们直接可见的结果，使它们成为进行国际团队合作更有吸引力的方式。

RStudio 有更多的功能，例如可以使用 bookdown 包编写文章甚至书籍，本书就是用这个包写的。

[注] https://www.shinyapps.io/.

QCA 包

在第 1 章中,我们简要介绍了一些使用 R 的基本知识。

本章介绍 QCA 包的结构及相关功能,并对相关的图形用户界面进行概述以补充解释相关内容。

许多函数将在专门的章节中详细解释(例如,如何构造真值表,如何计算拟合参数等),本章只介绍对所有函数都有效的一般用法。由于这个包中的用户界面很新颖,所以大部分用法都推荐给所有的用户,包括初学者和高级用户。

本章的一些节是对包本身非常具体和技术的介绍,但是它们与 R 或 QCA 没有太大的关系。读者如果不感兴趣可以跳过去(例如,2.2 节是关于包的结构,2.4.3 节是关于如何创建可执行图标以启动图形用户界面),它们可能对高级用户有用。

2.1 安装 QCA 包

安装 QCA 包最简单的方法是启动 R,从 CRAN 中遵循平台特定的菜单进行以下操作。

- 对于 MacOS,菜单是:**Packages & Data / Package Installer**。在结果窗口中,有一个名为 Get List 的按钮,用于从 CRAN 中获取所有二进制文件,然后选择 QCA 包,单击 Install Dependencies。
- 对于 Windows,菜单是:**Packages / Install package(s)**。出现一个 CRAN

镜像服务器列表（选择最接近你的位置的服务器），然后在显示包的列表中找到 QCA。

- 在 Linux 上，最简单的方法是从源码包进行安装。从 CRAN 中下载，打开终端窗口并输入：**R CMD INSTALL path/to/the/source/package.tar.gz**（只要安装了所有必需的构建工具，那么此方法在所有平台上都能起作用）。对于某些 Linux 发行版，比如 Ubuntu、CRAN[⊖] 上已有二进制文件生成和维护的安装包，用户可以通过一般的管理软件安装它们。

除了上述使用图形用户界面这种点击的方式外，还有一个来自 R 内部的适用上述所有平台的方式，用户需要输入：

```
install.packages("QCA", dependencies = TRUE)
```

RStudio 用户界面内也有一个更便于使用的安装包（选择 Packages 选项卡，然后单击 Install 按钮即可），但从我自己的经验来看，更好的方式是从 R 中安装，然后通过其他用户界面使用 QCA。

一旦安装完毕，在使用内部函数之前需要先加载包。对于接下来的所有章节，本书假设用户已经运行了下面这个强制性的命令：

```
library(QCA)
```

2.2 结构

QCA 包中包含一系列目录和文件，其中一些包含实际的代码（函数），而另一些包含相关的文档和帮助文件。

一个好的建议是读取 CRAN 中每个包的安装或更新的 ChangeLog 文件（用于描述前一个版本到新版本进行的修改和添加的文本文件），因为函数可以被稍微更改或修补，或者可以改变参数的默认值和先前的代码，在下一次运行中会给出不同的结果（函数如何工作将在 2.3 节命令行模式中详细说明）。

访问 ChangeLog 文件的一种方法是直接在 CRAN 上的 QCA webpage[⊜] 中读

⊖ https：//cran.r-project.org/bin/linux/ubuntu/README.html.

⊜ https：//cran.r-project.org/web/packages/QCA/index.html.

取，构建系统会自动提供一个 ChangeLog 文件的链接。

在本地计算机上，ChangeLog 文件位于包安装目录的根目录中，通常是：

- 在 Windows 中，位于 Program Files/R/R-3.3.3/library/QCA。
- 在 MacOS 中，位于 /Users/your_username/Library/R/3.3/ Library/ QCA/。
- 在 Linux 中，位于 /home/your_username/R/architecture/version。

这些路径可能会根据 R 的版本（例如在编写本文时的 3.3.3 版本）或根据 Linux 发行版（通过体系结构字符串）是 32 位或 64 位等而改变。

用户可以定义一个自定义库安装目录，这不仅有助于避免版本依赖路径，还能避免在发布 R 的新版本时重新安装所有的包。此外，这也有助于同时使用多个版本的 R（对想要测试不同版本功能的开发人员来说这是非常重要的）。

定义一个自定义安装目录依赖于平台（例如 Linux 用户必须导出路径），因此鼓励读者阅读《R 安装及管理手册》中的更多细节或通过 R 中的命令 help (Startup) 来获取帮助。Windows 用户可能还想了解 Gabor Grothendieck 写的更加自动化的 batchfiles 包[⊖]。

一旦定位了 QCA 包的安装目录，单个文件（R 代码及其文档）的实际内容是无法直接读取的，因为包是以二进制文件安装的。但是，可以从 CRAN 服务器中下载的源码包来获取这些内容。

除了 ChangeLog 文件，用户还可能对位于 staticdocs 子目录中的帮助系统感兴趣。

对所有用户来说，很重要的一个东西是 QCA 包的"名称空间"（namespace）。R 是一个共享软件，成千上万的开发人员不断地将他们的工作上传到 CRAN。很有可能有两个或更多的开发人员使用相同的名称编写函数（有时编写目的完全不同），因此 R 需要一种方法来避免函数名称冲突。解决方案是将每个包中的所有函数名包含在一个名称空间中，这样可以确保某些函数名的使用是针对特

⊖ https：//code.google.com/archive/p/batchfiles/.

定包的。

在其他一些时候，竞争包使用完全相同的名称，目的也完全相同，此时冲突无法避免。用户应该意识到最后加载的名称空间有优先权，但是为了避免这种冲突，最好的方案是避免在同一时间使用竞争包，或者至少不在同一个 R 环境中使用。可以用多种方式启动 R，例如在已安装的 R 用户界面中，或者在终端窗口中。

2.3　命令行模式

R 本质上是一个命令行界面（CLI），这意味着它可以通过在控制台中键入命令来访问（既可以在 R 的基本图形用户界面中，也可以在终端窗口中）。第 1 章介绍了 R 命令的基础知识，本节是让用户有进一步的了解。只要用户理解得当，事情就简单了，否则 R 命令会看起来很复杂，尤其是对初学者来说。

开发 QCA 包中的命令行函数和用户界面的目的都是让用户更容易使用。函数及其形式参数的设计具有双重目的：执行定性比较分析的操作，以及在使用它时付出最少的努力。

但是必须注意：确保为参数提供正确的输入，否则函数将描述错误消息并终止运算。

QCA 包中书面命令的结构是确定的，并且严格遵循 R 的命令结构：它包含参数、默认值以及关联参数等各种值之间的关系。与 R 不同且更好的是，在基本功能的基础上，QCA 可以尽可能地捕捉所有可能的错误情况，并创建清晰和有用的错误信息。

对初学者来说，R 的信息有时可能模糊不清。对高级用户来说，它们是非常清晰的，但是对那些刚刚开始学习 R 的用户来说，它们似乎是难以理解的。由于 QCA 包假定用户只有很少的 R 知识，因此提供对错误信息的描述非常重要，它使任何级别的用户都能进行分析。实现这一目标需要认真捕获用户可能遇到的所有困难，并返回对应的信息来帮助用户快速理解问题的本质。

2.3.1 获取帮助

通常，参数是自解释的，与函数有关的帮助文件可以提供更多的信息。要访问这样的帮助文件，最简单的方法是在函数名前输入一个问号。例如，要查看函数 pof( ) 的帮助文件，命令如下：

```
?pof
```

如前所述，该命令假设已经加载了 QCA 包，这样用户就可以使用该名称空间和函数了。

另一种方法是浏览帮助文件访问包中的所有函数和数据集的索引（在每个帮助页面的底部都有一个指向该索引的链接），并选择该函数。帮助文件也可以使用 staticdocs 包来构建静态网页。这些页面位于软件包源安装目录的 staticdocs 目录中，或者通过图形用户界面中的专用按钮来寻找（详见 2.4 节）。

这些帮助文件的信息是相同的，而网页的好处是它还显示命令的结果（在点图或维恩图的情况下尤其有用）。

2.3.2 函数参数

函数的结构由一个命令（函数的名称）和一系列形式参数组成，用户需要指定这些参数才能获得结果或特定类型的结果。

让我们用包中的一个简单函数 findTh( ) 来寻找数值前因条件的校准阈值，假设没有关于如何校准该条件的任何理论（关于校准的更多信息，详见第 4 章）。

该函数的结构如下：

```
findTh(x, n = 1, hclustm = "complete", distm = "euclidean", ...)
```

它有 4 个形式参数（x、n、hclustm 和 distm），以及表示其他参数的 "..." 操作符（主要是为了确保新版本与以前版本中的代码兼容）。

可以看到，有些参数有默认值（default），比如参数 n 表示需要查找的阈值的数量，它的默认值为 1。此外，数值输入的参数 x 没有任何默认值，因为它因案例而异，因用户而异。

这两种参数之间的主要区别在于参数 x 是需要指定的（没有数据，函数就没有任何输入来寻找阈值），而参数 n 是可选的（如果用户没有指定任何内容，函数将使用其默认值 1）。

为了证明这一点，我们首先需要一些数据。例如，假设一个国家 GDP 值的向量：

```
gdp <- c(460, 500, 900, 2000, 2100, 2400, 15000, 16000, 20000)
```

在创建了对象 gdp 之后，下面这两个命令给出了相同的结果：

```
findTh(gdp)
```

```
[1] 8700
```

以及，

```
findTh(gdp, n = 1)
```

```
[1] 8700
```

必须始终牢记这是函数在 R 中工作的基本功能。因为很多时候，即使用户没有设定它们，这些默认参数也是"在工作"的。更重要的是，有时候参数是在用户不知情的情况下"工作"的，这是促使用户仔细阅读帮助文件并确保所有参数都具有适当的值或设置的一个非常重要的原因。

修改阈值的数量（详见第 4 章）自然会改变结果：

```
findTh(gdp, n = 2)
```

```
[1]  8700 18000
```

书面命令的另一个重要内容是各种参数之间的逻辑关系。其中，一些参数依赖于其他参数的值。

举一个例子，这个例子将在 4.2.2 节中进一步解释，让我们使用函数 calibrate( )，它具有以下形式参数：

```
calibrate(x, type = "fuzzy", thresholds = NA, logistic = TRUE,
         idm = 0.95, ecdf = FALSE, below = 1, above = 1, ...)
```

参数 logistic 依赖于模糊类型的校准，它对于清晰集函数的校准是毫无意义的。如果参数 type 被修改为 "crisp"，那么无论其值是多少，参数 logistic 的值都将被忽略。

在参数 logistic 和 idm 之间也存在同样的依存关系，idm（代表隶属分数）只有在采用逻辑函数校准的情况下使用才有意义。由于参数 logistic 依赖于模糊类型的校准，这意味着参数 idm 在逻辑上与参数 type 相关联。如果这一参数链中的任意一个或两个的默认值更改了，则参数 idm 将被忽略。

上述行为可能很难用书面命令显示出来，但在图形用户界面的校准菜单上可以明显地看出来（详见第 4 章），不仅参数被忽略，而且当不同的参数被选择后，之前的参数还会从对话框中消失。在选择清晰集校准时，对话框只显示清晰集的选项（参数）。而在选择模糊集校准时，清晰集选项会消失，模糊集选项会出现。这种现象同样会发生在命令行中，只是在图形用户界面中更加明显。

最后一件值得注意的事情是，QCA 包的命令行有一个特性是尽可能简化用户体验。很多时候，特别是在 QCA 应用程序中，用户需要指定哪个前因条件用于真值表，或者使用哪种方向期望（directional expectation）进一步增强解的空间。

所有这些情况都涉及指定一个字符向量和前因条件。在 R 中，处理字符向量的常用方法是对每个值使用引号，比如，c("ONE""TWO""THREE")。

但是初学者经常忘记添加函数 c( ) 来构造向量，或者他们有时会忘记引号，特别是当条件的名称比较长的时候。这种类型的错误会被 R 用"神秘"的信息捕获。为了预防这些错误并增强用户体验，QCA 包可以自动理解和使用单个字符串："ONE, TWO, THREE"。

这样的字符串很容易输入，而且它不需要用户过多地去关注。QCA 包将字符串自动识别为字符向量（因为它包含多个逗号在内），并将该字符串分割为几个子字符，这些子字符对应于"标准"设定中的初始值。

这样做有两个主要原因：一是有助于设定复杂的析取表达式（乘积和）来计算拟合参数，比如，"natpride+GEOCON=>PROTEST"。

另一个更有说服力的例子是，指定方向期望（详见 8.7 节）有时是困难的。这些方向期望在大多数情况下都是以 c(1, 0, 0, 1, 1) 的形式指定的，但是在有些情况下用户没有任何期望，通常指定这种情况的方法是使用字符"-"。

如果输入 c(1, 0, -, 1, 1) 就会出现错误，这是许多初学者常犯的错误，指定这个向量的正确方法是 c(1, 0, "-", 1, 1)。为了规避这种错误，QCA 包可以读取更简单的字符串 "1, 0, -, 1, 1"，这对高级用户和初学者来说都适用。此外，它更容易编写且不易出错，能够全面提高用户体验。

2.4　图形用户界面

在命令行驱动的环境中运行有好处也有坏处。由于大多数软件都提供菜单和对话框，故而用户在第一次打开 R 时自然会对类似的界面产生期待，这会让人沮丧，因为命令行带来的体验完全在大多数用户的体验之外。

R 被设计成这样是有原因的，构建图形用户界面（GUI）的程序员知道这是一项非常困难的任务，因为自从 20 多年前 R 的第一个版本发布以来，一直没有设计出一个被普遍接受的图形用户界面。有很多 GUI 的设计尝试，如 Deducer、Rcmdr、RStudio、JGR、RKWard、Rattle、Tinn-R，其中大部分由 Valero-Mora 和 Ledesma（2012）提出。

所有尝试都试图在图形用户界面中容纳 R 的特性（工作空间、包、控制台、对象类型等），而图形用户界面通常是为不同的功能而设计的。这一点在数据编辑器中表现得尤为明显。所有用户界面都具有这种类似电子表格的特性：与任何电子表格一样，有一个矩形形状，行上有案例，列上有变量，这是用户查看或编辑数据时最常见的形状。

问题在于 R 有很多数据类型。通常用标量、向量、矩阵、数组和列表来命名对象，并查看或编辑这些对象。尽管看起来很简单，但实际上这几乎是不可能的。将数据编辑器限制为数据集更糟糕，因为这使得许多用户误解数据即数据集，而实际上数据可以有许多的类型。

这只是设计图形用户界面复杂性的一小部分。R 作为一个以包为中心的软件，除了核心包之外，还有来自用户的数千个贡献包，还有多个环境、会话、图形设备。将所有内容都容纳到一个菜单系统中几乎是不可能的，这又增加了设计多用途的用户界面的难度。

2.4.1 描述

QCA 包中的图形用户界面与其他界面基本没有区别。它是严格面向数据集的，这是可理解的，因为它不是作为通用的 R 图形用户界面设计的，而是特定用于 QCA 的，其中输入的数据通常是矩形的。

为了避免重复工作并使用户体验尽可能顺畅，为所有操作系统创建单一的版本非常重要，这意味着除了基本的 R 之外不需要再安装额外的软件。

有一个非常受欢迎的用户界面是 R Commander（Fox，2005），这是一个可以从常规 R 包安装并可以从 R 中打开的界面，不需要其他软件，并且它可以在任何操作系统中打开（就像 R 一样），因为它是用 Tcl/Tk 语言编写的。

这是 R 最好的用户界面之一，QCA 图形用户界面的结构类似于 R Commander 的界面（有菜单和单独的对话框），但是它的内部功能更接近于另一个优秀的用户界面——RStudio。

与 RStudio 非常相似，QCA 图形用户界面是用拥有强大功能的 Shiny 包（RStudio，Inc.，2013）在网页中构建的，上面有额外的 Javascript 自定义代码。也许对 QCA 图形用户界面的最佳描述是通过 Shiny 和 RStudio 技术的结合以实现 Rcmdr 功能。

网页可能是交换和显示数据、部分结果甚至完整的报告或展示的最广泛使用的环境。很明显，许多"传统"软件在基于云的环境中都有相似功能的软件（如 Google Docs），实际上整个软件可以通过某种虚拟机在网页中运行。

RStudio 的团队实际上正在构建各种基于网页的工具，例如 Shiny 指示板和 html 部件。还有另外一个具有高潜力，能对学术产生重大影响的协作工具，名为 R 笔记本（R Notebooks），它不仅能交换代码，还可以交换代码的输出。这些都在单独的 HTML 文档中，无论是否安装了 R，都可以随时随地打开。

云和网页有 HTML 和 Javascript 的内部支持，正在成为一种有助于 R 工作的新的协作环境。R 可以直接通过 Shiny 包进行沟通，或者构建像 R 笔记本这样的代码文件。

这些正是 QCA 图形用户界面被设计成可以在网页中打开的原因。这是一种现代化的方法，在每天都有许多新工具出现的时代，它有很好的前景并且多年后仍然有效。

本节的目的不是提供完整的图形用户界面介绍，一些菜单和对话框将在专门的章节中介绍。这里主要介绍图形用户界面最重要的特性，特别是如何打开以及如何充分利用界面。虽然它通过基于网页的 R 控制台（详见 2.4.5 节）保留了大多数基本的 R 特性，但它不是一个通用的 R 图形用户界面，而是 QCA 特有的。

它看起来就像安装在本地计算机上的带有菜单的普通软件，每个菜单可以打开一个对话框，用户点击各种选项，设置各种参数，然后运行相应的命令。

唯一的区别是，因为界面是在网页中打开的，所以对话框不是单独的窗口，而是在网页环境中创建的，如果关闭网页，所有打开的对话框都将关闭。

此外，在网页中构建用户界面有多种优势。首先，无论操作系统如何，用户界面看起来都是完全相同的，这是由于 HTML 和 Javascript 语言是标准的跨平台语言，所以网页在不同的系统中看起来都相同。

其次，与传统软件的静态对话框不同的是，将对话框构建于网页中，可以应用网页环境中的 HTML 和 Javascript 的特性：反应性、鼠标悬停事件、单击事件等。可以点击不同的选项功能来改变对话框。

这一点在第 4 章中尤为明显。其中的校准对话框包含一个绘图区域，用户可以看到原始数据相对于校准值的分布，以及校准的特定功能。这是有好处的，因为它减少了校准后验证校准结果的额外步骤，而且它显示了将命令发送到 R 之前校准的结果。

一些对话框可以通过调整大小来显示复杂的信息，并且所有内容将随着对话框的宽度和高度自动调整。这样的例子将在 11.6 节中介绍，其中超过 4 个或 5 个集合的维恩图对较小的绘图区域来说太复杂，甚至对 XY 图对话框来说也太复杂，因为有很多点需要绘制。

2.4.2　启动图形用户界面

QCA 图形用户界面本质上是一个 Shiny 应用。"应用"是一个通用术语，用于使用 Shiny 包开发的应用程序。应用增加了构建交互式用户界面的可能性，帮助处理数据结构，并阐述问题的本质。在本地计算机或个人服务器上，乃至在 RStudio 上发布和共享的 Shiny 创建的应用程序有成千上万个。

尽管 RStudio 系列的应用程序打开了一个充满可能性的世界，就像上一节中讨论的 R 笔记本的交互格式一样，但 Shiny 应用能做得更多：它允许用户通过更易于使用的直观的界面与 R 系统进行交互。Shiny 应用不需要局限于一个特定的例子，它可以接受各种输入，这些输入由界面提供给 R，并尽可能简化用户的体验。

Shiny 包为用户和 R 提供媒介，因为它有一个沟通引擎，可以向 R 发送命令，响应 HTML 环境，之后结果会显示在屏幕上。用户甚至不需要知道如何使用这些类型的 R 界面，他们只需要点击、拖拽，或者是运行基于网页提供的应用程序。这种沟通之所以成为可能是因为 R 提供了一个本地网页服务器，最初用于显示包中各种函数的帮助页面。基于此功能，Shiny 包使用 R 的内部网页服务器作为网页和 R 之间的沟通工具。

任何 Shiny 应用都可以通过 Shiny 包里名为 runApp( ) 的函数打开，该函数将应用程序所在目录的路径作为第一个参数，并用其他参数来设置主机和网页服务器的端口。除非特别说明，否则用户不需要知道这些信息，因为函数将自动分配一个本地主机和一个随机端口。

这引起了人们对什么是网页服务器的关注。大多数用户认为服务器是以公共或私有的模式在互联网上运行。这是事实。但是很少有用户知道网页服务器可以在本地计算机上运行，而本地网页服务器最常见的地址是 127.0.0.1，这是 Shiny 包的自动默认值。端口号紧跟在冒号之后，使得一个 Shiny 应用的网页地址看起来形如 127.0.0.1：6479。

QCA 包为所有这些细节提供了一个打包功能，打开图形用户界面可以通过命令简单地实现：

```
runGUI()
```

2.4.3 创建一个可执行图标

虽然加载 QCA 包之后可以很容易地从 R 控制台启动用户界面，但是这种方法有一个缺点：用户的体验被限制在整个网页界面中。

从网页应用程序启动的那一刻起，R 就只能收到点击生成的命令。在用户界面处于激活状态时，R 控制台不能工作，这是因为在与网页服务器通信的状态下，R 不接受其他命令。用户可以选择网页用户界面，也可以选择普通的 R 控制台，但两者不能同时使用。

幸运的是，R 的内部操作程序可以避免这个缺陷。作为一种命令行接口软件，R 被编程为从终端控制台启动，通常是从任何类型的终端窗口启动。在 Unix 环境（Linux 和 MacOS）中，终端窗口是最常见的，这不需要进一步解释，Windows 用户可能对 DOS 黑窗口比较熟悉，可以通过在 **Start/Run** 菜单中输入命令 cmd 来启动类似的操作。

在以管理员身份安装 R 的前提下，二进制可执行文件的路径添加到系统路径后，在任何一个终端窗口只须键入 R 命令（安装该命令以设置其可执行路径，或提供 R 可执行文件的完整路径）即可打开 R。内置的用户界面 / 控制台只是一个快捷方式，拥有对更高级图形设备的访问权限。

用户可以打开两个 R 会话：一个在普通的 R 控制台，另一个在终端。两者都可以加载相同的 QCA 包，其中一个可以用于打开网页界面。当其中一个会话忙于网页服务器通信时，另一个会话可以用于其他与 R 相关的任务。

通过创建一个可执行文件（图标）来启动基于终端的 R 会话，并双击打开用户界面，可以进一步简化这种双 R 用法。对 Linux 用户来说，这相当简单，包括创建 shell 脚本并通过命令 chmod 修改其可执行属性。对 Linux 环境来说，这是很常见的，本节的其余部分将为 Windows 和 MacOS 用户提供详细的说明。

在 Windows 环境中，可以通过创建扩展名为 " .bat" 的文件来获得可执行文件。可以通过打开文本编辑器并保存具有此扩展名的空文件来实现。这个文件的内容如下：

```
CLS

TITLE QCA Qualitative Comparative Analysis

C:/PROGRA~1/R/R-3.3.3/bin/R.exe --slave --no-restore -e ^
"setwd('D:/'); QCA::runGUI()"
```

命令前两行表示清理终端窗口中的所有内容（如果已经打开），并设置标题。第3行的命令需要一些解释，因为它包含了所有相关命令的组合。

它首先指定了R可执行文件的路径，在本例中引用R 3.3.3版本，但用户应该根据自己安装的版本进行修改。C:/PROGRA~1指定C盘驱动和Program Files目录的快捷方式（通常所有的程序都安装在Program Files目录下），剩下的/bin/R.exe完成了到可执行文件的路径（用以启动R）。

--slave表示不显示提示、命令和R的启动信息，而--no-restore表示R会话创建的所有对象都不会被保存。

-e表示在R启动后立即执行一系列命令，这些命令可以在双引号之间找到。^表示继续执行下一行。

序列C:/PROGRA~1/R/R-3.3.3/bin/R.exe--slave--no-restore-e是终端特定的命令，序列setwd('D:/');QCA::runGUI()由两个R命令组成，用分号分隔。

具体来说，setwd('D:/')将工作目录设置为D盘驱动器（用户可能希望将其更改为自己的目录，请参阅2.4.8节），而QCA::runGUI()表示在QCA包中运行函数runGUI()（::是R的一个特性，允许用户从特定的包中运行函数，而不需要加载那个包）。函数runGUI()负责创建用户界面。

还有一点，稍微注意一下如何正确指定R的可执行文件路径，并将工作目录设置在用户具有读写权限的位置上，用".bat"扩展名保存这个文本文件，双击该文件即可打开网页用户界面。

对MacOS用户来说，这个过程同样很简单，但是并不明显。这是因为它与Windows环境中被自动识别为可执行文件的".bat"不同，在Unix环境中，文件只有在更改其属性之后才可执行。

MacOS 可执行图标也是一个文本文件，有一个稍长的扩展名 ".command"，它包含以下内容：

```
R --slave --no-restore -e "setwd('/Users/jsmith/'); QCA::runGUI()"
```

它基本上与 Windows 环境中的命令相同，只是不需要可执行文件的完整路径，因为在 MacOS 下，R 安装过程会自动在系统中设置这些路径。

/Users/jsmith/ 是一个假设用户 jsmith 的主目录，这也是用户命名的目录。

创建这个文本文件并以 QCA.command 命名（假设它是在桌面上创建的，存在于用户的主目录中），在终端窗口中键入这个命令来执行该文件：

```
chmod u+x Desktop/QCA.command
```

这将激活该文件，随后双击将得到一个包含新用户界面的页面。

在 Linux 中，可以创建类似的文件：

```
#!/bin/sh
R --slave --no-restore -e 'QCA::runGUI()' >/dev/null 2>&1 &
exit 0;
```

exit 0 命令表示当 R 停止时关闭终端窗口。

2.4.4　命令构造

为 R 这样的命令行驱动软件设计图形用户界面是一项艰巨的任务。R 命令的种类繁多，有许多不同的方式可以得到相同的结果。这也是 R 是一个灵活多变的数据分析环境的原因。

相比之下，菜单系统是高度不灵活的。计算机程序不会为给定的问题选择最好或最有效的命令集，它们设计成单一方式处理每一次鼠标点击，让用户界面看起来很死板。传统的点击数据分析软件（如 SPSS）的用户认为，特定的操作方式是最佳方式。

但这种想法与事实相去甚远，因为任何问题都可以通过数百种不同的方式得到解决，而这取决于用户的想象力。有些方法效率高，有些效率低但能够使其他同行更容易阅读，而有些方法既高效又容易理解。相比之下，点击菜单系统只能提供无限方法中的一种来解决问题。开发人员有责任设计与用户界面交互更直观的方式，如果可能的话，应设计一些既适合高级用户也适合新用户的界面。

设计图形用户界面的一个目的是让用户便于使用 QCA 包，即使是那些不知道如何使用 R 的用户。但可以肯定的是，一个直观的用户界面永远无法替代书面命令。

为了帮助用户学习 QCA 和 R，这个用户界面的一个特性是它可以为给定的对话框自动构造 R 命令，如图 2-1 所示。

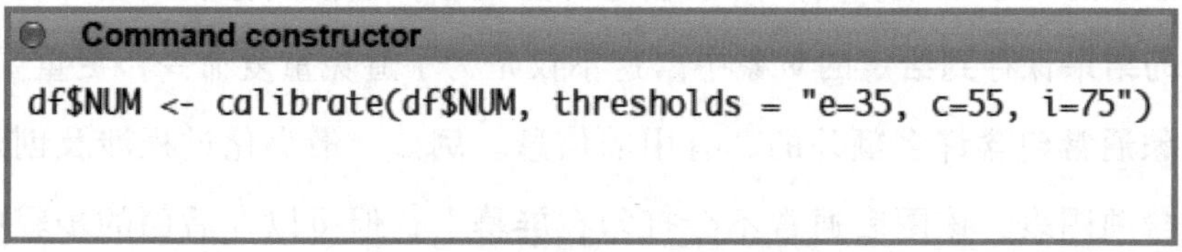

```
Command constructor

df$NUM <- calibrate(df$NUM, thresholds = "e=35, c=55, i=75")
```

图 2-1　命令构造对话框

这种特性并不新鲜，实际上 John Fox 在他的 R 用户命令界面中已应用多年了。不同的是，我们可以把它看成是 R 命令的升级：通过交互，点击特定的对话框来构造命令。

对新用户来说，观察可视对话框如何导入数据集，并将数据转化为书面命令是非常重要的。通过各种点击来指定未知参数，如有哪种列分隔符、十进制分隔符，哪一列是案例名称等。

最终的长期目标是点击和书面命令能够实现相同的操作，避免将用户困在一个特定的菜单和对话框系统中。有一个特殊的命令构造对话框总是出现（并且不能关闭），它在每次单击对话框选项之后显示命令是如何构造的。每个这样的选项（或选项的组合）对应于 QCA 函数的一组特定的形式参数，用户有望理解这些命令是如何构造的。

当用户最终停止使用用户界面，支持更灵活的书面语法时，这个最终目标就会实现。书面语法应该是编写命令的过渡阶段，但它可以作为独立的应用程序使用。

命令构造函数是不可编辑的，它通过菜单对话框中的各种单击自动构造命令，但这还不是一个完全可编辑的语法编辑器。未来计划扩展此功能，但目前它仅用于显示。

2.4.5　R网页控制台

用户界面的第一个版本只提供了菜单系统，网页和R之间的所有通信都是隐藏的。虽然这种方法足够简单，新用户也能够理解，但它有一个严重的缺点：有时为了获得真值表或最小化的解决方案，重复单击对话框会成为一种负担。

在常规的R会话中，用户可以创建许多对象，包括真值表，还可以将逻辑最小化的结果保存到给定的对象中。这不仅是为了避免重复命令，更重要的是，这类对象通常包含许多额外的、有用的信息。例如，最小化过程涉及创建和解决质蕴含项图表，该图表通常不会打印在屏幕上，但可以在后面的步骤中进行检查，以理解最小化的过程。

其他用户可能对容易和困难的反事实（counterfactuals）有兴趣，以进行特定的最小化（详见8.6节），特别是在使用方向期望时（详见8.7节）。所有这些信息都返回到一个列表对象中，其中内部函数只输出解决方案以及它们的一致性分数和覆盖度。将这个列表保存到一个对象中以便之后进行检查。这种交互性很难在图形用户界面中捕捉到，因为对象的类型通常比用户界面显示的要多。

新版本的用户界面允许直接从菜单中创建这样的对象，但是只能从命令行的R控制台进行检查操作。除了命令构造对话框之外，用户界面还有一个强制对话框，称为R控制台。它试图模拟常规的R控制台并显示最小化命令的结果，包括显示真值表的对象。

在第一个版本中，这个基于网页的R控制台不是交互式的，它显示了R控制台的内容，但是用户不能与这些对象交互。为了使这种交互成为可能，开发人员投入了大量的精力，使R网页控制台尽可能接近一个普通的R窗口。通常，R网页控制台显示的所有内容都会被用户界面捕获并显示在网页上。

最新版本的用户界面以交互式的R网页控制台为特征，它支持键入命令（见图2-2），使用户可以使用菜单和对话框以及书面命令来生成和修改对象。

```
● R console
> 1 + 1

[1] 2

>
```

图 2-2　R 控制台对话框

　　虽然看起来用户与 R 的交互非常直接，但实际上用户界面的信息被收集起来（从对话框或书面命令中）并以纯文本的形式发送给了 R。通信是由 Shiny 包进行传递和反馈的，它通过专门的 Javascript 代码在 R 网页控制台或其他各种对话框（包括绘图）中进行响应。

　　这个过程是双向的：对话框可以创建或修改对象，而书面命令可以重新创建或修改对话框中的各种选项。如果用户在 R 控制台中创建了一个新变量，该变量将立即报告给用户界面中的对话框，这些对话框将被刷新以显示新的变量集。这种反应性交互对图形用户界面各方面都是有效的，包括从数据的所有列到绘图对话框中的单个值。

　　除了位于不同的独立的评估环境中，R 网页控制台几乎与普通的 R 控制台完全相同。在网页环境中创建的对象并不存在于启动网页接口的原始 R 环境中，它们是网页环境所特有的。实际上所有普通的 R 命令都可以输入，包括函数 source( )，它读取源文件中的代码，就好像代码是 R 网页控制台发出的命令一样，读取的结果可以用于网页环境。

2.4.6　图形

　　R 以其图形设备的质量著称，最初是在贝尔实验室开发的（Murrell，

2006）。R 的图形设备有一个相当复杂的系统，包括低级图形和高级图形，能够通过图像识别来绘制所有图形，包括简单的统计图及复杂图像。

一方面，尽管这个系统很复杂，但它是固定的。一旦绘制出来，图形就像图片一样，要想改变它，则需要重新创建。尽管可以改变图形的各个部分，但它仍然不是一个交互式系统。

另一方面，基于网页的图形也有很大的不同。这些图形可能不像 R 的图形系统那么复杂，它们通过大量的交互来弥补不足。一个简单的条形图可以有不同的呈现，因为条形图可以在鼠标移动或点击时做出反应：它们可以改变颜色，或者得到更粗的边框，或者显示特定信息等。

由于 R 命令可以通过网页控制台实现，因此除了显示输出结果、错误和信息之外，还可以捕获图形。还有类似的 evaluate、knitr、raport、pander 等软件包，它们解析源文件以生成复杂的输出结果（如报告、书籍或文章），这些输出结果可以包含文本中的图形结果。受这些软件包的启发，开发人员投入了一些精力将 R 图形引入网页环境中。它涉及将绘图从基础 R 保存到 SVG [⊖]设备，该设备可以在网页环境中读取和显示，具体的技术细节不在此展开。

由于 SVG 可以自动调整大小，因此生成的绘图对话框可以调整大小且图形会随之自动调整。图 2-3 是简单的绘图示例，可以在用户界面中输入以下命令：

```
plot(1:11)
title("A simple plot")
abline(h = 6, v = 6)
```

增加后续的绘图命令是可行的（在本例中，增加了标题并绘制了交叉线），这是因为代码首先验证是否存在打开的绘图对话框。如果图表对话框关闭，最后两个命令中的任何一个都会导致错误，显示为 "plot.new has not been called yet"。

有许多人试图使用 Java 外接程序或使用 cairoDevice 的 RGtk2 来扩展基本的 R 图形并使其交互，甚至在 rgl 包中实现一个 openGL 用于 3D 交互绘图（在 Rcmdr 包中被大量使用）。由于某些原因，在过去的 5 ~ 10 年里，网页中图形的使用比传统软件的使用更加频繁。也许是因为网页的使用吸引了大量网

⊖ SVG（Scalable Vector Graphics），可缩放向量图形。

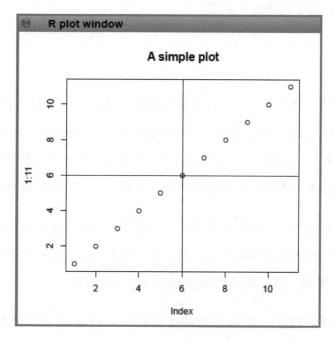

图 2-3　主绘图对话框

页开发人员，Javascript 库已经可以与传统软件匹敌，并且这种趋势没有减缓的迹象。

可缩放向量图形的标准得到了扩展，它可以用于动画、渐变、简化以及基于矩阵计算的各种路径转换。像 D3.js 这样的库的出现并不奇怪，这似乎是数据驱动的图形显示器的理想选择。

在 2017 年的 RStudio 会议上展示了改进的结果，还展示了另一个交互式 3D 网络可视化工具，它使用了一个名为 threejs 的 avascript 库，被封装在网页浏览器的 htmlwidget 中。这个库可以轻松地绘制具有成千上万个点的有向图并生成动画。

取代 R 的图形系统远不是这个用户界面的目标。相反，其目的是通过更多的交互选项来增强传统图形系统，特别是在网页中的使用。

网页图形不同于基础图形，它是在网页环境中单独绘制的，因此用户界面呈现以下三种不同类型的图表对话框，其中，后两个是从专用菜单开始的。

- 普通的 R 图（从基础 R 捕获）。
- XY 图。
- 维恩图。

第一个已经讨论过了，它允许任何类型的静态图形，包括 ggplot2 类型的图形。在 XY 图中，点被分配了标签，当鼠标悬停时，标签就会显示，标签可以在点周围显示和旋转。在维恩图中，鼠标悬停事件将显示真值表中具有交互的案例。

长期目标是将这些图表对话框统一在一个环境中，这个环境可以：

- 自动检测使用的是哪种绘图类型，并提高每种绘图类型交互的可能性。
- 根据绘图类型提供各种导出选项。对于交互式 Javascript 绘图，可能需要从 SVG 导出，或生成相似的静态绘图的最佳命令。

所有网页图形都是由以 SVG 为基础的名为 Raphäel.js 的库绘制的，全部用 Javascript 编写。实际上，所有的对话框都是使用这个 Javascript 库设计的，包括所有单选按钮、复选框和所有交互的自定义代码。

普通的 R 图可以用六种最常见的格式保存在硬盘上（基础 R 有更多的可能性），如图 2-4 所示，使用菜单：

Graphs/Save R plot window

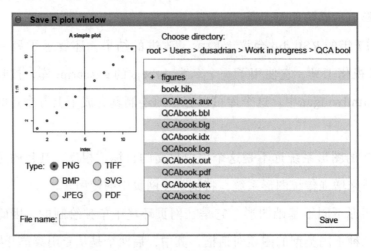

图 2-4　导出 R 图形的 GUI 对话框

2.4.7 数据编辑器

所有图形用户界面都有的一个备受赞赏的特点，似乎就是数据编辑器。原则上这种对话框只对小数据集有用，大的或非常大的数据集（数千行和数百列）显然无法全部放入屏幕中。无论用户在数据编辑器中"看到"什么，无论对话框有多大，都只是整个数据集的一小部分，用户通常可以上下移动或左右移动可见区域。

这种对话框在网页环境中很难开发。通常，HTML 表被分割成小块，用户单击 Next、Previous、First、Last 按钮，或分块的数字，将相应的部分显示在屏幕上。这个解决方案是可以理解的，因为有时滚动整个数据集是不可能的，数据集必须先在页面中加载，然后才能滚动。

正常安装的软件可以使用非常快的本地编译代码运行，但网页速度依赖于许多其他（慢的）因素，例如互联网连接的速度。Javascript 语言也可以非常快，但它不能超过本地编译代码的速度，而且它不是作为替代品设计的。它本质上服务于网页上完全不同的目的。

加载时间尤其重要，因为没有人想花费超过几秒才能运行网页。因此，传统的解决方案是将数据分成更小的块，这些块可以在网页中快速传递。这是 RStudio 在大多数 Shiny 应用程序中显示数据的方式。

这种不便已经在 QCA 用户界面中得到了适当的处理，它不依赖于传统的 HTML 来显示。如前所述，它使用了一个基于 SVG 的 Javascript 库，名为 Raphäel.js，并把它作为整个用户界面的主力。这个对话框不是一个普通的 HTML 表格，而是构造一个 Raphäel "概念"（一个类似于 HTML5 画布的概念）。在这里，可以通过定义网页的长度和宽度来实现滚动，所有数据不用填满对话框。

在对话框中，只有可见部分被填充，其余部分是空的，当用户滚动到另一个特定位置时可以进行数据填充。如图 2-5 所示，右侧有一个垂直滚动条，后面的 Javascript 代码检测与 Raphäel 文件绑定的鼠标滚动事件。当把对话框向任何方向滚动时，对话框就会开始与 R 进行通信，删除原单元格内容，询问来自新位置的内容，这种行为类似于块之间的 HTML 表（从一个块移动到另一个块）。在本例中，它是从一个位置移动到另一个位置（由新滚动给定）。

LR	DEV	URB	LIT	IND	STB	SURV
AU	720	33.4	98	33.4	10	-9
BE	1098	60.5	94.4	48.9	4	10
CZ	586	69	95.9	37.4	6	7
EE	468	28.5	95	14	6	-6
FI	590	22	99.1	22	9	4
FR	983	21.2	96.2	34.8	5	10
DE	795	56.5	98	40.4	11	-9
GR	390	31.1	59.2	28.1	10	-8
HU	424	36.3	85	21.6	13	-1
IE	662	25	95	14.5	5	8
IT	517	31.4	72.1	29.6	9	-9
NL	1008	78.8	99.9	39.3	2	10
PL	350	37	76.9	11.2	21	-6
PT	320	15.3	38	23.1	19	-9
RO	331	21.9	61.8	12.2	7	-4

图 2-5　数据编辑对话框

这一特性使用户体验更接近于常见的安装软件。已开发的定制代码看起来像一个普通的电子表格，而不是 HTML 表格。在数据编辑对话框中，有一些单击事件，它们模拟选择单个单元格、行名或列名（所有这些都可以看作是"单元格"）。

还有一个双击事件可以通过在指定单元格的顶部创建一个临时的文本框来指定位置（有精确坐标），模拟编辑某单元的内容：一旦文本被编辑，网页检测到"输入"或"输出"，会决定是否更改或删除它。更改时，R 启动一个新的通信以在该特定单元更改。

这看起来可能微不足道，但这个简单的操作会在整个用户界面产生连锁反应。如果更改了值的范围（例如，将 100 更改为 1000），新范围将报告给使用该变量的其他编辑器（在校准一章中有很多这样的例子）。

最后，用户界面已经升级到可以处理多个对象。因此，快速地从工作空间中选择数据框似乎是自然而然的。对话框的左上角显示一个红色的名为 LR 的按钮（LR 是当前显示的数据集的名称），单击该按钮将打开所有已加载的数据集，选择其中的数据集将会用新数据刷新对话框。

当多个数据集加载到内存中时，它们能够以多种形式实现可视化。如果数据集很小，单击对话框的左上角，或者在 R 控制台中输入它的名字就可以在屏幕上打印出来。R还有另一种显示数据集的方式，那就是使用函数 View( )。

在基本的 R 控制台中输入一个命令，如 View(LR)，会弹出一个单独的窗口，用户可以看到一个非常标准的数据浏览器。在 Windows 中，数据可以上下或左右滚动，而在 MacOS 中，数据不能滚动，看起来像是在图形窗口中构造的静止图像。这个窗口是一个只用于浏览数据的窗口，而不能以任何方式修改。

这是在网页界面中改进此功能的另一个原因，并且已经产生了更多的命令来输出 R 并将其转换到网页界面。在 R 网页控制台中使用相同的命令 View(LR)，尽管命令是在"基本"R 的环境中进行评估的，但数据仍会显示在交互式数据编辑器中。

2.4.8 导入、导出和加载数据

将数据文件导入 R，根据文件的类型有许多备选方案。其他软件有许多二进制格式，但转换文件（尤其是在不同的操作系统之间）的最简单的方法是使用基于文本的文件。通常，这些文件具有扩展名 .csv（逗号分隔值）：

```
datafile <- read.csv("datafile.csv")
```

上述命令在工作空间中创建一个名为 datafile 的新对象，该对象将函数 read.csv( ) 与赋值操作符"<-"组合在一起。

查看此命令时，第一次使用 R 的用户可能会感到困惑，认为它不可理解，而且可能会在计算机上运行失败。本书中的大多数命令都可以简单地复制并在本地计算机上运行，但这样的命令在不同的计算机上常常会运行失败，原因有二：首先，硬盘上的文件必须准确地命名为"datafile.csv"，否则用户应该更改 csv 文件的名称；其次，本地计算机并不知道文件的位置。

这个场景看起来很简单，但对初学者来说可能会有一定的困难。这个问题在 R 中有两种解决方案，此外，在图形用户界面中也可以解决。第一种基本解决方案是将工作目录设置为 CSV 文件所在的位置：

```
setwd("/path/to/a/certain/directory")
```

字符串 **"/path/to/a/certain/directory"** 应该根据本地文件系统

（这里与 Linux 和 MacOS 相似）进行更改。通过输入命令 getwd( )，可以检验工作目录是否确实更改为所需的位置。

第二种解决方案（也可能是首选方案）是指定特定文件的完整路径，这种方法独立于上面设置的工作目录（下面的示例是特定于 Windows 环境的）：

```
datafile <- read.csv("D:/data/datafile.csv")
```

read.csv( ) 有一些其他形式的参数，与一般函数 read.table( ) 兼容。用户可以通过参数 sep 指定文件是否具有不同的分隔符（例如，通常是制表分隔符），或者通过参数 header 指示数据文件是否包含第一行中的变量名。

扩展名 ".csv" 并不重要，有时文本文件的扩展名为 ".dat" 和少见的 ".tsv"（tab separated values，标签分隔值）。分隔符是用于区分两个不同列的字符。

更多关于它们的细节可以通过这个命令来读取：

```
?read.table
```

此外，图形用户界面方案对所有用户来说都是最简单的。它不需要事先掌握 R 命令的知识，用户只需要用交互式对话框就可定位到特定的文件。类似于任何普通的图形用户界面，使用如下菜单打开对话框：

File / Import

图 2-6 显示了一个极简但全面的导入对话框，用户可以通过多种方式定位到特定的位置。第一种方法是双击对话框右侧的行。目录用 "+" 表示，主目录在导航区域顶部，用 ".." 表示。

没有 Back（或 Forward）按钮来选择前一个目录，但是在导航区域上方有由目录结构组成的当前路径。通过双击该路径上的任何目录，导航区域将随目录的改变而改变。如果路径很长（见图 2-6），并且不能完全显示在屏幕上，则可以使用鼠标左右拖动。

另外，还可以在目录文本框中手动输入路径。当使用 USB 闪存盘时，这个方法非常有用，因为这些闪存盘安装在特定的位置（或者安装在 Windows 下的特定驱动器中），而基于网页的用户界面则无法捕获。

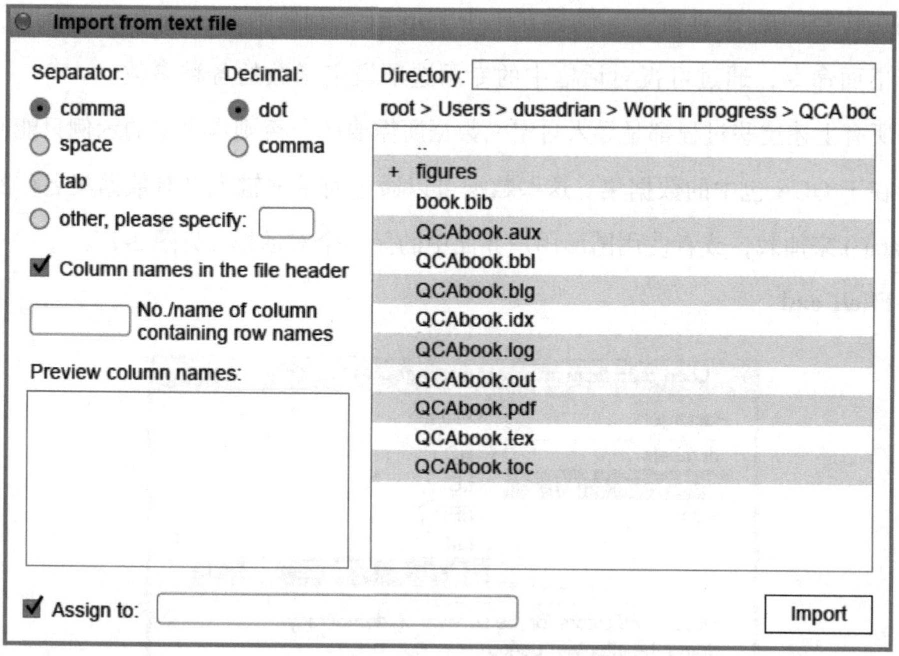

图 2-6　图形用户界面的导入对话框

对话框左边有一个区域（在 Preview column names 下方），一旦选择了特定的 CSV 文件，如果列名存在于文件的标题上，那么该区域将自动填充列名。这个步骤是为了确保数据能够被正确导入。根据 CSV 文件的结构，当所有设置都正确时，列的名称将在该区域列出。

与书面命令相似，许多参数可以选择一个或多个列分隔符，默认情况是逗号（因此是 CSV，即逗号分隔值），但是还有其他可能，最常见的是制表符或空格。其他分隔符（如分号）应手动输入到"other，please specify"后的文本框中。

另一个设置是 Decimal 十进制单选框，用点（默认英语为母语的国家）或逗号（如中东欧的一些国家）分隔十进制值的文件。

最后一个设置是指定 No./name of column containing row names 文本框。如果数据集中的列包含案例的名称（或与变量或列的名称相反的行），此选项将把这些案例名称放在导入数据的行中。它可以是数字（包含行名称的列的位置），也可以是包含这些行名称的列的实际名称。

在实际导入数据之前，应该在 Assign to 复选框中输入名字，以便将数据保存到工作空间的 R 对象中。最后，单击 Import 按钮将数据导入 R。这个过程模拟了书面命令，通过可视对话框中的专用选项设定函数的各种参数。

所有上述这些过程都是导入自定义数据所需要的，否则本书中的示例只能使用已存在于 QCA 包中的数据集。这些数据可以通过简单地输入带有数据集名称的命令 data( ) 来加载，或者使用图形用户界面中的另一个对话框（见图 2-7）：

File/Load

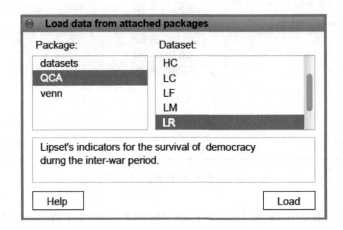

图 2-7　从附加包中加载数据

为了演示，许多安装包中包含了从函数的帮助文件中复制的数据集。用户不必自己导入数据，这非常方便。要从特定的包访问数据集，首先必须使用 library( ) 和包的名称。

一旦输入这个命令，包就会被加载，其中的函数以及包含的数据集就可以使用了。在图 2-7 中，只有 3 个附加包（datasets、QCA 和 venn），其中，QCA 包被选中。此包中包含多个数据集，其中，对话框（LR）的数据集被选中。

一旦选择了特定的数据集，下面的框将提供关于数据的一些基本信息。通过单击 Help 按钮可以获得关于数据集的完整信息（例如，LR 的名称是什么意思，它包含哪些列，它们是如何校准的以及从哪个理论引用获取的数据集等），这将打开另一个网页。

无论是在命令行还是在图形用户界面中，数据在分析时通常会被修改，但没有 Save 按钮来确保当前会话关闭后能被保存。这是 R 的特殊性，它维持内存

（工作空间）中的所有对象（的原状），并且只要 R 是打开的，就不需要保存它们。只有在所有对象没有被写入硬盘时关闭 R，它们才会丢失。

保存数据框（或导出并保存到硬盘驱动器）的常用命令是 write.csv( )，这是一般函数 write.table( ) 的特例。这些函数有很多参数，包括特定于某些操作系统的参数（例如，在 Windows、Linux 和 MacOS 之间，行代码的末尾是不同的）。此外，还有不同的文本编码选项，因为大多数语言都有特殊字符（重音、变音符号等），它们需要不同的默认编码。

本书不包括所有这些选项，但鼓励读者在 R 的通用书籍中学习这些选项。我们假设对绝大多数用户来说大部分默认选项是足够的，在这里只介绍函数 write.csv( ) 的一些参数。

用于导出数据集的图形用户界面对话框更简单，它只包含非常基本的选项，这足以应对大多数研究。在 QCA 包中有一个称为 export( ) 的专用函数，它是函数 write.table( ) 的包装器，与 write.table( ) 只有细微的区别。

之所以需要这个函数，是因为函数 write.table( ) 默认添加一个空白列名。尽管有这种（标准）约定，但并不是所有的电子表格软件都能正确地读取这一列，很多时候数据集的第 1 列列名被分配给包含行名称的列。

函数 export( ) 确保数据集中如果行名存在（在某种意义上，行名与默认行号不同），则导出的文件将包含一个正确的列名，称为 cases。如果数据集已经包含了一个名为 cases 的列，那么行名将被忽略。用户自然可以自由地为包含行名称的列命名。

在菜单中打开导出数据集的对话框，如图 2-8 所示。

由于工作空间中只有一个数据集，所以它是对话框左下方区域 Dataset 中唯一出现的对象。其余的选项从列分隔符的类型到保存数据集的目录都有对应的解释。

New file 文本框中应该提供文件的名称。如果所选目录中存在同名的文件，默认将出现一个复选框，询问是否选择覆盖该文件。

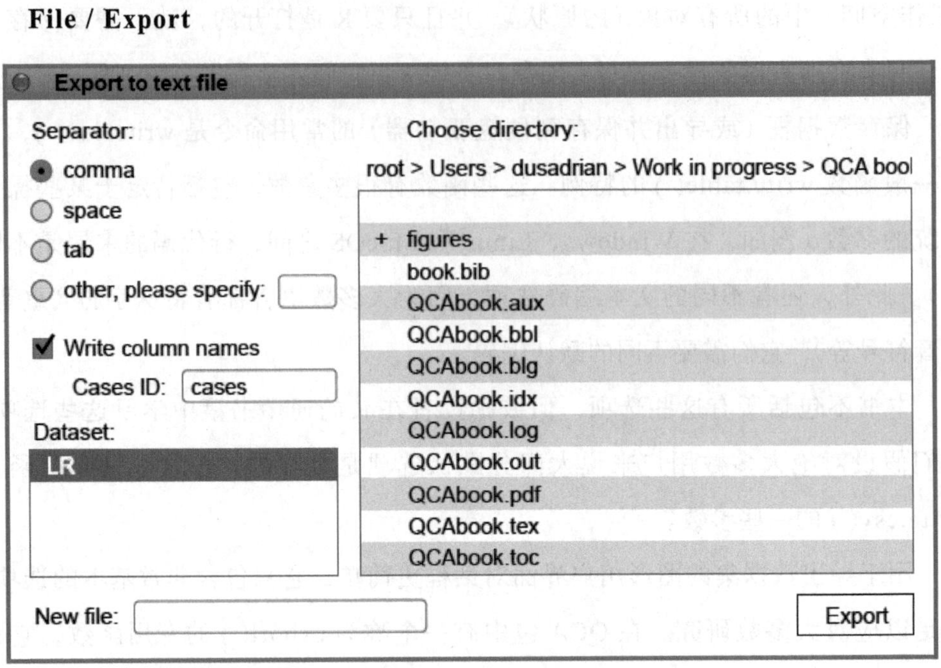

File / Export

图 2-8　从图形用户界面输出数据集

## 第 3 章

集合理论

QCA 是一种基于成熟理论和稳健的软件的方法论。在第一版中，Ragin（1987）提出了一个名为"清晰集"（csQCA）的二进制系统（a binary system）。随着对各种批评的回应，"清晰集"发展到了"多值集"（mvQCA），并进一步发展到模糊集（fsQCA）。

无论在哪一版 QCA 中，"集合"都是被广泛使用的术语，对集合的理解是应用整个方法论的关键。这一术语虽然在社会科学中非常普遍，但它来源于数学，在数学中包括实数集、自然数集等各种类型。

在社会学中，集合可以理解为类型 / 范畴（category）的同义词。社会研究方法论中经常会提到一些分类变量（categorical variables），例如"居民"，其中"城镇"这一类别可以理解为居住在城镇地区的人的集合，"农村"这一类别可以理解为生活在农村地区的人的集合。

随着近年来 QCA 的发展（Ragin，2000，2008b），社会研究方法论经历了一场有趣的理论争论。从定性和定量研究策略的人为对立中（它们对人类社会的观察方式是十分不同的），浮现出一种新的概念竞争并引起了学术界的注意，即变量和集合之间的辩论，这对测量和解释产生了深远影响。

3.1 二进制系统和布尔代数

结合一些基本的逻辑定律和一种只含真假两个值的语言类型，自然语言可以转换成数学语言。

真假两个值的历史可以追溯到中国的"阴阳"概念，表达了自然界中持续的二元性。哲学家、数学家莱布尼茨也提出了类似的思路（来自 1985 年 Aiton 写的传记⊖），并对这些符号的力量深信不疑，这促使他发明了二进制数学。

莱布尼茨一生致力于发展这个体系。在他晚年时期，这一体系几乎成了宗教性质的，其中 1 代表善，0 代表恶。与中国哲学相似，莱布尼茨的世界存在着善与恶持续的斗争，他相信数学的二进制系统有着神圣的起源。

莱布尼茨的工作被忽略了近 150 年。直到 19 世纪中叶，另一位伟大的数学家乔治·布尔才完善了他的二进制系统，使之成为在逻辑学和数学中非常有用的工具。莱布尼茨和布尔都远远领先于他们的时代，当时的科学界并未发展到足以接纳他们工作成果的程度，也没能理解二进制系统的用途。

布尔的系统也被他的同行所忽视，直到几十年后才被美国麻省理工学院首次真正应用。

3.2 集合的类型

19 世纪末，带着对无穷级数（the infinite series）某些特性的兴趣，德国数学家、哲学家 Georg Cantor 创立了一套抽象集合理论，这从根本上改变了数学的基础（Dauben，1979）。该理论的最初版本（也被称为朴素集合理论）得到了推广，如现代集合理论所包含的公理和集合类型就比 Cantor 描述的更广泛。总之，集合可以定义为共享共同属性的对象的集体。

集合中的对象称为元素，每个元素都是独一无二的。数学中有许多与集合有关的概念：有限、无限、合取、析取、等价。值得注意的是，社会科学方法，特别是比较社会科学，使用的许多正式术语都是从集合理论中借用的。例如，

⊖　ERIC J. AITON. Leibniz. A Biography[M]. Bristol & Boston: Adam Hilger Ltd, 1985.

在人口分类时使用的类别：农村／城镇，男／女，低／中／高等教育等。

从形式上看，集合有两种主要类型：

- 清晰集
  - 二元
  - 多值
- 模糊集

第一种清晰集是 Cantor 原创的：一个元素要么在集合内部，要么在集合外部。它包含两个子类别：只有两个值的二元集合，以及可以包含两个以上值的多值集合（不限制值的数目，但值都是离散的）。

尽管 QCA 区分了清晰集（csQCA）和多值集（mvQCA），但事实上它们都是"清晰"集，而名为清晰集（csQCA）的实际上是二元清晰集，它是多值清晰集的一个特例。任何一个二元清晰集都可以被认为是一个只包含两个值的多值集。

而模糊集不同，因为一个模糊集中可以有无限的可能值。其元素不仅可以隶属于或不隶属于给定集合，也可以偏隶属于或偏不隶属于给定集合，其程度由 0（完全不隶属）到 1（完全隶属）间的值来表示。

3.2.1 二元清晰集

二元清晰集是定义明确的元素的集合。这些元素因具有或不具有某种属性，属于或不属于以该属性定义的集合。在形式表示法中，任何这样的集合都可以通过枚举其中所有的元素来表示：

$$A = \{a_1, a_2, \ldots, a_n\}$$

包含所有集合中所有元素的集合被称为全集 U，其元素 $x_{1\ldots n} \in U$。其他集合都是这个全集的子集。

对于全集中的每个元素，如果其属于集合 A，可以赋值为"是"（真），如果不属于集合 A，可以赋值为"否"（假）。在经典集合理论中，元素只有两个值：0（假）和 1（真）。在形式表示法中，可以用一个函数进行相应的赋值：

$$\mu_A(\text{x}) = \begin{cases} 0 & \text{if } \text{x} \notin A \\ 1 & \text{if } \text{x} \in A \end{cases}$$

在社会科学中，清晰集也被称为互斥类别。比如，玫瑰是集合"花"的一部分，而马不属于这个集合。一个元素可以属于多个集合：一个人可以同时属于集合"妇女"和"母亲"。

对于全集 U 的两个集合 A 和 B，如果当且仅当属于集合 A 的任意元素都是集合 B 的元素，我们可以说 A 是 B 的子集：

$$A{\subset}B : \{\text{x} \in A \Rightarrow \text{x} \in B\}$$

不包含任何元素的集合称为空集（表示为"Ø"），它是其他任何集合的子集。

从亚里士多德开始，逻辑学的源头是二元的（bivalent）。在该逻辑学体系中，任何一个命题都有唯一的真值：真或假。该系统具有构成二元清晰集的三个逻辑原则（定律）：

- 同一律：对象即它本身（换句话说，它等于它自己）。这一原则使得一个对象和所有其他对象之间有所区别，类似于心理学概念中的"自我"与"他人"。

- 无矛盾律：一个对象不可能同时存在与不存在，一个现象也不可能同时发生或不发生。它要么是这个，要么是那个，但不能两者都是。

- 排中律：一个命题不是真的就是假的，没有第三种选择。

3.2.2 多值清晰集

根据排中律，传统的学术逻辑向来是二元的。然而，二元论受到亚里士多德本人的质疑。他利用命题逻辑和逻辑表达式组合提出了一个悖论，并在一个具有时间顺序的情境中测试二元性。

真值可以归因于过去的事件：一旦它发生过，我们就不能说该现象没有发生，因为它的真值是超越时间范畴的。在它发生后，它在任何时候都为"真"，无论是现在还是将来。

二元逻辑与过去的事实（我们已经知道的）是兼容的，但是它很难适用于未来，这为亚里士多德的悖论奠定了基础。就未来而言，可以应用两种思维体系：

1. 决定论：如果某些事情是必须发生的，无论我们做什么，它都会发生。这类似于宿命论的概念，相信一切都是预先确定和不可避免的，我们对自己的命运没有任何控制权。

2. 自由意志：在没有外部约束的情况下，我们决定未来将要发生什么，拥有选择发生什么（以及不发生什么）的能力。

任何事件都有连续的前因条件，这些前因条件又有其自身的前因条件，如此推算以至无穷，直到时间的开始。如果我们谈及未来，就好像它已经发生了一样，对于一个尚未发生但即将发生在当下的事件，我们也会说同样的话，即那个事件有它自己无限的前因链。依据决定论，事件是不受时间影响的。因为考虑到过去发生的所有前因条件，现在会发生，将来也会发生，所以这个事件一定会发生。

亚里士多德提出陈述：“明天将会有一场战斗。”对此陈述，今天不可能赋予真值，因为它是尚未发生的事件。然而，将决定论逻辑应用于未来则意味着前因链将导致未来事件不可避免地发生，这否定了自由意志（可以决定未来事件发生或不发生），从而打破了排中律（命题不可能同时是真和假）。

与决定论相似，波兰哲学家杨·武卡谢维奇在 20 世纪初创造了一个逻辑系统（Borkowski，1970），它超越了传统的二元哲学，并为亚里士多德的悖论提供了一个解决方案。这个被称为 Ł$_3$ 的系统中有三个而非两个真值：

$$\mu_A(x)=\begin{cases} 0 & , \ 假 \\ \dfrac{1}{2} & , \ 未确定（既不是真，也不是假），部分真 \\ 1 & , \ 真 \end{cases}$$

尽管一开始被摒弃，杨·武卡谢维奇的哲学最终还是被接受了，他的三值系统被推广到具有 n 个值的多值系统。其真值是通过将区间 [0,1] 均匀划分为 n 个不同的值得到的：

$$\left\{ 0 = \frac{0}{n-1}, \ \frac{1}{n-1}, \ \frac{2}{n-1}, \ \cdots, \ \frac{n-1}{n-1} = 1 \right\}$$

可以看出，只有两个值（0和1）的二元清晰集只是具有n个值的多值清晰集的一个特例。清晰集的属性可以应用于元素相互离散且彼此不同的任何集合。

3.2.3 模糊集

清晰集通常是有限的。至少在社会科学领域，定性变量没有无限的范畴。将杨·武卡谢维奇的理论从3个真值（$Ł_3$）推广到n个真值（$Ł_n$）之后，再完全推广到具有无限数量的真值只是时间问题。事实上，模型$Ł_n$非常接近模糊集，因为n可以是非常大的数字（接近或等于无限）。

数十年后，数学家拉特飞·扎德给出了另一个解决方案。与将集合划分为n个值不同，他提出了"模糊集"的概念。其原始的定义是这样的：

一类具有连续隶属分数（隶属度）的对象。这样的集合的特征在于隶属函数为每个对象分配0到1之间的隶属分数。（1965，p.338）

在模糊集中，最小值（0）和最大值（1）之间是一个连续体，有无穷多个隶属分数。一个元素可以偏隶属或偏不隶属于一个集合，而不仅仅在集合内或集合外。比如，一个人不一定只是富有或贫穷，还有可能介于两者之间。该定义带来的好处是，一个群体可以同时偏隶属于一个集合，偏不隶属于另一个集合，但很难想象它只严格地属于其中一个集合。

在这一点上，模糊集理论与既定的社会科学方法论不同。在当前的社会科学方法中，"富有"和"贫穷"只是同一连续体上两个相反的端点。目前的一种做法是使用双极量表（例如，李克特量表）来衡量赞同/不赞同的程度。

而从模糊集的角度来看，富人和穷人是两个独立的集合，而不仅仅是同一连续体的两端。每个集合都有各自隶属度的连续体，因此一个人（或一个国家）既可以是富有的，也可以是贫穷的，只是程度不同。

从定量和相关的角度来看（社会现实是对称的），模糊集有点违背直觉，但从集合论的角度来看，这是完全合理的。所有这些都与所谓的同时子集关系（simultaneous subset relations）有关，它将社会现实定义为不对称的，我们将在第5章和第6章中更加深入地讨论这个话题。

另一个差异之处在于模糊集和概率之间显著的相似性，这通常也是困惑的来源。尽管都取值于 [0，1] 区间，但实际上它们是完全不同的。如果一个炉子有 1% 的可能性变得非常热，那么碰到它时仍有可能被严重烧伤。但如果同样的炉子在非常热的对象集合中有 1% 的隶属度，我们可以随意触碰和持有它，是没有危险的。

3.3 集合运算

布尔（1854）在以本人命名的代数中，提出了 3 个至今仍然被大量使用且广泛应用于计算机编程的基本运算。这 3 种运算既适用于清晰集，也适用于模糊集，区别在于不同的计算方法。

3.3.1 非集

这可能是最简单的运算，且对二元清晰集和模糊集来说，计算方法都是相似的。A 的非集是全集 U 中集合 A 的补集，写作 ~A，由全集 U 中所有不属于集合 A 的元素构成。

非被称为"一元"运算，因为它只接受单一的参数。在 R 中，有多种方法可以对真值或二进制数值进行非运算。

```
!TRUE
```

```
[1] FALSE
```

"！"表示"非"，它对逻辑值进行否定，适用于标量和向量。

```
lvector <- c(TRUE, TRUE, FALSE, FALSE)
!lvector
```

```
[1] FALSE FALSE  TRUE  TRUE
```

在此示例中，对象 lvector 中的所有值都被反转。同样的运算可以用 1 减去相应值来实现：

```
1 - lvector
```

```
[1] 0 0 1 1
```

由于数据类型的自动强制转换（在这种情况下，是从逻辑型转变为数值型），

TRUE 转换为 1，FALSE 转换为 0，用 1 减去这些值得到结果。这适用于二元清晰集以及模糊集：

```
fvector <- c(0.3, 0.4, 0.5)
1 - fvector
```

```
[1] 0.7 0.6 0.5
```

非运算对多值清晰集来说有点复杂，但本质是一样的。对于任何具有至少 3 个值的集合，例如 {0,1,2}，{0} 的非集是集合 {1,2}。同样，{1} 的非集是集合 {0,2}。

非运算通常与数字一起使用，但不仅适用于数字。自然语言的非运算可以通过使用"非"一字轻松实现。就类别而言，如"非男性"这一表述包括所有不是男性的个人。有些表达可能有逻辑上的含义，例如，"非母亲"指的是所有不是母亲的妇女，因为集合"母亲"是集合"妇女"的一个子集。

由于非运算需要集合中所有可能值的附加信息，"!"运算符和"1-"运算符都不能自动应用于多值清晰集。在缺乏所有可能（其他）值的完整信息的情况下，对多值清晰集中的某个值进行非运算，其结果是未知的。在一定程度上，可以从输入数据集中读取此信息，但无法保证输入是详尽无遗的。

3.3.2 逻辑"与"

逻辑"与"也被称为"逻辑合取"（logical conjunction），或简称为合取，只有当所有元素值为真时，它的值才为真。如果其中一个元素的值为假，那么整个逻辑"与"运算的值为假。

在自然语言中，我们可以说取得高分的学生既聪明又努力。不聪明的学生和那些聪明但不努力学习的学生一样，都考不到高分。只有同时具备两种特点，即既聪明又努力时才能取得高分。

这可以用逻辑来举例说明：只有当所有条件都为真时，逻辑"与"（AND）运算的结果才为真：

$$
\begin{array}{ll}
0 \text{ AND } 0 = 0 & 0 * 0 = 0 \\
0 \text{ AND } 1 = 0 & 0 * 1 = 0 \\
1 \text{ AND } 0 = 0 & 1 * 0 = 0 \\
1 \text{ AND } 1 = 1 & 1 * 1 = 1
\end{array}
$$

在 R 中可以使用各种向量组合来举例说明，其中一个特定函数是 all( )：

```
all(lvector)
```

[1] FALSE

函数 all( ) 返回的结果为假，因为 lvector 中至少有一个值为假。将前两个值提取出来作为一个子集：

```
all(lvector[1:2])
```

[1] TRUE

在这种情况下，结果为真，因为 lvector 中的前两个值都为真。

另一个涉及合取（交集）的 R 运算符是符号" & "，可以使用逻辑向量的组合进一步扩展该示例：

```
rvector <- c(TRUE, FALSE, TRUE, FALSE)
lvector & rvector
```

[1]   TRUE FALSE FALSE FALSE

在这里，" & "（逻辑"与"）运算的结果是一个长度为 4 的向量。它将 lvector 与 rvector 中每一对应值进行比较，仅当 lvector 和 rvector 中两个值都为真时，结果才为真。在这个示例中，只有第一对值的结果为真。

R 语言中的循环补齐规则也可以应用：

```
rvector <- c(FALSE, TRUE)
lvector & rvector○
```

[1] False True False False ○

在这个示例中，较短的 rvector（长度为 2）被循环补齐到与 lvector 相等的长度。最终返回的结果显示第二个位置为真，因为在 rvector 和 lvector 中只有第二个位置同为真。在这个示例中，循环补齐并不重要，因为 lvector 第三和第四个值都为 FALSE。

逻辑"与"在根据不同标准提取数据子集方面也有很大作用。使用第 1 章中的数据框 dfobject，可以做如下运算：

○ 此处原文有误，原文为"lvector | rvector"。——译者注

○ 此处原文有误，原文为"TRUE TRUE FALSE TRUE"。——译者注

```
subset(dfobject, A == "rural" & B > 13)

        A  B C D
C3 rural 14 7 3
C4 rural 15 8 4
```

在这个示例中，只有两个案例（C3和C4）符合列A为"rural"且列B大于13这两个条件。这两个条件通过"&"（与）运算符连接，生成逻辑向量，据此来选择dfobject中的行。

正如前面所提到的，对逻辑"与"的另一种解释是交集。集合A是聪明的学生，集合B是努力学习的学生，那么那些努力学习的聪明学生将处于集合A和B的交集中。

R中的函数intersect( )可使得两个集合相交：

```
lvector <- c(1, 3, 5, 6)
rvector <- c(2, 4, 5, 6)
intersect(lvector, rvector)
```

```
[1] 5 6
```

由于模糊集合中的元素能够在区间[0,1]中任意取值，即每个元素在特定集合中都有一个隶属分数，因此模糊集的逻辑"与"运算与上述有所不同。

一个人可能在聪明学生的集合中有0.8的隶属分数，在努力学习的学生的集合中有0.3的隶属分数，逻辑"与"运算是取这些隶属分数的最小值：

$$A \cap B = \min(0.8, 0.3) = 0.3$$

在A与B的交集中的隶属分数等于取交集的这两个集合隶属分数的最小值。扎德（1965，p.341）称之为"包含于集合A和B的最大模糊集"。

QCA包中有一个名为fuzzyand( )的函数，类似于执行并行最小值的内置函数pmin( )，但较其而言有一些改进。它能对向量、数据框和矩阵进行操作，对矩阵而言，可以在行上应用函数min( )，从而在矩阵对象上模拟并行最小值。

此外，fuzzyand( )的结果将自动被赋予"名称"（name）属性。该属性是结果的交集形式表示法。为了能够正常查看名称属性，一个改进是用"1−"运算符来表示非集：

```
A <- c(0.7, 0.2, 0.4)
B <- c(0.2, 0.4, 0.5)
result <- fuzzyand(A, 1 - B)
result
```

[1] 0.7 0.2 0.4

通过对名称属性的查看，非值变得清晰可见：

```
attr(result, "name")
```

[1] "A*b"

3.3.3 逻辑"或"

逻辑"或"也被称为"逻辑析取"（logical disjunction），或简称为析取，它指的是取得结果的任何可供选择的方法。逻辑"或"比自然语言中的"或"更严格，后者有更多其他的解释。

在自然语言中，"或"有时可能排他性地指一个或另一个，不能同时指向两个，例如，你可以乘坐出租车或公共汽车到你的工作地点。

但有些时候，它也可能指任意选项（包含所有），甚至是同时发生的，例如，那个人在减肥，所以必须保持节食或做很多运动，这些选项并不排除彼此。

在逻辑学中，如果有任何一个条件为真（甚至是同时为真），逻辑"或"运算的结果为真：

$$
\begin{array}{ll}
0 \text{ OR } 0 = 0 & 0 + 0 = 0 \\
0 \text{ OR } 1 = 1 & 0 + 1 = 1 \\
1 \text{ OR } 0 = 1 & 1 + 0 = 1 \\
1 \text{ OR } 1 = 1 & 1 + 1 = 1
\end{array}
$$

这种关系可以用 R 中逻辑向量的各种组合来举例，其具有广泛的应用性，特别是在索引和子集方面。

```
lvector <- c(TRUE, TRUE, FALSE, FALSE)
any(lvector)
```

[1] TRUE

在上面的示例中，lvector 是一个有四个值的逻辑对象，其中前两个值为真。如果这四个值中的任意一个为真，函数 any( ) 所返回的结果为真。这可以用自然语言改写为：第一个为真，或第二个为真，或第三个为真，或第四个为真，最终的结果为真，因为这四个值中至少有一个为真。

上面的示例可以通过逻辑向量的组合进一步延伸：

```
rvector <- c(TRUE, FALSE, TRUE, FALSE)
lvector | rvector
```

```
[1]  TRUE  TRUE  TRUE FALSE
```

在这个示例中，使用符号"|"（逻辑"或"）连接两个逻辑向量，结果是另一个长度为 4 的逻辑向量。其中，只有最后一个值为假，因为两个输入向量的第四个值都为假。

还可以应用 R 语言中的循环补齐规则：

```
rvector <- c(FALSE, TRUE)
lvector | rvector
```

```
[1]  TRUE  TRUE FALSE  TRUE
```

在这个示例中，较短的 rvector（长度为 2）被循环补齐到与 lvector 相等的长度。这一次返回的结果中第三个值为假，因为当 rvector 被循环补齐后，其与 lvector 的第三个值都为假。

正如之前的两个逻辑运算一样，逻辑"或"也可根据不同的标准提取数据子集。使用相同的数据框 dfobject：

```
subset(dfobject, B > 13 | C > 5)
```

```
        A  B C D
C2 urban 13 6 2
C3 rural 14 7 3
C4 rural 15 8 4
```

数据框中符合条件的有三行。行 C2 被保留到子集中，尽管它并不满足 B>13，但它满足 C>5。

对逻辑"或"的另一种解释是由两个或多个集合组成的并集，生成包含这些集合所有元素的一个新集合。

在 R 中函数 union( ) 可以做到这一点：

```
lvector <- c(1, 3, 5, 6)
rvector <- c(2, 4, 5, 6)
union(lvector, rvector)
```

```
[1] 1 3 5 6 2 4
```

由此产生的并集，具有来自 lvector 和 rvector 的所有唯一值，且按照它们首次出现的顺序予以排列。[⊖]

逻辑"或"运算也适用于模糊集。如果一个人在聪明学生的集合中有 0.8 的隶属分数，在努力学习的学生的集合中有 0.3 的隶属分数，那么逻辑"或"运算是取这些隶属分数的最大值：

$$A \cup B = \max(0.8, 0.3) = 0.8$$

在 A 与 B 的并集中的隶属分数等于取并集的两个集合隶属分数的最大值。扎德（1965，p.341）称之为"包含于集合 A 和 B 中的最小模糊集"。

QCA 包中有对应的函数 fuzzyor( )，类似于执行并行最大值的内置函数 pmax( )，又有额外的特征：可以使用"1－"运算符表示输入的非值：

```
A <- c(0.7, 0.2, 0.4)
B <- c(0.2, 0.4, 0.5)
result <- fuzzyor(1 - A, B)
result
```

```
[1] 0.3 0.8 0.6
```

类似于同级函数 fuzzyand( )，fuzzyor( ) 也有一个名称属性，其包含与输入向量对应的字符串表达式。默认情况下，表达式使用小写/大写字母，若向量名称已包含小写字母，则使用波浪号 ~ 表示非集。

通过激活参数 use.tilde 可以强制使用波浪号：

```
result <- fuzzyor(1 - A, B, use.tilde = TRUE)
attr(result, "name")
```

```
[1] "~A + B"
```

直接使用波浪号表示非集也可以得到相同的结果：

```
attr(fuzzyor(~A, B), "name")
```

```
[1] "~A + B"
```

3.4 复杂运算

上一节中提供的示例仅是示范性的，涉及单个集合或最多两个集合。然而，

⊖ 函数 union( ) 中列示的集合顺序不同，其结果中元素的排列顺序也不同。——译者注

最常见的表达式可能涉及更多集合以及三种基本运算（非集、逻辑交集、逻辑并集）的各种组合。

函数 fuzzyand( ) 和 fuzzyor( ) 虽然能够处理复杂的例子，但也主要用于教学目的。QCA 包中还有可以同时替换这两个函数，执行更复杂运算的另一个函数。上一节的最后一个例子可以重写为：

```
compute("~A + B")

 [1] 0.3 0.8 0.6
```

在这些基于字符串的表达式中，非集用波浪号"~"表示，逻辑并集用加号"+"表示，逻辑交集通常用星号"*"表示，除非表达式是多值的（此时星号是多余的）或从数据集中获取集合名称的时候，这时可能不完全适用。

函数 compute( ) 的应用十分广泛，能够在用户工作空间中创建的对象列表或在使用参数 data 指定的数据集的列中，搜索输入的条件 A 和 B：

```
data(LF)
compute("DEV*STB + ~URB*~LIT", data = LF)

 [1] 0.43 0.98 0.58 0.16 0.58 0.95 0.31 0.87 0.12 0.72 0.59 0.98 0.41
[14] 0.98 0.83 0.70 0.91 0.98
```

使用两个 fuzzyand( ) 和一个 fuzzyor( ) 的组合也可以获得同样的结果，但是运用函数 compute( ) 计算乘积和（sum of products，SOP）形式的表达式则更为简单。

复杂表达式可以通过应用一些简单的布尔规则来简化：

$$A \cdot A \quad = A$$
$$A \cdot A{\cdot}B \quad = A{\cdot}B$$
$$A + A{\cdot}B = A$$
$$A + {\sim}A \quad = 1$$
$$A \cdot {\sim}A \quad = \varnothing$$
$$A \cdot \varnothing \quad = \varnothing$$

特别地，运用德·摩根定律进行非运算十分有效：

$${\sim}(A + B) = {\sim}A \cdot {\sim}B$$
$${\sim}(A \cdot B) = {\sim}A + {\sim}B$$

函数 sop( ) 可以自动做这些简化，例如 Ragin（1987）书中的一些例子，第一个是发展观点理论（Lg）和种族政治动员（E）公式之间的交集：

```
sop("Lg(SG + LW)", snames = "S, L, W, G", use.tilde = TRUE)
```
[1] "L*W*~G"

一个更复杂的例子描述了表现出种族政治动员（E）但没有被这三种理论假设涵盖的地区：

```
sop("(SG + LW)(GLs + GLw + GsW + lsW)", snames = "S, L, W, G")
```
[1] "S*L*w*G + s*L*W*G"

更简单的表达式可以用作函数 compute( ) 的输入，其结果与复杂表达式作为输入的结果相同。

⊖   R 中显示不建议使用函数 sop( )，已将其重命名为函数 simplify( )。——译者注

⊜   此处表达式为"Lg(SG+LW)"，应将"g"更改为"~G"，方能输出结果。——译者注

⊜   原书表达式中的小写字母均应替换为以波浪号"~"和大写字母表示的非集，方能输出结果。——译者注

## 第 4 章

校　准

QCA 数据通常是数值型的，并且每个类型都有特定的格式：在清晰集（二元或多值）中，数据由从 0 开始的整数组成；在模糊集中，数据是在 0 到 1 之间的连续值。

并不是所有的科学研究数据都符合这些格式。事实上，大多数时候，原始数据的格式与能够执行 QCA 操作的格式不同。原始数据中有各种类型和各种范围的数值变量，也包含将案例分成不同类别的定性变量等。

校准是 QCA 的一项基本操作。它是一个基于一定数量的定性锚点或阈值将原始数值型数据转换成集合隶属度的过程。这一过程并不是机械的，因为校准阈值的选择是基于一定的理论基础的，并且会大大地影响校准的结果。

尽管本书中更多的是关于如何使用 R 来执行 QCA 操作的实践细节，但仍然有必要涵盖（至少以一种简洁的方法）支撑这些操作的理论概念。

通常，社会科学研究数据分为四个测量级别：定类、定序、定距和定比。实际上，所有这些数据都可以被校准为二元清晰集，绝大部分数据可以被校准为多值清晰集，而在校准为模糊集的情况下，只能使用"定距"和"定比"的测量数据。然而，"校准"概念与"测量"概念有所不同（Ragin，2008a，b）。

在"测量"时，社会科学研究人员按一定顺序排列变量的值（其中一些值小

于 / 大于其他值），或通过将所有值与变量的平均值进行比较来计算其标准化分数：部分为正（高于平均值的值），部分为负（低于平均值的值）。

尽管从数学和统计学的角度来看，这种方法是完全合理的，但从集合论的角度来看，它几乎什么都说明不了。在经典的温度例子中，值可以按升序排列，任何计算机都会告诉你哪个值高，哪个值低。但是，世界上没有一台计算机能够仅通过分析这些数值来判断哪个温度值代表"热"，哪个代表"冷"。

在数学和统计学中，导出的测量值是基于特定样本的。然而，对这些数值的解释需要更多样本中没有但理论体系中会有的信息："冷"指温度接近 0 摄氏度（水变成冰的点），"热"指温度接近 100 摄氏度（水变成蒸汽的点）。这种信息不是在样本中找到的，而是从外部获取的。

对于任何其他数值变量也是如此。例如，谈及人们的身高时，计算机可以判断一个人的身高比另一个人高还是矮，但它不能判断怎样的高度算"高"，怎样的高度算"矮"。这些是人为解释的、抽象的概念，它们本质上是定性的，而不是定量的，最重要的是它们具有文化依赖性（中国的高个子与瑞典的高个子定义不同）。

在没有人为评估的定性锚点的情况下，计算机（或没有其他先验信息的研究人员）不可能就样本中的数值得出定性的结论。

本章第一部分阐述了清晰集校准，表明在清晰集中使用"校准"这个术语实际上是不恰当的，因为它只涉及对原始数据进行简单的重新编码，而非看似复杂的校准。

第二部分主要介绍了模糊集校准，包括各种类型的"直接"校准和"间接"校准。有多种方法可用于直接校准，这取决于需要校准的概念的定义，而且 QCA 包配备了完整的工具来处理每一种情况。间接校准常常被误解为模糊集分数的直接赋值，但并非如此。

最后一部分专门用于介绍分类数据的校准，以试图阐明有关校准这个词更多方面的意义，以及校准的结果在多大程度上取决于输入数据的类型。

4.1 校准为清晰集

当只使用一个阈值时，将产生所谓的"二元"清晰集，即案例被划分为两组。如果使用两个或两个以上的阈值，就会产生"多值"清晰集。在任何情况下，获得的组数等于阈值数加1。

所有先前给出的例子（温度、高度）都是数值变量，这意味着校准的概念通常与模糊集相关联。这是一个合理的判断，因为校准为清晰集本质上是给数据重新编码的过程。由于最终结果是"清晰的"，因此对于二元清晰集，目标是将低于某个阈值的值重新编码为0，将高于该阈值的值编码为1（对于多值集，可以在两个连续阈值范围之间添加新的值）。

与其他章节一样，在本章，只要命令行和图形用户界面两种方式都可以选择，就从命令行开始示范，然后演示图形用户界面的操作。

为了举例说明这种类型的校准，首先通过以下命令将著名的Lipset（1959）研究中的数据加载到工作空间：

```
data(LR)
```

QCA包中有4个版本的Lipset数据集：LR（原始数据），LC（校准为二元清晰集），LM（校准为多值清晰集）和LF（校准为模糊集）。所有列（包括结果）的描述，可以通过命令 ?LR 找到。

本例聚焦列DEV。DEV指的是以美元计算的人均国民生产总值的水平（1930年的数据），其范围从最低值320至最高值1 098：

```
sort(LR$DEV)

 [1]  320  331  350  367  390  424  468  517  586  590  662  720  795
[14]  897  983 1008 1038 1098
```

在确定能将这些值分成两组（0为低发展、1为高发展，用于创建二元清晰集）的阈值之前，最好事先检查水平轴上点的分布情况。

图形用户界面的校准对话框中有一个嵌入式阈值设置器（threshold setter），能够显示值的分布。利用命令行也可以创建类似的图，例如通过命令行创建函数plot( )。但最简单的方法是使用专用函数Xplot( )，该函数只检测一个变量，其结果与用户界面中的阈值设置区相似，如图 4-1 所示：

```
Xplot(LR$DEV, at = pretty(LR$DEV), cex = 0.8)
```

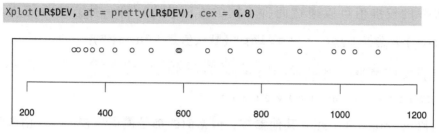

图 4-1 DEV 值分布图

该分布图中重叠的点很少。如果重叠的点很多，函数 Xplot( ) 中有一个名为 jitter 的参数，可以通过使 **jitter=TRUE** 进行激活，以使得重叠的点垂直分布。

如果没有关于"发展"含义的任何理论资料（更确切地说，是什么决定了发展是高还是低的理论），可以检查分布图，确定这些点是否归入自然发生的集群。但这种分布并非如此，因此用户可以通过使用统计聚类技术或者搜索相关的理论的方式来确定阈值。

QCA 包中有一个函数叫作 findTh( )，该函数使用聚类分析技术来确定哪个阈值能最好地将点归入一定数量的组。如 2.3.2 节所解释的那样，若要将其分为两组，不需要其他参数，因为阈值数（参数 n）的默认值为 1。这个命令是：

```
findTh(LR$DEV)
```

```
[1] 626
```

值 626 是通过完整的层次聚类发现的，使用的是欧几里得距离（见参数 hclustm 和 distm 的默认值）。然而，Rihoux 和 DeMeur（2009）决定使用 550 美元这一阈值来校准他们的清晰集。最初，他们使用 600 美元作为阈值，但经过仔细检查，他们发现 550 美元这个阈值能够更好地解释数值分布的自然"缺口（gap）"，并且能够更好地区分芬兰（590 美元）和爱沙尼亚（468 美元）。

如果不将阈值设置为 550 美元，芬兰和爱沙尼亚将属于同一发展类型，然而这两个邻国之间显然存在差异。这个例子很好地说明了理论和实践经验如何被用于确定阈值，以划分清晰的案例分组。这是源自数据集外部的定性评估：它不是源自原始数据值，而是来自外部知识源，并且通过案例完美地呈现了

"校准"和原始数据"测量"之间的差异。

最终的校准值可以通过两种不同的方法获得。第一种方法是使用函数 calibrate( )并选择 `type = "crisp"`（默认值是 `"fuzzy"`）：

```
calibrate(LR$DEV, type = "crisp", thresholds = 550)
```

```
[1] 1 1 1 0 1 1 1 0 0 1 0 1 0 0 0 0 1 1
```

函数 calibrate( )中还有其他参数，但指向的都是模糊集校准。在清晰集版本中，type 和 thresholds 是获得校准条件的两个必要参数。

清晰集校准基本上相当于将原始数据重新编码成有限数量的（通常数量非常少）清晰集分数。因此，第二种方法是使用 QCA 包中的函数 recode( )，可以得到完全相同的结果，命令如下：

```
recode(LR$DEV, rules = "lo:550 = 0; else = 1")
```

```
[1] 1 1 1 0 1 1 1 0 0 1 0 1 0 0 0 0 1 1
```

函数 recode( )的语法非常简单，只有两个参数：x 和 rules。其中，第一个是要重新编码的数据的原始向量，第二个是确定重新编码规则的字符串。在这个示例中，编码规则可以被翻译为：最低值和 550（包含 550）之间的所有值应重新编码为 0，其他值应重新编码为 1。

多值集校准也同样简单，唯一的区别在于阈值数 n：

```
findTh(LR$DEV, n = 2)
```

```
[1] 626 940
```

通过聚类方法得到 626 和 940 两个阈值，而 Cronqvist 和 Berg-Schlosser（2009）使用 550 和 850 美元来推导出具有三个值（0、1 和 2）的多值前因条件：

```
calibrate(LR$DEV, type = "crisp", thresholds = "550, 850")
```

```
[1] 1 2 1 0 1 2 1 0 0 1 0 2 0 0 0 0 2 2
```

实际上，可以将参数 thresholds 设定为一个数值向量，如 c(550,850)。但如下一节所示，当校准为模糊集时，该参数最好被设定为一个命名向量（named vector），它最简单的形式是写在两个双引号之间。这是对此参数先前规范的改进，但因为向后兼容（backwards compatibility），两者都被接受。

使用函数 recode( ) 得到相同的结果：

```
recode(LR$DEV, rules = "lo:550 = 0; 551:850 = 1; else = 2")
```

```
[1] 1 2 1 0 1 2 1 0 0 1 0 2 0 0 0 0 2 2
```

参数 rules 假定原始数据是离散的整数，但事实上，函数 recode( ) 受到 cut( ) 启发，可以同时适用于离散数据和连续数据。使用一个名为 cuts 的参数——类似于函数 cut( ) 的参数 breaks，或函数 calibrate( ) 的参数 thresholds，breaks 和 thresholds 表示原始数据将被重新编码的切分点，以及一个相关的名为 values 的参数来设定输出值即可：

```
recode(LR$DEV, cuts = "550, 850", values = 0:2)
```

```
[1] 1 2 1 0 1 2 1 0 0 1 0 2 0 0 0 0 2 2
```

如前所述，图形用户界面中有各种对话框来匹配这些命令。校准对话框是整个用户界面中最复杂的一个，图 4-2 显示了选择该菜单后出现的对话框：

Data/Calibrate

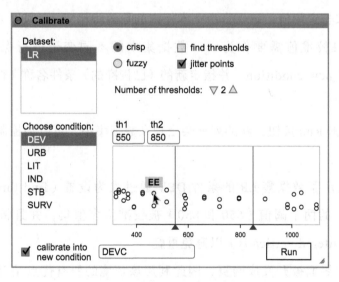

图 4-2　清晰集校准对话框

使用这个对话框非常简单，包含以下直观的步骤：

（1）从 Dataset 区域的列表中选择数据集：在这个示例中，只有一个数据集被加载，但 R 可以同时处理任意数量的数据集（注意，如果单一的数据集在 R

中被加载，它将由界面自动选择）。

（2）从 Choose condition 区域的列表中选择条件，在阈值设置区域将立即显示相应值的分布情况。

（3）从与 fuzzy 成对的单选按钮中选择 crisp（这相当于设定书面命令中的参数 type）。

（4）如果阈值由计算机提供，请选中 find thresholds 复选框；它与函数 calibrate( ) 的参数没有直接的等价关系，但潜在地使用了函数 findTh( )。

（5）如果点太密集，请选中 jitter points 复选框，以便通过一些小的随机值使点垂直分散开来。

（6）通过向下或向上的按钮调整阈值数。

（7）无论是否要求计算机提供阈值，它们的值都可以手动写入绘图区域正上方的文本框中。

（8）除了手动或自动设定阈值，还可以通过在绘图区域手动向左或向右拖动垂直线条来选定阈值，第 7 步中文本框内的数值将相应地改变。

（9）如果校准值需要作为同一数据集中的不同变量进行保存，请选中 calibrate into new condition，并指定新的（已校准的）条件名称（否则新值将会覆盖原始条件）。

（10）单击 Run 按钮，新的列就会出现在数据集中，可以在控制台或数据编辑器中看到。

图 4-2 显示了数据集 LR 的条件 DEV 通过人为设置（find thresholds 复选框没被选中）的两个阈值（550 和 850）被校准为多值集，并且将点垂直抖落（with points jittered vertically）以避免重叠。

由于用户界面被开发成网页，因此利用该环境的所有优点是有意义的。这些点具有"鼠标悬停"属性，并以该点的标签（该特定案例的行名称）进行响应。在该示例中显示的是 EE（爱沙尼亚），它是数据集 LR 中的一个国家。

在该对话框中，清晰集校准最多允许六个阈值，即最多将一个前因条件分为七组。这一局限性是由于对话框缺少空间，否则命令行可以指定任意数量的阈值。Cronqvist 和 Berg-Schlosser（2009）给出了相当多的实用建议，以决定阈值数量。除了已经提到的方法（寻找自然发生的点聚类以及采用基于理论的决策），另一个非常好的建议是避免组间案例数量过于不均衡，否则解决方案可能过于依赖具体的案例（寻找到的解决方案恰好解释了 1 或 2 个案例，然而科学上可接受的结果至少是在某种程度上更普遍的解决方案）。

此示例中的点分布得比较分散，但在其他数据集中可能有数百个重叠点，这种情况可以证明阈值设置区域太小，即使这些点已经被抖落。然而，对一个设计成网页的界面来说，不存在这样的问题：与传统用户界面的固定对话框不同，本书的界面被设计成响应式、反应式以及交互式的。

对话框右下角的小操作符号（所有可调整大小的对话框都有）可以用来将对话框的宽度扩大到几乎任何尺度，直到这些点变得清晰为止。对话框拓宽后的效果如图 4-3 所示：

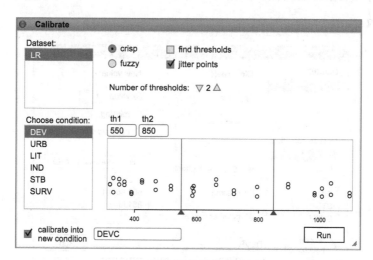

图 4-3　可以调整的校准对话框

许多对话框被允许重新调整大小（如绘图窗口），并且其中的内容会根据新的对话框尺度自动重新计算。在这个特定示例中，仅重绘了阈值设置器区域以及重新定位了底部控件（包括 Run 按钮）。其他所有按钮和控件都保留在原始位置。

如 2.4 节所述，每次单击以及向左或向右拖动阈值等操作都会触发命令构造器对话框的修改。从第二步选择条件开始，命令构造器开始显示等效的书面命令，当单击 Run 按钮时，该命令将被发送到 R 控制台。图形用户界面中有许多功能，对每个功能的全面描述都需要太多的书面空间，并且会分散用户在重要主题上的注意力。因此，这里仅提及一个"隐藏"的功能，即当阈值设置器区域中存在多个阈值时，它们将自动排序并在有限的拖动界限范围内以递增的顺序显示。

命令构造器对话框在每次点击时都会刷新，目的是帮助用户自动构造命令。这样做是有意义的，因为书面命令总是比点击方法更好。用户容易忘记获得某个特定结果的点击顺序，但可以随时使用专用脚本文件中保存的命令。这有助于复制研究：运行脚本文件比起复制单击程序更简单。

两个可以校准清晰集的函数对应两个单独的对话框。接下来展示的是一个与 QCA 本身没有什么关系的菜单，但是它完成了几乎所有其他软件中都存在的、更通用的数据转换过程，如图 4-4 所示：

Data/Recode

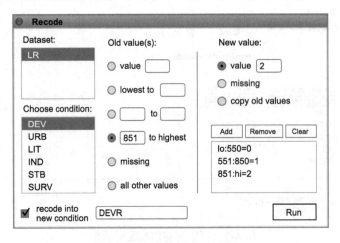

图 4-4　重新编码对话框

该对话框的设计很大程度上受到 SPSS 软件重新编码菜单的启发，许多社会科学用户都非常习惯于该软件。图 4-4 显示了 Dataset 和 Choose condition 这两个与校准对话框相同的区域。它还具有常见的 Old value(s) 和 New value 部分，这些相似部分在其他软件中也可找到。

这个对话框也有一个相当简单的使用程序，前两步与校准对话框使用相同（选择数据集和条件），因此在这里从第三步开始介绍：

（3）在该对话框的 Old value(s) 部分选择单选按钮或相关文本框，插入阈值。

（4）在对话框的 New value 一侧插入新值或选择其他选项。

（5）单击 Add 按钮来构造规则。

（6）通过重复步骤（3）到（5），完成每个重新编码规则的输入。

（7）如果重新编码的值需要保存为同一数据集中不同的变量，请选中 recode into new condition 并指定新的（已重新编码的）条件名称（否则新值将覆盖原始条件）。

（8）单击 Run 按钮，新的列就会出现在数据集中，可以在控制台或数据编辑器中看到。

在对话框的右侧有两个按钮：单击 Remove 可以从重新编码规则区域中删除选定的规则，单击 Clear 可以同时删除所有规则。随着任意编码规则的选中，它们对应的单选框和文本框都将按照规则值改变。在 Old value(s) 和 New value 部分允许对编码规则进行修改，通过再次单击 Add 按钮，可将这些修改加入规则区域。

只要重新编码规则不重叠（一个"旧"值应仅由一个编码覆盖），规则的顺序无关紧要。但是，如果许多重新编码规则覆盖相同的旧值，则最后设定的规则优先（即对于同一旧值，最后设定的规则会重写前一个规则指定的代码）。命令行中简单的示例仅包含少量值，只是向用户展示该书面命令在各种场景中是如何工作的。

综上所述，对清晰集的校准本质上等同于用一组离散的新值对原始前因条件重新编码。下一节演示应用于模糊集"真正的"校准，这也是参数 type 的默认值被改为 "fuzzy" 的主要原因，尽管在所有以前版本的 QCA 包中，它的传统默认值都是 "crisp"。

4.2 校准为模糊集

社会科学概念本质上是难以测量的。与可以直接观察和测量的物理科学不同，在社会科学中，事物是不能直接观察到的，因此它们的测量总是具有挑战性，而且常常是有问题的。一些概念比较容易观察，如性别、年龄、种族等，但大部分社会科学概念是高度抽象的，需要付出大量的努力来测量或创建测量模型。这些是复杂的、多维的概念，需要使用另一个（组）概念来获得一个定义，而这些概念本身也需要定义。

Neuman（2003）提出了关于概念在社会研究中的作用的深入讨论，包括定量（实证主义）和定性（诠释）方法。它们的测量过程是不同的：定量研究在数据收集之前定义概念，然后产生关于这些概念数值的、经验的信息；而在定性研究中，概念可以在数据收集过程中产生。

尽管 Goertz（2006b）从本体论视角（ontological perspective）出发，认为概念不仅仅是一个定义，因为研究人员需要首先明确关于实体什么是"重要的"，以便获得恰当的定义。但这两种方法在测量过程中都使用与概念定义密切相关的概念化和操作化（conceptualization and operationalization）。

概念与理论有着紧密的联系：有时概念的形成过程会导致新的理论，而已有的理论总是使用公认的概念定义。这些定义可以根据研究过程中所采用的不同理论视角有所改变。虽然与 QCA 没有直接关联，但就校准目的而言，这是重要的讨论。

另一种观点认为，概念具有文化背景，就像它们有理论背景一样。这种文化依赖至少通过两种方式产生：

（1）在不同的文化中，概念有不同的含义：匈牙利的利他主义可能与韩国的利他主义不同（非常不同的国家进行比较），或者日本对于众所周知的左翼和右翼政治定位的统一体的定义不同，日本的政治参与和西方的参与概念，几乎没有什么相似之处。

（2）即使概念具有同样的含义，其集中程度在不同的文化或历史背景下也会有很大的差别。比如，就公民或公众参与而言，在比利时水平很高，而在罗马尼亚水平则很低。

4.2.1 直接赋值

直接赋值法是将原始数值数据校准为模糊集的最简单的方法。Verkuilen（2005）提出了"直接赋值"一词，Ragin（2000）也简要地提到了类似的概念。

这可能是 Verkuilen 实验心理学正规训练的一种辅助方法。在该方法中，专家知识的研究和运用与各种量表相结合。在直接赋值法中，模糊集分数由专家根据他们的专业知识以他们认为合适的方式赋予。分离模糊集分数的各种阈值可以有某种形式的理论依据，但这最终是高度主观的，不同专家很可能会得到不同的值。

为了避开最大模糊点 0.5，专家通常选择 4 个，有时甚至是 6 个模糊集分数，来将原始数据转换成模糊集。这一步骤与校准为清晰集的重新编码操作极其相似，唯一不同之处在于终值不是清晰值，而是 0 到 1 之间的模糊值。

作为示例，我们可以对 Lipset 数据中的条件 DEV 重新编码：

```
recode(LR$DEV, cuts = "350, 550, 850", values = "0, 0.33, 0.66, 1")

 [1] 0.66 1.00 0.66 0.33 0.66 1.00 0.66 0.33 0.33 0.66 0.33 1.00 0.00
[14] 0.00 0.00 0.33 1.00 1.00
```

0 到 350 之间的所有数值都重新编码为 0，351 到 550 之间为 0.33，551 到 850 之间为 0.66，其余的重新编码为 1。假设这些阈值（在这种情况下为分割点）是有理论意义的，那么这是能够获得近似模糊集校准条件的非常简单和基本的方法。

可以说，最终的结果与清晰集的校准结果并没有什么不同。利用相同的数据，通过清晰集校准得到一个四级的新条件：

```
recode(LR$DEV, cuts = "350, 550, 850", values = "0, 1, 2, 3")

[1] 2 3 2 1 2 3 2 1 1 2 1 3 0 0 0 1 3 3
```

自然地，多值条件及条件的级别越多，可能的前因组态就越多，相关的分析也更复杂。从这个角度来看，模糊集（即使是具有 4 个模糊集类别的模糊集）是更优的，因为它至少被限制在 0 到 1 之间。虽然模糊集非常排斥中间点 0.5，但是清晰集却更愿意容纳它，将其作为中间级别。例如，创建一个三级的多值清晰集：

```
recode(LR$DEV, cuts = "500, 850", values = "0, 1, 2")
```

[1] 1 2 1 0 1 2 1 0 0 1 1 2 0 0 0 0 2 2

这里，清晰值 1 相当于模糊集隶属分数 0.5，清晰值 2 相当于模糊集完全隶属分数 1。正如后面将要展示的那样，特别是在第 7 章中，这样的情况在模糊集中是不允许的。

由于对个人专业知识的敏感性，很难将直接评估的结果概念化为合适的模糊集。一年后，Smithson 和 Verkuilen（2006）在他们的书中根本没提到这种方法。在那之后的两年，Ragin（2008 b）甚至没有讨论任何与直接赋值有关的内容，只提出了他所说的校准的"直接方法"和"间接方法"，这些方法将在接下来的章节中介绍。

许多用户将直接赋值法与直接方法混为一谈，并且认为手动为某些条件赋值不仅是一种可接受的方法，而且是 Ragin 推荐的。毫无疑问，这与实际情况相差甚远，两者不应被混淆。尽管本书用专门的章节介绍"直接赋值"法，但还是建议尽可能不要使用它。对于任何可能的情况，都有更好的替代方案。有人认为，将李克特量表（定序测量数据）转换为模糊集分数时，直接赋值法是唯一可行的方法，直接方法和间接方法都不合适，因为它们需要至少是定距尺度的数值数据。但在 4.3 节中，展示了一种可能处理这种情况的方法。

在介绍直接赋值法时，Verkuilen（2005，p.471）提到，这种方法至少存在 5 个主要问题，并且只针对这种方法（对于其他转换赋值，没有提到这些问题）：

（1）解释生成的集合隶属度非常困难。

（2）直接赋值法多数是不可靠的，特别是对于非常抽象的概念。

（3）它包含偏见（专家个人的专业知识）。

（4）生成的集合隶属度没有误差（或不确定性），然而所有测量都具有不确定性，忽视测量误差将导致严重的问题。

（5）将多名专家的专业知识结合起来也很困难。

综上所述，主要的建议是不要使用直接赋值法。接下来将介绍在当前 QCA 实践中使用的标准校准技术。

4.2.2　直接方法，"S形"函数

尽量不要使用直接赋值法这一论断不仅适用于复杂的多维概念，也适用于非常简单的概念，如年龄或身高。在西方文化中，假设我们的平均身高为 1.75 米，高度范围在最小值约 1.5 米和最大值约 2 米之间。

我们可以通过下面的命令模拟 100 个这样的身高值（厘米）：

```
set.seed(12345)
height <- rnorm(n = 100, mean = 175, sd = 10)
range(height)
```

```
[1] 151.1964 199.7711
```

这是一个正态分布的、随机的身高样本，其中最高的人 1.99 米，最矮的人 1.51 米。如图 4-5 所示，除了左侧的两个值以外（因为这是随机生成的数据，所以它没有理论解释），没有显示出任何分散的点集。在此示例中，大多数值在图的中间部分重叠。为了更准确地了解这一分布情况，可以激活参数 jitter 以在垂直轴上添加一些"噪声"（noise）。

```
Xplot(height, jitter = TRUE, cex = 0.8)
```

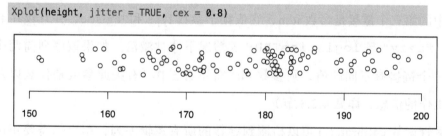

图 4-5　身高生成值的分布图

现在假设，在西方的文化背景下，对高个子的公认定义是至少 1.85 米（6 英尺），超过这个阈值的人都被认为是高的。相反，低于 1.65 米（5 英尺 5 英寸）的人都是矮的。[⊖]如果这些锚点成立，现在可以使用如下命令校准身高的概念，并将其原始数据转换为"高个子"集合的隶属分数：

```
# increasing calibration of height
ich <- calibrate(height, thresholds = "e=165, c=175, i=185")
```

⊖　1.85 米 ≈ 6.07 英尺，1.65 米 ≈ 5.41 英尺。作者在此处采用了与标准换算值近似的值，以使读者更加一目了然。

对于同一个函数，这里的 calibrate( ) 与前面章节有两个重要的不同点：

（1）参数 type 不需要特殊设定以表明我们将获得一组 0 到 1 之间的连续的隶属分数（其默认值已经是 `"fuzzy"` 了）。

（2）参数 thresholds 具有不同的结构，需要指定三个字母（"e"代表完全不隶属，"c"是交叉点，"i"是完全隶属）及其相应的阈值。

如前所述，尽管该命令看起来很简单，但还有"在工作中"（即发挥作用）的其他参数，它们的默认值与模糊集校准直接关联。生成集合隶属度的值需要使用数学函数，在这个示例中，由于参数 `logistic = TRUE`，默认函数服从 Logistic 分布。由于 Logistic 分布具有类似字母 S 的形状，所以 QCA 包将此结果命名为"S 形"（以区别于之后介绍的"钟形"）。

关于这些相互关联的参数，还需要说明的是，不是所有参数都始终保持着激活状态。一旦序列的第一个链接被激活，其他参数就会按照一定的逻辑顺序被激活。在此示例中，第一个链接是参数 type，默认值为 `"fuzzy"`。只有当这种默认情况发生时，参数 logistic 才开始工作（对于清晰集它没有任何作用）。序列中的第三个链接是参数 idm，它依赖于参数 type 和 logistic，并且仅在 type 值为 `"fuzzy"` 且 `logistic=TRUE` 的情况下才被激活。如果该序列前两个中的某一个链接有不同的值，则参数 idm 将不会工作（有关此参数是什么以及它如何工作的信息，详见 4.2.3 节）。

尽管函数 calibrate( ) 可以检测到参数的所有逻辑序列，用户仍需要正确理解函数是如何工作的，以便有效地使用这些函数。

另外，关于参数 thresholds 的设定需要了解：

（1）当函数从完全不隶属到完全隶属，函数值将自左向右增加。这意味着如果设定相反，逻辑上可以得到相应的递减函数：当它从完全隶属（对应于左边的小原始数据）到完全不隶属（对应于右边的大原始数据），函数值将从左到右递减。

（2）如果参数 thresholds 正好包含 3 个值，表示它使用了"S 形"函数；如果是 6 个值，则使用了"钟形"函数（详见 4.2.4 节）。对于模糊集校准，任何其他阈值数量都会产生错误。

因此，我们只需要从左到右改变阈值名称的顺序，就可以产生集合"矮个子"的隶属度。请注意，从分布在左边的较小的原始数据开始，到右边的较大的原始数据为止，阈值总是增加的：

```
# decreasing calibration of height
dch <- calibrate(height, thresholds = "i=165, c=175, e=185")
```

图 4-6 显示了原始数据及校准值的两幅图，图 4-6a 显示了递增"S形"曲线的模糊集图，图 4-6b 显示了递减"S形"曲线的模糊集图。

水平轴对应原始数据（身高在 1.5 ～ 2.0 米之间），垂直轴对应"高个子"和"矮个子"集合中的隶属分数（从 0 到 1 不等）。每个原始数据都被转化为隶属分数，这与将原始数据重新编码为清晰集分数不同，在这个案例中，随着 Logistic 函数从左边的小原始数据开始逐步向右边的大原始数据移动，每个原始数据都有各自的隶属分数。

```
par(mfrow = c(1, 2))
plot(height, ich, main = "a. Set of tall people", xlab = "Raw data",
     ylab = "Calibrated data")
plot(height, dch, main = "b. Set of short people", xlab = "Raw data",
     ylab = "")
```

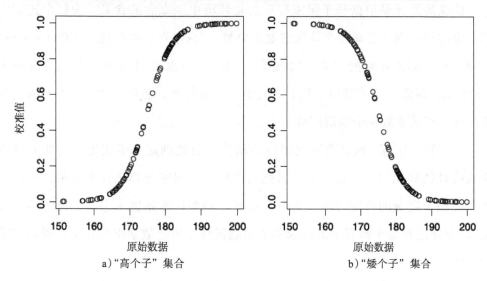

图 4-6　利用 Logistic 函数的校准

在图 4-6a 中，高个子的集合隶属分数应该比矮个子高，因此函数从左下方的 0 增加到右上方的 1。这样，一个身高 1.5 米的人在"高个子"集合中的隶属分数为 0（完全不隶属）。

图 4-6b 呈现了相反的情况。对高个子来说，在"矮个子"集合中的隶属分数自然低，因此这个函数的形状从左上方的 1 降到右下方的 0（一个倒"S形"函数）。这样，一个身高 2 米的人在"矮个子"集合中的隶属分数为 0（完全不隶属）。

在深入探讨如何用 Logistic 函数来获得这些隶属分数之前，让我们回到关于文化差异的最初讨论。在西方环境中，1.65、1.75 和 1.85 分别作为完全不隶属、交叉点和完全隶属阈值是有效的，但在东方环境中，这样的阈值设置将不能产生 0 到 1 之间整个范围的值。

假设身高与劳动市场成果相关（Persico et al.，2004），或者与总体健康和生活质量有关（Bolton-Smith et al.，2000）。在比较研究中，对所有国家使用相同的阈值是没有任何意义的。像韩国这样的国家的国民平均身高远低于法国等西方国家（更不用说瑞典）国民的平均身高，因此使用相同的阈值会使得前者的大部分校准隶属分数聚集在图的左下方。

校准的目标是根据每个国家特定文化环境中该概念的含义，为每个比较中的国家取得 0 到 1 之间整个范围的隶属分数。"高"对危地马拉的部落（Bogin，1998）有着截然不同的意义。据报道，玛雅人 20 世纪 70 年代的平均身高约为 1.575 米。因此，为了获得 0 到 1 之间整个范围的值，必须使用一组不同的完全不隶属、交叉点和完全隶属阈值。

由于每个国家 / 地区有不同组合的阈值，因此确定每组阈值的确切值与数学或统计数据无关。相反，这与研究人员对每个国家的熟悉程度有关，这是一种定性而非定量的研究方法。研究人员必须理解在特定国家中每个概念的"含义"，而通过对每个研究中的国家的单独随机样本进行数学推导并不能得到这样的"含义"。

在这个示例中，个案代表个人的身高，但是当一个案例代表一个国家时，同样的思路也适用。在这样的情况下，数据集是每个国家的值的集合。Ragin 的校准值（四舍五入到小数点后两位）可以通过以下方式获得：

```
inc <- c(40110, 34400, 25200, 24920, 20060, 17090, 15320, 13680, 11720,
    11290, 10940, 9800, 7470, 4670, 4100, 4070, 3740, 3690, 3590,
    2980, 1000, 650, 450, 110)
incal <- round(calibrate(inc, thresholds = c(2500, 5000, 20000)), 2)
```

为了便于与 Ragin（2008b，p.89）表格以及 fsQCA 软件的计算结果进行比较（fsQCA 软件默认保留两位小数），校准值已四舍五入为小数点后两位。但是，出于 QCA 最小化的目的，建议保留校准值的所有小数。

表 4-1 显示了每个国家的原始数据及其对应的校准值。这与 Ragin 的校准值（如以色列的数值）只有很小的差别，将在 4.2.3 节中进行进一步解释。

表 4-1 人均收入（INC）及其校准值（INCAL）

	INC	INCAL
瑞士	40 110	1.00
美国	34 400	1.00
荷兰	25 200	0.98
芬兰	24 920	0.98
澳大利亚	20 060	0.95
以色列	17 090	0.91
西班牙	15 320	0.88
新西兰	13 680	0.85
塞浦路斯	11 720	0.79
希腊	11 290	0.77
葡萄牙	10 940	0.76
韩国	9 800	0.72
阿根廷	7 470	0.62
匈牙利	4 670	0.40
委内瑞拉	4 100	0.26
爱沙尼亚	4 070	0.25
巴拿马	3 740	0.18
毛里求斯	3 690	0.18
巴西	3 590	0.16
土耳其	2 980	0.08
玻利维亚	1 000	0.01
科特迪瓦	650	0.01
塞内加尔	450	0.00
布隆迪	110	0.00

图 4-7 显示了在图形用户界面中，使用 LR 数据进行模糊集校准的对话框。

它和之前的对话框相同，但显示了模糊集校准特有的控件。该对话框显示了函数 calibrate( )中各种参数之间特定的逻辑顺序关系，那些特定于清晰集的参数在校准模糊集时没有作用，因此该界面中不显示那些参数。在之前的版本中，阈值设置器仅适用于清晰集校准，但从 2.5 版本开始，阈值设置器也会显示在模糊集校准的对话框中。

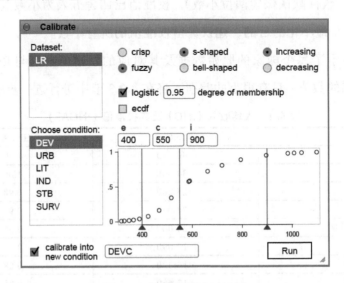

图 4-7　模糊集校准对话框

考虑到参数之间的逻辑顺序，图形用户界面要优于命令行界面，因为特定的点击已经暗含了逻辑顺序关系，从而使得用户不必经常对此进行检查。更大的优势在于，点击及其背后的逻辑含义会立即转换到命令构造器上（毕竟用户界面是一个反应灵敏的应用程序），用户每次点击后，可以通过研究逻辑命令来理解相关的含义。

在模糊集校准对话框中，可以看到"S 形"函数是预先定义的（默认的），并且默认是递增函数。当选择 decreasing 按钮，将自动更改阈值的标签及其命令。Logistic 函数的选择也是默认的（模糊集校准逻辑序列中的第二个链接），其后的文本框会指定相应的隶属度（这取决于参数 fuzzy 和 logistic 的选择情况，是参数逻辑序列中的第三个链接）。

对于模糊集校准，删除了阈值数的选择器，因为模糊集不像清晰集，用户并不能设定任意个数的阈值。在模糊集校准中，阈值个数限制在 3 个（对应于"S 形"函数）或 6 个（对应于"钟形"函数），使得用户没有出差错的可能。

只有指定了所有阈值后（如果首先使用阈值设置器来确定它们的值，可以从清晰集中复制它们），命令构造器才会在书面命令中引入参数 thresholds，并显示相关的标签："e"代表完全不隶属阈值，"c"代表交叉点以及"i"代表完全隶属阈值。

对话框选项列表中的最后一个复选框是 ecdf，它代表经验累积分布函数（empirical cumulative distribution function）。当研究人员认为 Logistic 函数在原始数据上不具有最佳拟合度时，ecdf 就为生成集合隶属度提供了一种替代方案。

除 Logistic 函数之外，还有许多其他类型的函数可以使用（Thiem 和 Duşa，2013；Thiem，2014），它们都是特殊的累积分布函数（CDF），稍后将对此进行讨论。但有时，研究人员不会对某种类型的拟合函数有明确的偏好，而更愿意让原始数据本身说话。

ECDF（empirical CDF，经验累积分布函数）就是如此，它使用数据本身以渐进的过程逐步得出累积函数。在书面命令中，即使参数 logistic 和 ecdf 是互斥的，在使 ecdf = TRUE 之前，也须明确设置 logistic = FALSE（否则默认激活的 Logistic 函数将具有优先权）。

```
ech <- calibrate(height, thresholds = "e=155, c=175, i=195",
                 logistic = FALSE, ecdf = TRUE)
```

这种设置非常重要的另一个原因是，当运行一种新的校准函数时，logistic 和 ecdf 都须被禁用。为了最大限度地减少参数的数量并降低复杂性，在该函数中参数之间的逻辑关系被充分运用，此时理解所有这些关系变得非常重要。

对象 ech 包含使用 ECDF 的校准值，与使用所有其他累积分布函数一样，校准值在 0 到 1 之间。区别在于，低于完全不隶属阈值的所有值被自动赋值为 0，高于完全隶属阈值的所有值被赋值为 1（与 Logistic 函数不同，Logistic 函数默认情况下"完全隶属"被认为是高于 0.95 的任意隶属分数）。

使用下面这一命令生成图 4-8：

```
plot(height, ech, xlab = "Raw data", ylab = "Calibrated data", cex = 0.8)
```

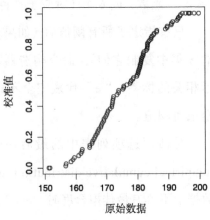

图 4-8 利用 ECDF 对"高个子"
集合进行的校准

这些点不遵循非常明确的数学函数线，不像图 4-6 中 Logistic 函数的形状那么完美。但如果考虑到分布的"形状"（如果可以这样称呼的话）是由原始观测数据的分布决定的，那它已经非常接近完美形状了。

在图形用户界面中，一旦激活了启动参数，通过相关参数的自动激活或禁用，这种看似复杂的参数关系就变简单了。在图 4-7 中，如果用户单击 ecdf 复选框，默认选中的 logistic 选项将会被取消，命令构造器也将显示相应的书面命令。而且，由于 degree of membership 文本框仅与 logistic 复选框有关，因此当激活 ecdf 时，该文本框将从对话框中消失。因此，用户可以可视地理解参数之间的逻辑序列关系。

当 logistic 和 ecdf 均设置为 FALSE 时，这两个累积分布函数都被停用，函数 calibrate 将采用以下数学转换（改编自 Thiem 和 Duşa，2013，p.55）：

$$dm_x = \begin{cases} 0 & \text{if } x \leq e \\ \dfrac{1}{2}\left(\dfrac{e-x}{e-c}\right)^b & \text{if } e < x \leq c \\ 1 - \dfrac{1}{2}\left(\dfrac{i-x}{i-c}\right)^a & \text{if } c < x \leq i \\ 1 & \text{if } x > i \end{cases} \qquad (4\text{-}1)$$

式（4-1）中，e 是完全不隶属阈值，c 是交叉点，i 是完全隶属阈值，x 是需要校准的原始数据，b 决定交叉点下方的形状（相当于参数 below），a 决定交叉点上方的形状（相当于参数 above）。

如果原始数据小于等于完全不隶属阈值，则其隶属分数等于 0；如果大于完全隶属阈值，则其隶属分数等于 1。在阈值之间的两个区域，函数形状由 a 和 b 的值决定：

- 如果保留 a 和 b 的默认值 1，函数分布呈一条完美的增长直线。

- 当 a 和 b 是小于 1 的正数时，函数的分布是凹形的（a 决定了交叉点以上的部分，b 决定了交叉点以下的部分）。[⊖]

- 当 a 和 b 大于 1 时，函数的分布是凸形的（同样，a 决定了交叉点以上的部分，b 决定了交叉点以下的部分）。

基于方法上的原因（如 CDF 不能产生"钟形"曲线），出现了对这种替代函数的需要，并且必须说明的是，研究人员普遍误解了 Logistic 函数的运作方式（在 fsQCA 软件中默认的、唯一的校准函数）。当进行清晰集校准时，人们期望并且确实发生的事情是，将阈值左侧的所有数据赋一个值，将阈值右侧的所有数据赋另外一个不同的值。

"阈值设置器"作为第一个可视化的自主调节阈值的工具，在我看来，它影响了对模糊集校准应该如何工作的期望。其中的一个自然期望是：在确定一个完全不隶属阈值后，所有低于该阈值的值都应完全排除在集合之外（因此赋值为 0）；当确定一个完全隶属阈值后，所有大于该阈值的值都将完全隶属于该集合中（因此赋值为 1）。

与此期望不同，Ragin 的程序将"完全不隶属"对应的隶属度设置为 0.05，"完全隶属"对应的隶属度设置为 0.95。因此，通过使用 Logistic 函数，尽管存在高于完全隶属阈值的原始数据，但校准值通常不会达到最大隶属度 1。这有点违反直觉，但在遵循 Ragin 的逻辑时，这是有道理的。

式（4-1）中的函数族（与参数 a 和 b 的值的选择有关）确保完全不隶属和完全隶属阈值之外的所有值都将相应地被校准。如果研究人员期望一个线性形状，那么这种推理仍成立，即所有经过校准的值都应该沿直线排列，只在外部阈值（the outer thresholds）处产生相应的拐点。

图 4-9 显示了三种不同的校准函数，所有这些函数都使用相同的阈值：完全不隶属阈值 155，交叉点 175 和完全隶属阈值 195。

⊖ 更准确地说，a 决定了交叉点和完全隶属阈值之间的部分，b 决定了交叉点和完全不隶属阈值之间的部分。——译者注

```
c1h <- calibrate(height, thresholds = "e=155, c=175, i=195",
                 logistic = FALSE) # by default below = 1 and above = 1
c2h <- calibrate(height, thresholds = "e=155, c=175, i=195",
                 logistic = FALSE, below = 2, above = 2)
c3h <- calibrate(height, thresholds = "e=155, c=175, i=195",
                 logistic = FALSE, below = 3.5, above = 3.5)

plot(height, c3h, cex = 0.6, col = "gray80", main = "",
     xlab = "Raw data", ylab = "Calibrated data")
points(height, c2h, cex = 0.6, col = "gray50")
points(height, c1h, cex = 0.6)
```

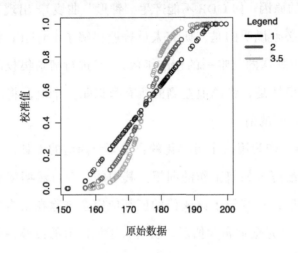

图 4-9　三种不同的校准函数

　　黑色分布呈线性形状，因为参数 below 和 above 为默认值 1。随着两个参数值的更改，分布逐渐发生改变。首先参数值变为 2（图中以灰色显示），然后变为 3.5（图中以浅灰色显示），当值为 3.5 时，函数分布与 Logistic 函数的形状非常相似（唯一的区别是外部阈值之外的原始数据已经分别被赋值为 0 和 1）。

　　对于递减类型的函数（将原始数据中的低值校准为完全隶属，高值校准为完全不隶属），计算顺序完全相反，如式（4-2）所示：

$$dm_x = \begin{cases} 1 & \text{if } x \leqslant i \\ 1 - \dfrac{1}{2}\left(\dfrac{i-x}{i-c}\right)^a & \text{if } i < x \leqslant c \\ \dfrac{1}{2}\left(\dfrac{e-x}{e-c}\right)^b & \text{if } c < x \leqslant e \\ 0 & \text{if } x > e \end{cases} \qquad (4\text{-}2)$$

当参数 a 和 b 都相等时，递减函数与递增函数的非集是相同的，即式（4-2）的分数可以通过式（4-1）的分数的非集（用 1 减）来获得。

使用图形用户界面获得线性校准条件须取消勾选 logistic 和 ecdf 复选框。由于参数 idm 及其文本框取决于 logistic 复选框，因此未选择 logistic 选项时，它们将从对话框中消失，如图 4-10 所示。取而代之的是两个控制校准函数形状的新控件：above 和 below，相当于式（4-2）中的参数 a 和 b。

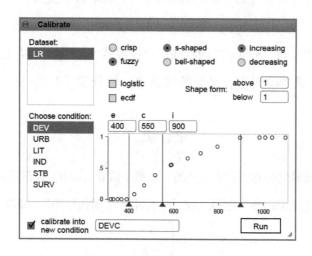

图 4-10　线性模糊校准对话框

它们能够控制阈值之间的形状是线性的（当它们等于 1 时），还是具有一定程度的曲率的（无论是交叉点的上方还是下方）。当 below 的值介于 0 到 1 之间时，交叉点下方的曲线是凹形的，当其值大于 1 时，交叉点下方的曲线呈凸形。above 控件也是如此，区别在于它决定的是交叉点上方的曲线形状。

从数学上来说，a 和 b 都可能是负值，但其结果和形状都是毫无意义的。因此在 QCA 包中，它们被限制为正值。

从理论上讲，校准函数的选择不应与个人喜好或审美有关，Thiem（2014）推测校准函数可能会影响校准的前因条件对结果的覆盖度。然而，在实践中并没有经验证据表明，使用相同校准阈值的不同的校准函数会显著改变 QCA 最终的最小化结果。如果最终结果相同，那么不需要过多考虑校准函数的选择，对大多数 QCA 应用来说，默认的 Logistic 函数应该是最简单和最适用的。

4.2.3 Logistic 函数是如何工作的

Ragin 使用 Logistic 函数计算隶属度的想法非常聪明。他将数学变换应用到了集合理论中，这源于他观察到概率（特定于数学和统计）和隶属度（特定于集合理论）都在 0 到 1 的区间内。

正如 Ragin（2008b，p.88）指出的，概率和集合隶属度是非常不一样的。为了演示这种变换是如何工作的，我将从概率的一个简单数学变换——"胜率（odds）"的定义开始。在二项式分布中，胜率的计算涉及两个简单的概念，即成功的概率（p）和失败的概率（q）。p 和 q 之间存在下面的等式：$p + q = 1$ 以及 $p = 1 - q$。

简单来说，成功的概率 p 是失败的概率 q 的补项（$1-$），反之亦然。胜率是两概率之比：

$$\frac{p}{q} = \frac{p}{1-p}$$

胜率的一个特殊之处在于它是非负的，从最小值 0（$p = 0$）到正无穷（$p = 1$）。为了获得从负无穷到正无穷的整个范围，统计中使用了"对数胜率"，即胜率的自然对数：

$$\ln\left(\frac{p}{1-p}\right)$$

当 $p = 0$ 时，对数胜率等于 $-\infty$；当 $p = 1$ 时，对数胜率等于 $+\infty$；当 $p = q = 0.5$ 时，对数胜率等于 0。这一观察结果在设定隶属分数的校准过程中发挥了重要作用。

Ragin 通过用隶属度（函数 calibrate 中的参数 idm）替代成功的概率，将对数胜率应用到集合理论中。隶属度的范围也在 0 到 1 之间，因此对数胜率变成了：

$$\ln\left(\frac{dm}{1-dm}\right)$$

与概率模型类似，集合隶属度和与其相关的对数胜率之间存在数学上的"直接"转换关系（这可能是 Ragin 将此转换称为"直接方法"的原因）。当隶属度 idm 已知时，它们相关的对数胜率可以直接计算，但最重要的是，知道对数胜率的值就可以计算相应的隶属度，这是校准过程的目的。

这一切可归结为计算特定原始数据对应的对数胜率，并通过数学方法计算出隶属度。这正是模糊集校准中 Logistic 函数所做的。在人均收入例子中，Ragin 采用了以下程序：

（1）确定阈值：集合"发达国家"的完全隶属阈值为 20 000，交叉点为 5 000 以及完全不隶属阈值为 2 500。

（2）基于交叉点计算每个原始数据的偏差，原始数据大于交叉点的得到正偏差，反之得到负偏差。

（3）计算完全隶属阈值的对数胜率（3）与完全隶属阈值和交叉点之间的距离（15 000，即与交叉点的正偏差）之间的比率：3/15 000 = 0.000 2。

（4）计算完全不隶属阈值的对数胜率（−3）与完全不隶属阈值和交叉点之间的距离（−2 500，即与交叉点的负偏差）之间的比率：−3 / −2 500 = 0.001 2。

（5）计算人均收入的每个原始数据对应的对数胜率，即用每个原始数据对应的偏差乘以步骤（3）或步骤（4）得到的标量，标量的选择取决于偏差的正负。

（6）以数学方式从对数胜率中推导出隶属度。

例如以色列人均收入为 17 090 美元，与交叉点的偏差等于 12 090 美元。该偏差乘以 0.000 2 得到对数胜率 2.42 [⊖]，然后以数学方式导出隶属度：

$$\ln\left(\frac{dm}{1-dm}\right) = 2.42$$

等价于：

$$\frac{dm}{1-dm} = e^{2.42}$$

最后，计算出隶属度：

$$dm = \frac{e^{2.42}}{1+e^{2.42}} \approx 0.92$$

0.92（实际上是 0.918 339 7 保留两位小数的结果）是得到的隶属度值，即 fsQCA 软件计算出的以色列的隶属度。使用特定于 Logistic 函数的一些数学技巧，结合自然对数和指数函数，进一步计算即可获得相同的值：

$$dm = \frac{1}{1+e^{-\frac{12\,090 \times 3}{15\,000}}} = \frac{1}{1+e^{-2.42}} \approx 0.92$$

实际上，在计算这个部分时，Ragin（2008b）引入了一个近似值：

⊖ 2.42 是四舍五入保留两位小数的结果。

人均收入 20 000 美元或以上（即偏差为 15 000 或以上）的案例被认为是完全隶属于目标集合的案例，其隶属分数 ≥ 0.95，对应的对数胜率 ≥ 3.0。（p.90）

实际上，集合隶属分数 0.95 对应的对数胜率是 2.944 439，而对数胜率 3 对应的集合隶属分数是 0.952 574 1。但是，在集合隶属分数 0.95 和对数胜率 3 之间并没有直接的数学关系。保留 0.95 这个隶属分数作为完全隶属阈值，以色列的隶属度变为：

$$dm = \frac{1}{1+e^{-\frac{12\,090\times2.944\,439}{15\,000}}} = \frac{1}{1+e^{-2.373\,218}} \approx 0.91$$

QCA 包中的函数 calibrate( ) 包含参数 idm（完全隶属度），其默认值为 0.95，由此推导出每个原始数据的对数胜率的精确值。在绝大多数情况下，fsQCA 和 R 中 QCA 得到的结果是相同的，但在极少数情况下，由于近似值与精确值之间的差别，会存在非常小的差异。例如，以色列的精确值为 0.914 762 1，保留两位小数变为 0.91，而 Ragin 提供的近似值为 0.92。然而，这些差异对整体的已校准的集合隶属分数来说并不重要。

4.2.4 直接方法，"钟形"函数

累积分布函数并不是所有校准问题的普遍答案。在某些情况下，问题不在于选择哪个校准函数，而在于像 Logistic 这样的累积分布函数是否能够校准某类概念。之前的例子都涉及同一类型的校准函数，这些函数总是在开始位置的对角处结束。如果函数从图的左下方开始，那么它是一个递增函数（因此原始数据中的低值偏不隶属于某集合，高值偏隶属于某集合）；如果从左上方开始则是递减函数（因此原始数据中的高值偏不隶属于某集合，低值偏隶属于某集合）。这一类型的函数被称为单调函数，总是递增或递减到某个点。

但是在有些情况下，要校准的概念并不涉及原始数据分布的极端点。以 Ragin 的"发达"国家概念为例，存在相关的概念如"中等发达"国家。就该定义而言，布隆迪（110 美元）明显完全不隶属于"中等发达"国家的集合，有趣的是瑞士（40 110 美元）也应该超出这一集合范围，因为它是一个高度发达的国家，而不是"中等发达"国家。

两个极端——非常贫穷和非常富裕的国家都应被排除在"中等发达"国家

之外。因此，校准函数应仅包括分布在中间的数据（中间点），而不包括极值（端点）。显然，单调函数并不能校准这一概念，因为单调函数创建的目的是要将端点包括在内。相反，应该使用非单调函数，它可以在函数分布的中间改变符号，即由之前的增加改为减少，或由之前的减少改为增加。

这就是图 4-11 所描述的"钟形"函数曲线。图 4-11a 显示了两种线性校准函数曲线（灰色梯形和黑色三角形），两者都类似于钟的形状。图 4-11b 使用相同的阈值，但参数 above 和 below 的值不一样，呈现出与图 4-11a 相对应的弯曲的"钟形"曲线。

```
triang <- calibrate(height, thresholds = "e1=155, c1=165, i1=175, i2=175,
                    c2=185, e2=195")
trapez <- calibrate(height, thresholds = "e1=155, c1=164, i1=173, i2=177,
                    c2=186, e2=195")
bellsh <- calibrate(height, thresholds = "e1=155, c1=165, i1=175, i2=175,
                    c2=185, e2=195", below = 3, above = 3)
trabel <- calibrate(height, thresholds = "e1=155, c1=164, i1=173, i2=177,
                    c2=186, e2=195", below = 3, above = 3)
```

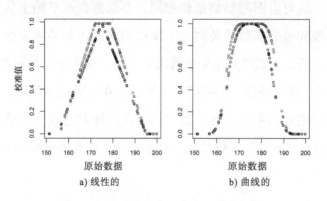

a) 线性的　　　　　　　　　b) 曲线的

图 4-11 "平均身高"集合的模糊校准

使用上述代码生成的对象与原始数据 height 绘制 1 行、2 列的矩阵，就会生成与图 4-6 外观相似的图 4-11。上述代码只能生成对象，读者应该使用函数 plot( ) 和 points( ) 来生成相应的图。[⊖]

⊖ 本部分用于作图的命令为译者增加，如下所示。——译者注

```
par(mfrow = c(1, 2))
plot(height, triang, cex = 0.6, col = "gray80", main = "a. Linear",
    xlab = "Raw data", ylab = "Calibrated data")
points(height, trapez, cex = 0.6, col = "gray50")
plot(height, bellsh, cex = 0.6, col = "gray80", main = "b. Curved",
    xlab = "Raw data",ylab = "")
points(height, trabel, cex = 0.6, col = "gray50")
```

与需要3个阈值来定义形状的"S形"函数不同，"钟形"函数需要6个阈值。由于完全隶属发生在分布的中间，因此有两个区域被排除在完全隶属区间之外。相应地，有两个完全不隶属阈值和两个交叉点。最终，两个完全隶属阈值定义了隶属的确切范围。从上面的代码中可以注意到，呈三角形形状分布的函数，其完全隶属阈值是相等的，这解释了为什么顶部只有一个点。

基于完全隶属阈值是否相等，可划分出两种主要的"钟形"函数类型：三角形，顶部只有一个点；梯形，顶部有一系列点。其他形状也都属于这两种类型中的一种，只是基于参数 above 和 below 的值函数形状会有不同的曲率。

"S形"和"钟形"函数共有的，并且使得定义和识别阈值集更容易的是，阈值总是从左到右按升序排列的。无论是递增还是递减，都无关紧要：阈值总是按升序指定，这与点图的绘制逻辑相同，即总是在水平轴上从左到右按升序绘制。识别递增和递减函数的关键在于阈值的名称：如果从完全不隶属阈值开始，则表示递增函数，如果从完全隶属阈值开始，则表示递减函数。

这对"S形"和"钟形"函数都是有效的。在上面的示例中，从 e 开始排除左边的点，然后递增到中点，然后递减，再次排除右边较大的值。定义这些曲线族的数学转换与"S形"函数类似，只是结合了递增和递减公式。

$$
dm_x = \begin{cases}
0 & \text{if } x \le e_1 \\
\dfrac{1}{2}\left(\dfrac{e_1 - x}{e_1 - c_1}\right)^b & \text{if } e_1 < x \le c_1 \\
1 - \dfrac{1}{2}\left(\dfrac{i_1 - x}{i_1 - c_1}\right)^a & \text{if } c_1 < x \le i_1 \\
1 & \text{if } i_1 < x \le i_2 \\
1 - \dfrac{1}{2}\left(\dfrac{i_2 - x}{i_2 - c_2}\right)^a & \text{if } i_2 < x \le c_2 \\
\dfrac{1}{2}\left(\dfrac{e_2 - x}{e_2 - c_2}\right)^b & \text{if } c_2 < x \le e_2 \\
0 & \text{if } x > e_2
\end{cases}
\tag{4-3}
$$

很容易看出，"钟形"函数式（4-3）与式（4-1）和式（4-2）没有区别。

递减"钟形"函数的公式只是简单地颠倒了递增"钟形"函数的转换顺序。但正如在"S形"函数部分已经提到的，当参数 above 和 below 的值相等时，无论在逻辑学（"矮"意味着"不高"）还是数学上，递减函数等于对递增函数的非运算，因为递减函数的校准值等于递增函数隶属分数的非集，即 1 减去相应的隶属分数。在这个示例中，递减的"钟形"函数意味着"非平均身高"，该集合仅包括矮个子和高个子，不包括中等身高的人。

如果参数 a 和 b 不相等，则不能进行简单的非集运算，因为交叉点下方和上方的曲线形状不同。在这种情况下，通常对所有情况都有效的最好的方法是应用式（4-4）[⊖]中的数学变换。

$$
dm_x = \begin{cases}
1 & \text{if } x \leq i_1 \\
1 - \dfrac{1}{2}\left(\dfrac{i_1 - x}{i_1 - c_1}\right)^a & \text{if } i_1 < x \leq c_1 \\
\dfrac{1}{2}\left(\dfrac{e_1 - x}{e_1 - c_1}\right)^b & \text{if } c_1 < x \leq e_1 \\
0 & \text{if } e_1 < x \leq e_2 \\
\dfrac{1}{2}\left(\dfrac{e_2 - x}{e_2 - c_2}\right)^b & \text{if } e_2 < x \leq c_2 \\
1 - \dfrac{1}{2}\left(\dfrac{i_2 - x}{i_2 - c_2}\right)^a & \text{if } c_2 < x \leq i_2 \\
1 & \text{if } x > i_2
\end{cases}
\tag{4-4}
$$

相应的图形用户界面对话框，如图 4-12 所示，与前一个对话框类似，但单选按钮从 s-shaped 切换到 bell-shaped。图形用户界面自动创建插入阈值的 6 个文本框（从左到右按升序排列）。

每个阈值标签下将插入一个阈值，如果中间的两个完全隶属阈值相等，则这些点的分布呈三角形。与清晰集校准一样，可以左右拖动线条改变阈值（或直接在文本框中修改），并且点的垂直位置（它们相应的隶属度）也会被重新计算。

⊖ 原文公式有误，已根据文字释义进行了修正。——译者注

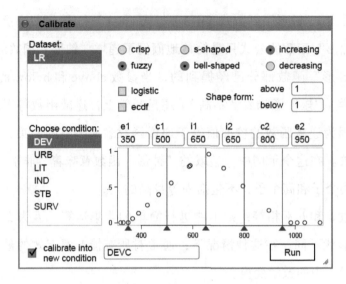

图 4-12 "平均发展"模糊集校准对话框

但是，阈值一旦生成，就不允许阈值移动超过其他阈值，以便按升序维持它们的顺序。⊖还应提到的是，阈值设置器区域仅具有提示作用，在用户按下 Run 按钮之前，数据集不会被修改。

这使得阈值设置器具有高度的交互性，并且对用户来说更直观：过去结果只在数据库中可见，但是现在可以在创建新的校准条件之前，使最终结果可见。

4.2.5 间接方法

间接校准方法虽然也赋予目标条件模糊集隶属分数，但与前面几节的模糊集校准没有多大关系。它没有锚点，也不需要指定一个校准函数来计算隶属分数。

间接校准方法意味着一个相当简单的过程，它包括两个步骤：第一步是使用函数 recode( ) 对数据重新编码；第二步是数值转换，涉及原始的、定距的条件和第一步中重新编码的结果。

在第一步中，首先要确定重新编码的类别数。Ragin(2008b) 提到了如表 4-2 所示的 6 个定性类别，但类别数量是弹性的，可以更多或更少。

⊖ 可以任意拖动线条或修改文本框中的值，但如果发生阈值移动超过其他值的情况，则值对应的阈值标签会发生变化，阈值仍然按照严格的升序排列。——译者注

表 4-2 间接校准类别

	隶属分数
完全隶属目标集	1.0
非常隶属目标集	0.8
有些隶属目标集	0.6
有些不隶属目标集	0.4
非常不隶属目标集	0.2
完全不隶属目标集	0.0

使用 Ragin 的"人均收入"对象 inc，重新编码操作如下：

```
incr <- recode(inc, cuts = "1000, 4000, 5000, 10000, 20000",
               values = seq(0, 1, by = 0.2))
```

重新编码间隔的选择是随意的，在此选择与 Ragin 定性编码相匹配的间隔，以得到相同的结果。

下一步是根据研究人员的编码用计算机预测定性编码。回归分析是可用于预测的统计技术之一：在计算出截距和回归系数之后，对于任意给定的 X 值（自变量），可以预测其 Y 值（因变量）。在此示例中，inc 是自变量，重新编码对象 incr 是因变量。

有许多类型的回归分析可供选择，这主要取决于因变量 Y 的结构，但也取决于散点图的分布。例如，如果 Y 是数值变量（定距）且散点图是线性的，那么线性回归就足够了。

但是在我们的例子中，因变量几乎不是真正的定距变量，部分原因在于它只有 6 个取值（没有足够的变异），而且最重要的是，它的范围在 0 到 1 之间，这表明更接近 Logistic 回归。但这也是不可能的，因为在 Logistic 回归中因变量取值只能是二进制值 0 和 1（整数）。因此，最合适的方法是使用分数多项式（fractional polynomial）函数。

有一系列文献讨论了这类模型（Royston 和 Altman，1994；Sauerbrei 和 Royston，1999），表明其具有非常好的拟合能力，这对目前的例子特别有用。对于单个自变量（协变量），阶数 $m>0$，参数 $X>0$，幂为 $p_1<\cdots<p_m$ 的分数多项式被定义为如下函数：

$$\phi_m(X;\beta,p)=\beta_0+\sum_{j=1}^{m}\beta_j X^{(p_j)} \tag{4-5}$$

在常规多项式函数中，X累计求和，直到幂p达到阶数m。相较而言，分数多项式有两个不同点：

（1）幂向量不限于整数，而是取自一个预定义向量 {–2, –1, –0.5, 0, 0.5, 1, 2, 3}。

（2）当$p = 0$时，圆括号标记（p_j）表示 Box-Tidwell 变换，使用自然对数 $\ln(X)$ 代替 X^0。

在 R 中，有许多计算分数多项式的方法，最值得注意的是为多个协变量设计的 mfp 包。对于单个协变量，函数 glm( ) 提供了一个可用于访问二项式 logit 的更简单的替代方法。

鉴于所有人均收入的原始数据都是正数，我们只须了解幂向量 {0, 0.5, 1, 2, 3} 的子集。但 Royston 和 Altman 证明了二阶的分数多项式足以拟合绝大多数数据，因此我们实际上只对幂向量 {0, 0.5, 1, 2} 的子集感兴趣。

β_j 是回归参数，因此幂 p = {0, 0.5, 1, 2} 的二阶分数多项式具有非常类似的回归形式：

$$\beta_0 + \beta_1\ln(X)+\beta_2 X^{0.5}+\beta_3 X + \beta_4 X^2$$

这个公式在模型 fracpol 中有详细的说明：

```
fracpol <- glm(incr ~ log(inc) + I(inc^(1/2)) + I(inc^1)+I(inc^2),
               family = quasibinomial(logit))
```

该命令使用一个分数多项式执行一个（准）二项式 Logistic 回归，计算出了截距和 4 个回归系数，结果可用 summary(fracpol) 进行查询。使用命令 predict(fracpol,type ="response") 计算基于模型 glm 的预测值。所有这些程序都已封装在函数 calibrate( ) 中：

```
cinc <- calibrate(inc, method = "indirect",
                  thresholds = "999, 4000, 5000, 10000, 20000")
round(cinc, 3)

 [1] 1.000 1.000 0.992 0.991 0.957 0.909 0.866 0.817 0.746 0.729 0.714
[12] 0.665 0.548 0.371 0.328 0.326 0.300 0.296 0.287 0.236 0.061 0.035
[23] 0.022 0.004
```

在该示例中，第一个阈值为 999 而非 1 000，可以更好地明确玻利维亚（GDP 正好等于 1 000）的归属区间。这里产生的值与 Ragin 的间接校准值并不完全匹配，但这是可以理解的，因为 Ragin 使用了所有 136 个国家的数据拟合他的模型，而我们只使用了一个包含 24 个国家的数据子集，而且 Stata 中的函数 fracpoly 与 R 函数的运行可能不一样。然而，即使利用的是子集，这些间接校准值与直接校准值也非常相似，并且解决了一些问题。例如，通过将 20 000 美元作为"发达国家"集合的完全隶属阈值（0.95），能将第五的澳大利亚（0.963）与第六的以色列（0.886）区分开来。

4.3 校准分类数据

在引入 QCA 校准这一概念时，Ragin（2008a；2008b）只写了"将定距尺度变量转换成模糊集"，以及获得模糊集分数的不同方法。

虽然 Ragin 提供了大量示例，但没有提供校准过程的正式定义，Schneider 和 Wagemann（2012）更笼统地将校准定义为：

集合隶属分数是从经验和概念知识中获取的。（p.23）

这个定义是如此宽泛，以至于基本上可以涵盖任何东西，因为经验和概念知识并不严格地限定于定距尺度数据，而是包含从定量、特别是定性研究策略中积累的各种各样的知识（毕竟，QCA 的"Q"指的是定性而非定量比较分析）。

正如我们所看到的，社会科学主要涉及两类数据：分类数据（由定类和定序变量组成）和数值数据（由定距和定比变量组成）。前面的章节对数值数据的校准进行了详细的介绍，另外还有一种趋势是将分类数据转换为模糊集，这通常也被称为校准。

校准过程的最终结果是产生模糊的、数值分数的向量。重点在"数值"这个词上，因为模糊集分数是介于 0 到 1 之间的数字。

定类变量（纯粹的、无序的分类数据）只能校准成清晰集，因为对于诸如"城镇"和"乡村"之类的变量，不可能得出连续的模糊数值分数。如果只有两个类别，则可以将这些类型的数据转换（校准）为二元清晰集；或者如果存在多个类别，则可以将其转换为多值清晰集。

二元清晰集是最普遍的数据校准类型，实际上任何类型的原始数据（无论是定性数据还是定量数据）都可以转换成这种清晰集。无论是定类、定序、定距还是定比数据，都可以被强制转换为1和0，这是二元清晰集的特征。

定距和定比尺度的数据已经讨论过了：在谨慎地选择隶属阈值后，数值型原始数据可以通过直接或间接校准方法转换为清晰集数据或模糊集数据。

定序尺度的数据尚待讨论。定序变量是分类变量，其类别必须按特定顺序排列。某些类型的定序变量，特别是那些数量非常有限的变量，也很容易校准。一个名为"红绿灯"的具有"红""黄""绿"（按这个特定顺序或相反的顺序，黄色始终在中间）三个类别的变量仍然是一个非常明确的分类变量，可以校准为具有三个值的多值清晰集：0、1和2。其中，0表示完全禁止车辆运动（红色），1表示准备停止和减慢速度（黄色），2表示自由前进（绿色）。

将这类原始定序变量转换为一个值为0、0.5和1的模糊集没有任何意义，也没有任何实际目的（由于许多原因，校准应该总是避免值0.5，这将在下一章中详细说明）。

值0、1和2就很好，可以分析每一个值和给定结果（例如是否产生事故）的各种必要性和充分性。

李克特量表可能是唯一一种令人困惑的定序尺度的数据。它也是分类的，但许多研究人员似乎与运用数值数据一样，对其进行集中趋势的计算，比如平均值或标准差。

尽管李克特量表的值是分类的，但经常被当作定距数值来处理。我认为这是错误的，这与校准完全不同。特别是对于数量较少的值（只有四个选项类别的李克特量表），一般很难将其视为数值数据来处理，校准的难度甚至更大。

此外，还存在另外两个很难校准李克特量表的原因。第一个原因与李克特量表的双极性质有关。模糊集是单极的，例如"满意"。但李克特量表通常是双极的：由负极（1.非常不满意）到正极（5.非常满意）。

将双极量表机械地转变为一个单极集合可能会模糊特定概念。比如，将"非常不满意"视为"满意"集合的零点是没有任何合乎逻辑的依据的。当然，"非常不满意"肯定在"满意"集合之外，但是李克特量表的中间点（3.既不也不）也应在"满意"集合之外，只有最后两个值（4.满意和5.非常满意）指向"满意"。

在集合理论中，"满意"和"不满意"被视为两个独立的集合，而不是同一集合的两端。一个人尽管就李克特量表给出了一个单一的回答，但可以同时感到满意和不满意。

Emmenegger 等人（2014）探索了大样本 QCA 结果的稳健性，利用2002~2003 年欧洲社会调查数据来研究德国对移民的态度。他们提出了一种将李克特量表转换为模糊集分数的方法，主要思路是：将量表值1、2和3校准为偏不隶属，将值4和5校准为偏隶属（并在偏不隶属和偏隶属之间定义一个无差异区域，作为定性锚点）。对该方法的评价又回到了前文的讨论。

第二个原因，也许也是李克特量表数据很难像定距尺度的数据那样被校准的更重要的原因：回答大多会偏向一端。无论是在回答者避免极端的情况下（因此回答集中在中点附近），还是在回答者避免消极结果的情况下（因此回答集中在量表中积极的一半），可能会发现大多数回答集中在量表的某一特定区域，很少会均匀地分布。

当回答大多集中在3个而不是5个值上，结果可以很容易地被校准为一个多值清晰集。如果5个值是均匀分布的，仍然可以构造一个这样的多值清晰集。更具挑战性的是超过5个值的李克特量表，如7个及以上。因为在这种情况下，受访者越来越难以从类别上进行思考，值之间的距离变得明显相等。

偏度（skewness）是一个需要解决的严重问题，即使对于李克特7级量表也是如此。理论知识并没有多大帮助，首先是因为这种量表高度依赖于极端端点的设定（例如，"极其满意"肯定不同于"非常满意"）；其次是不能保证同样的措辞在不同的文化背景中具有相同的含义。

在任何情况下，将定序尺度的数据转换为数值模糊集分数都是有问题的，这对定量研究来说也是巨大的挑战。声称定性研究可以比定量研究在生成数值型分数上做得更好是有问题的。

话虽如此，在李克特量表有足够多的层级（至少 7 级），并且回答或多或少均匀地分布在所有值上的情况下，可能存在一种结合了定量研究策略的能够获得模糊集分数的方法，但从 QCA 的角度没有被充分探索。在一项针对模糊的相对贫困指标的研究中，Cheli 和 Lemmi（1995）试图从多维视角分析贫困。他们的工作是切题的，因为贫困研究必须将受访者分为穷人和非穷人，这与模糊集校准非常相似。为此，他们提出了一种基于等级顺序的称为 TFR（totally fuzzy and relative，完全模糊和相对）的方法，适用于定序和定距测量数据。

TFR 技术在观测数据上使用了经验累积分布函数，它最适用于定距尺度的数据——函数 calibrate( ) 已经涵盖了这种分析，只需要激活参数 ecdf=TRUE。但当数据是定类尺度（甚至是偏态的）时，他们提出了一个标准化版本，即通过一个简单的转换创建一个输出 0 到 1 之间分数的隶属函数。

下面的公式是对其函数的调整，限定结果为大于等于 0 的值，确保它永远不会输出负值（Verkuilen，2005 也采用此措施）：

$$TFR = \max\left(0, \frac{E(x) - E(1)}{1 - E(1)}\right)$$

$E( )$ 是观测数据的经验累积分布函数。该公式计算了每个 CDF 值到李克特量表中第一个值对应的 CDF 值的距离，并将这个值除以 1（最大可能模糊隶属分数）到李克特量表中第一个值对应的 CDF 值之间的距离。

为了用 R 代码演示，我将首先生成一个样本，该样本包含 100 个人对李克特 7 级量表的回答，然后使用刚才描述的方法校准为模糊集。

```
# generate artificial data
set.seed(12345)
values <- sample(1:7, 100, replace = TRUE)

# calculate the ECDF
E <- ecdf(values)

# calculate the fuzzy scores
TFR <- pmax(0, (E(values) - E(1)) / (1 - E(1)))

# the same values can be obtained via the embedded method:
TFR <- calibrate(values, method = "TFR")
```

对象 TFR 包含通过以下转换获得的模糊值[⊖]：

```
table(round(TFR, 3))
```

0	0.193	0.398	0.58	0.682	0.807	1
12	17	18	16	9	11	17

由此转换产生的模糊集分数在 0 到 1 之间，没有机械的同等的间隔，因为它们取决于观察数据的特定分布。即使对于来自定序尺度的高度集中的数据，也能保证适当的模糊分数。

⊖ 已按照原文所列代码更改输出结果。——译者注

第 5 章

必要性分析

社会现象呈现复杂的前因组态（causal configurations）。虽然研究人员可以提出关于这些现象是如何产生的各种假设，但是难以充分理解这些现象完全的前因组合。

虽然所有条件都会对因果结构产生影响，但某些条件比其他条件更为重要。有些条件是非常重要的，在这些条件缺乏时结果一定不会发生。它们自身对触发结果来说可能是不充分的，但它们非常重要，足以成为前因组合的必要部分：无论前因组合包含什么条件，这些必要条件总是包含在其中。从 Skocpol（1979）关于社会革命的书中，我们可以推导出以下陈述：社会革命（Y）只有在国家崩溃（X）的背景下产生。如果缺乏国家崩溃，就不可能产生社会革命，这意味着国家崩溃是社会革命的必要（但并不一定充分）条件：

$$X \Leftarrow Y$$

5.1　概念描述

这套推理逻辑适用于所有类型的集合，如二元清晰集、多值清晰集和模糊集。它们都可以用子集 / 超集关系的图形方式表示，如图 5-1 所示。

必要条件集合 X 是结果集合 Y 的超集，这意味着所有 Y 发生的实例中 X 都存在。因为 Y 完全隶属于 X，所以不可能出现 Y 存在而 X 缺乏的实例。X 存在 Y 可能缺乏，但只要 Y 存在 X 就必然存在，因此 X 是 Y 的必要条件。

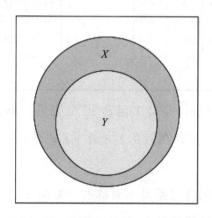

图 5-1 $X \Leftarrow Y$：前因条件 X 是结果 Y 的必要条件

符号 "$\Leftarrow$" 并不代表任何因果关系的方向。虽然它看起来像一个箭头，但并不意味着 Y 导致 X。它被解释为一个逻辑含义：每当 Y 发生时，X 也发生。

Braumoeller 和 Goertz（2000，p.846）提出了两个关于必要性的补充定义：

定义 5.1：如果在 Y 发生时 X 总是存在，则 X 是 Y 的必要条件。

定义 5.2：如果在 X 缺乏时 Y 不发生，则 X 是 Y 的必要条件。

就集合论而言，根据上面的欧拉/维恩图，Goertz（2006a，p.90）补充了第三个等价定义：

定义 5.3：如果 Y 是 X 的子集，则 X 是 Y 的必要条件。

还有其他类型的图形或表格可以类似地表示必要性。最简单的是涉及二元清晰集的一个 2×2 交叉表，用于展示相关性和集合必要性关系之间的差异。

在表 5-1 中，左侧讲述了统计语言，其中最重要的数字位于主对角线[⊖]上。该表展示了完全相关，因为在另一条对角线上没有任何案例。在右侧，由于另一个对角线上有 23 个案例，相关性被打破，但是讲述了一种不同类型的（集合）语言：假设没有 Y 存在且 X 缺乏的案例，则对应于 Y 的集合完全隶属于对应于 X 的集合，由此得出 X 是 Y 的必要条件这一结论。

⊖ 本书中，主对角线是指从左下到右上的对角线。——编辑注

表 5-1　相关性（左）与必要性（右）

	X=0	X=1			X=0	X=1
Y=1	0	37		Y=1	0	37
Y=0	35	0		Y=0	35	23

集合 X 包含 60 个案例，集合 Y 包含 37 个案例，集合 X 大于集合 Y。在这 60 个案例中，有 23 个是 X 存在但在 Y 之外（Y 缺乏）的情况，因此交叉表描述了与图 5-1 相同的情况。

与相关关系不同，集合关系是不对称的。如果 X 是 Y 的必要条件，那么它们的非集不会自动形成相同关系（$\sim X$ 是 $\sim Y$ 的必要条件）。通常，存在另一个前因条件 Z，对于 $\sim Y$ 是必要的：

$$Z \Leftarrow \sim Y$$

由于这个原因，必须分别对结果 Y 的存在和缺乏进行必要性分析。

为了对 2×2 交叉表中的数字做一些文字解释，使用 Goertz（2003，p.49）的一个非常好的例子来说明经济发展（条件 X）与民主（结果 Y）之间的关系，以及基于相关性的假设和基于集合必要性的另一个假设之间显著的不同之处：

- 经济发展水平越高，一个国家就越有可能是民主国家。
- 民主国家的经济发展水平有一个必要的最低限度。

这两个假设结合了相同的概念，但处于不同的情境中。第一个假设是说民主必然会发生在经济发展水平足够高的国家。然而，在实践中，有些国家的经济发展水平很高，却没有发展成民主国家。这种矛盾很难用相关性来解释，但在考虑集合必要性关系时它是完全合理的：一方面，确实有非民主国家有足够高的经济发展水平，但另一方面，没有经济发展水平很低的民主国家的实例。

经验观察到的集合关系的不对称性质可以进一步扩展，以证明这种必要性关系在民主缺乏的情况下是不成立的：确实有非民主国家缺乏最低限度的经济发展水平（似乎支持假设 $\sim X \Leftarrow \sim Y$），但也有非民主国家经济发展水平很高。

缺乏经济发展不是缺乏民主的必要条件，这可以通过其他因素来解释（从统计和相关的观点来看，这是一种不同的结论）。统计方法尝试使用单个模型解释结果（因变量）的高值和低值，而 QCA 探究导致相同结果（等效性）的多个前因组合。

可以使用相同的方法将必要性关系从二元扩展到多值清晰集。实际上，由于二元清晰集是具有两个值的多值清晰集的特殊情况，因此可将 $X \Leftarrow Y$ 必要性关系写成（使用标准的多值表示法）：

$$X\{1\} \Leftarrow Y$$

这意味着当 X 取值为 1 时（对于二元清晰集表示 X 存在），X 是 Y 的必要条件，当且仅当 $X = 0$（X 缺乏）时不可能出现 Y 存在的实例。

多值集可以有两个以上的值，但任何一个的解释都相同。假设集合 X 有 3 个值（0，1 和 2），那么 $X \{2\}$ 是 Y 的必要条件（见图 5-2），当且仅当：

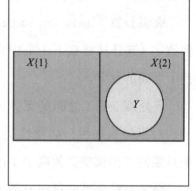

- 所有 Y 存在的案例都隶属于 $X = 2$ 的集合中，并且，

- 没有 Y 出现在 $X = 2$ 区域之外的案例（结果 Y 仅出现在 $X = 2$ 的区域，而不出现在其他区域）。

图 5-2 $X \{2\} \Leftarrow Y$: 前因条件 $X=2$ 是结果 Y 的必要条件

如此完美的集合隶属（Y 完全隶属于 X，所有民主国家都达到了最低限度的经济发展水平）非常罕见。在现实中，有些国家尽管没有达到最低限度的经济发展水平但仍发展了民主。

在这种情况下，模糊集证明了它的价值，因为使 Y 中的所有案例全部隶属于 X 并不重要，更重要的是 Y 在 X 中有较高的隶属比例（高于某个阈值）。在传统清晰集中，单个 Y 发生在 X 之外的案例会破坏整个必要性判断。但是，试想 100 个 Y 发生在 X 之中的案例与 1 个 Y 不发生在 X 中的案例比较，难道不能压倒性地（尽管不是完整地）证明 X 是必要的吗？

图 5-3 展示了这种情况，其中绝大多数 Y 案例都隶属于 X，还有一些在 X 外部。Y 仍然隶属于 X，虽然不是完全隶属，但是较高的隶属度足以得出 X 是 Y 的必要条件这一结论。

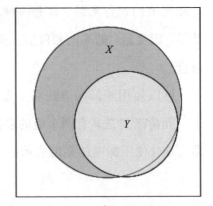

X 外部的小部分 Y 对应于 2×2 交叉表 5-1 的左上单元格。如果该单元格等于零，Y 将完全隶属于 X，该单元格中案例越多，Y（相对于 X）就越往外。

在清晰集中，很容易根据交叉表中每个单元格的案例数来考虑必要性关系。但是图 5-3

图 5-3　Y 大部分但不完全隶属于 X

也可以用于模糊集，因为隶属本身不仅是"在内"或"在外"的问题，而且是有多少在内（有多少在外）的问题。

隶属分数（inclusion score）是 0（完全不隶属）到 1（完全隶属）之间的任何数字（其计算将在下一节中介绍），这是模糊集的本质，模糊分数本身即是 0 到 1 之间的数字。

当处理 0 到 1 之间的无数的潜在值时，就不可能通过 X 和 Y 的交叉表来表示。对模糊集来说，必要性关系不是左上角单元格中 0 案例这样的简单问题，而是要使 X 的模糊分数高于 Y 的模糊分数。

交叉表对分类变量很有用（任何清晰值都可以被认为是一个类别），并且可以通过交叉表单元格内的案例数量计算隶属度。模糊集是连续的数字变量，这种数据最好用散点图表示，在 QCA 术语中称为 XY 图。

当 X 的模糊分数大于 Y 的模糊分数时，这些点位于 XY 图的右下部分。在某种程度上，这与交叉表类似。在交叉表中，必要性意味着左上角单元格中没有案例，与此类似，在 XY 图中，必要性意味着左上部分（即在主对角线上方）没有案例出现。

图 5-4 是模糊集必要性关系的经典示例，Y 完全隶属于 X，所有 Y 分数都低于 X 分数（即所有点都位于主对角线下方的灰色区域中），对应于图 5-1 中的欧拉/维恩图。如果某些 Y 值大于 X 中的对应值，则这些点将出现在灰色区域之

外，即主对角线上方，对应于图5-3中的欧拉/维恩图。为了保持必要性关系，对角线上方的案例不能太多，或者换句话说，对角线下方案例的比例必须非常大，或至少大于某个阈值。

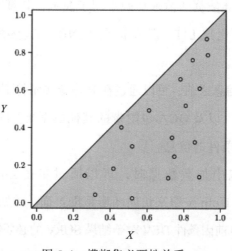

图5-4　模糊集必要性关系

5.2　隶属与一致性

术语"隶属（包含）"（inclusion）正如图5-3显示的内容：包含在集合 X 中的集合 Y 的部分。从模糊集的角度（不同于是否隶属，而是隶属多少），它具有很自然的解释，尽管对模糊集来说，XY图是更好的图形表示形式。

对于二元清晰集案例，一般可以用 2×2 交叉表来表示（见表5-2）。

对于必要性分析，焦点在于单元格 a 和 c，并且隶属分数通过以下公式计算：

表5-2　必要性 2×2 交叉表

		0	1
Y	1	a	c
	0	b	d
		0	1
			X

$$inclN_{X \Leftarrow Y} = \frac{X \bigcap Y}{Y} = \frac{c}{a+c}$$

这应该被解读为集合 X 和 Y 的交集（X、Y 都发生，值都为1，相当于单元格 c），除以整个集合 Y（相当于单元格 a 和 c）。

在 R 中有多种计算隶属分数的方法。给定两个二元清晰对象 *X* 和 *Y*，最简单的计算形式是使用命令：

```
sum(X & Y)/sum(Y)
```

我们将加载 Lipset 数据的清晰集版本用于演示，其具有以下条件：DEV（发展水平）、URB（城市化）、LIT（识字水平）、IND（工业化）、STB（政府稳定性）和 SURV（民主生存）。

在讲解更多详细信息之前，可以通过在 R 命令提示符下键入？LC 或 help(LC) 来获取有关此数据集（以及 QCA 包附带的其他数据集）的完整信息，以及有关各个前因条件和结果条件的信息。

或者，从附加包中加载数据时，可以通过单击 Load data from attached packages 对话框中的 Help 按钮来访问图形帮助页面（详见 2.4.8 节）。

假设我们想要测试前因条件 DEV 对于结果 SURV 的必要性，使用以下交叉表：

```
data(LC)
with(LC, table(SURV, DEV))

    DEV
SURV 0 1
   0 8 2
   1 0 8
```

结果 SURV 发生的案例有 8 个，并且在所有这 8 个案例中 DEV 也发生（在 R 中，表从上向下输出数据，因此切题的行是下面的那一行）。因此，结果 SURV 隶属于前因条件 DEV，使用以下命令计算隶属分数：

```
with(LC, sum(DEV & SURV) / sum(SURV))

[1] 1
```

逻辑运算符 "&" 可用于计算逻辑向量的交集，因为二进制值在 R 中被解释为逻辑向量（true or false，代表 1 或 0）。当然，它假定所有条件，特别是结果，都是二元清晰集。

但是 QCA 包有一个名为 pof() 的专用函数，其默认参数 relation="necessity"，它计算相同的值，但会输出更多的信息，这些信息在之后将变得有意义：

```
pof("DEV", "SURV", data = LC)

      inclN  RoN   covN
  -----------------------------
1 DEV 1.000  0.800 0.800
  -----------------------------
```

这种情况下，这个单独条件对结果是必要的，结果集合 SURV（民主生存）完全隶属于前因条件 DEV（发展水平）。在函数 pof( ) 中也可使用左箭头符号"<="来表达这种必要性关系：

```
pof("DEV <= SURV", data = LC)

      inclN  RoN   covN
  -----------------------------
1 DEV 1.000  0.800 0.800
  -----------------------------
```

对于多值条件，过程也十分相似。由于条件也是清晰集，它们可以形成具有与前因条件的值的数量一样多的列的交叉表，焦点区域也是相同的，即结果 Y 存在（Y 的值为 1）的行（见表 5-3）。

表 5-3 多值集必要性交叉表

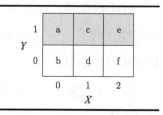

X（如图 5-2 所示，视为准分离集）中每个值的隶属分数具有与二元清晰集非常相似的计算方法：

$$inclN_{X\{v\} \Leftarrow Y} = \frac{X\{v\} \bigcap Y}{Y}$$

它是用结果集 Y 与条件 X 的一个特定值 v 的（子）集的交集，除以 Y。例如，为了计算条件 X 的值 2 对于结果 Y 的必要性，我们可以通过将单元格 e 除以 Y 存在的所有单元格的和来计算必要隶属度：

$$inclN_{X\{2\} \Leftarrow Y} = \frac{e}{a+c+e}$$

Lipset 数据中有一个多值集版本的例子：

```
data(LM)
with(LM, table(SURV, DEV))

     DEV
SURV 0 1 2
   0 8 2 0
   1 0 3 5
```

计算条件 DEV 的值为 2 时对应的集合的必要性隶属度，可以通过以下方式：

```
with(LM, sum(DEV == 2 & SURV) / sum(SURV))
```

```
[1] 0.625
```

或者：

```
pof("DEV{2} <= SURV", data = LM)
```

```
          inclN  RoN    covN
------------------------------------
1  DEV{2}  0.625  1.000  1.000
------------------------------------
```

DEV 等于 2 且 SURV 存在时有 5 个案例，但它们并未考虑 SURV 存在的全部案例。当 DEV 等于 1 时，结果 SURV 中还存在 3 个案例，因此对于 SURV，DEV 的多个单独值都不是必要的。

对于模糊集，计算方法不同（没有交叉表来获取案例数），但方法的精髓保持不变。实际上，正如我们将看到的，模糊集的公式可以成功地用于清晰集，具有相同的结果。

图 5-1 或图 5-3 中的欧拉 / 维恩图讲述了所有变体——清晰和模糊。必要性隶属度是 X 和 Y 的交集在 Y 中的比例。

3.3.2 节介绍了模糊交集及其专用函数 fuzzyand( )。使用 Lipset 数据的模糊集版本举例：

```
data(LF)
with(LF, sum(fuzzyand(DEV, SURV)) / sum(SURV))
```

```
[1] 0.8309859
```

这是一个与清晰集非常相似的命令，结果可以通过函数 pof( ) 的一般应用得到：

```
data(LF)
pof("DEV <= SURV", data = LF)
```

```
        inclN  RoN    covN
------------------------------------
1  DEV  0.831  0.811  0.775
------------------------------------
```

函数 fuzzyand( ) 是通用的，它可以在二元清晰集版本中替换 "&" 运算符：

```
with(LC, sum(fuzzyand(DEV, SURV)) / sum(SURV))
```

```
[1] 1
```

以及在多值清晰集版本中，当 DEV 等于 2 时：

```
with(LM, sum(fuzzyand(DEV == 2, SURV)) / sum(SURV))
```

```
[1] 0.625
```

这表明，必要性隶属度公式的一般模糊版本可用于清晰集和模糊集：

$$inclN_{X \Leftarrow Y} = \frac{\sum \min(X,Y)}{\sum Y}$$

尽管看起来很直观，但这个公式具有与欧拉/维恩图不同的反直觉。如果集合 Y 在条件 X 中具有 0.7 的隶属度，我们将期望集合 Y 在集合 X 外部（排除在 X 之外）的隶属度是 0.3。

这对清晰集来说是成立的，但对模糊集来说则不同，模糊集在 X 和 ~X 中都可能具有高得惊人的隶属度。

表 5-4 给出了条件 X 和结果 Y 的值，交集为 $X * Y$ 和 ~$X * Y$。使用模糊版本的公式，X 对于 Y 的必要性隶属度为 2.15 / 2.15 = 1，而对 ~X 对于 Y 的必要性隶属度为 1.75 / 2.15 = 0.814 [⊖]。

表 5-4　模糊集及其交集

X	Y	$X*Y$	~$X*Y$
0.30	0.20	0.20	0.20
0.50	0.40	0.40	0.40
0.55	0.45	0.45	0.45
0.60	0.50	0.50	0.40
0.70	0.60	0.60	0.30
	2.15	2.15	1.75

通常，我们不期望 Y 同时高度包含在集合 X 和 ~X 中，因此对"隶属"一词产生质疑，更准确地将其称为"一致性"。使用这个替代术语，X 及 ~X 在对 Y 的必要性上具有一致性是讲得通的。

这种情况称为同时子集关系，同时是模糊集的一个特征，它允许元素与集合部分一致，并且同时与该集合的非集部分一致。在集合关系方面也是如此，这意味着一个前因条件集合的存在和缺乏同时对于结果集合是必要的。

在模糊集中，这有助于将一个集合及非集视为两个完全不同的集合：它们是互补的，但不像清晰集只允许元素在集合内部或外部（排中律），在模糊集中

⊖　0.814 是四舍五入取两位小数的结果。

元素被允许作为集合及非集的一部分，并且在某些情况下，元素可以在两者中都具有高一致性。

在一致性方面，当所有案例的 Y 的模糊分数始终低于 X 的模糊分数时（当 Y 的模糊值始终显示为与 X 的子集关系时），集合 X 对于集合 Y 是必要的。在这种情况下，集合 Y 隶属于集合 X，因为它们的交集中大部分都属于 Y（或覆盖 Y），因此我们可以说必要一致性很高。

5.3 覆盖度与切题性

覆盖度是必要条件 X 对结果 Y 的无关紧要（trivial）程度或切题（relevant）程度[⊖]的度量。火和空气的关系的经典例子说明，空气（氧气）是生火所必需的。但这是一个无关紧要的必要条件，因为仅仅存在氧气不能导致起火。氧气是维持火的必要条件，但不能导致起火，因为很多情况下空气存在而并没有起火。

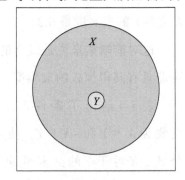

图 5-5　X 是 Y 的不切题必要条件

就欧拉/维恩图而言，可以通过测量条件 X 中被集合 Y 覆盖的区域的比例来检测无关紧要的程度，如图 5-5 所示。

与必要条件 X 相比，结果 Y 是一个非常小的集合：有很多（实际上是大多数）X 存在但 Y 缺乏的案例。对不切题必要条件的典型描述是：尽管 Y 完全隶属于集合 X，但它的覆盖范围非常小。

在清晰集中，这意味着 2×2 交叉表中单元格 c（X 和 Y 都存在）的案例数量与单元格 d（X 存在 Y 不存在）的案例数量相比而言非常小。

计算二元清晰集的必要性覆盖度的公式为：

$$\mathrm{cov}\,N_{X \Leftarrow Y} = \frac{X \cap Y}{X} = \frac{c}{c+d}$$

⊖ 原书中作者在 R 中对无关紧要的和切题的这两个概念没有做明确区分，他认为两者大部分情况下类似地表示必要条件的重要性，尽管引用了其他学者关于这两个定义的辨析，但在该节表述中仍存在混用的情况，特此说明，以免造成读者困惑。——译者注

上式解释为 X 与 Y 的交集所覆盖的 X 的比例。必要性覆盖度集中在位于右侧的第 2 列单元格（X 存在），而不是必要一致性集中的第 1 行（Y 存在）。

在假设的交叉表 5-5 中，X 是 Y 的完全必要条件（Y 完全隶属于 X，单元格 a 中没有任何案例），但它是不切题的，因为它们的交集所覆盖的 X 的比例（$5/125 = 0.04$）非常小，只有 4% 的 X 被 Y 覆盖，因为在单元格 d 中存在许多 Y 缺乏的案例。

表 5-5 在 2×2 交叉表中测试无关紧要程度和切题性

	$X=0$	$X=1$			$X=0$	$X=1$
$Y=1$	0	5		$Y=1$	a	c
$Y=0$	25	120		$Y=0$	b	d

对大多数人来说，空气是火的无关紧要的必要条件。如果表 5-5 表示空气（X）和火（Y）之间的关系，那么低覆盖度验证了我们的经验知识，即稀薄空气不能导致起火。然而，在单元格 b 中存在许多案例（假设这是在没有氧气的情况下点火的 25 次尝试），如果我们考虑宇宙中地球外、太阳系外的其他地方的情况，在那里我们既没有观测到氧气，也没有观测到火，那么这个数字可能会接近正无穷。

从这个角度分析，空气对于火似乎不是一个无关紧要的条件，因为火与空气彼此高度相关。如果我们能够从宇宙外部观察到这种关系，就会观察到在氧气存在的情况下火也存在，同时可以观察到绝大多数（其余的）没有氧气也没有火的空间。

与常识感知相反，空气实际上是火的非无关紧要的必要条件。虽然根据经验我们确实知道空气是不切题的，因为它不会引起火，也有很多空气存在但未起火的案例，但它们的关系并不是无关紧要的。

Goertz（2006a）对必要性的分析做出了可喜的贡献，他区分了无关紧要程度和切题性的概念。他所做的工作是现代 QCA 的基础，既追随拉金，同时也是拉金后期发展的关键。

他将无关紧要程度与表中的单元格 b 联系起来，将切题性与单元格 d 联系起来，两者都在最后一行（Y 缺乏）。Braumoeller 和 Goertz（2000）的早期工作对此进行了明确，他们设计了一系列测试，通过应用列联表（2×2），即 2×2 交叉表的卡方齐性检验（χ^2 test of homogeneity）来评估（已证明必要性的）必要条件的无关紧要程度。

虽然 Braumoeller 和 Goertz 采用了卡方齐性检验，但我认为他们实际上采用的是卡方独立性检验（χ^2 test of independence）（差异是微妙的，计算方法完全相同），其原假设是两个分类变量是彼此独立的。

他们的分析可以归结为如果 X 和 Y 是独立的，则必要条件 X 是无关紧要的（如果原假设不能被拒绝）。

鉴于单元格 a 等于 0（因为 X 是必要的），只有当单元格 b 也等于 0 时，这个结论才是成立的（也就是说，没有经验表明 ~X 和 ~Y 一起出现）。换句话说，当且仅当没有 ~X 的经验证据时，必要条件 X 是无关紧要的，如图 5-6 中的维恩图所示。

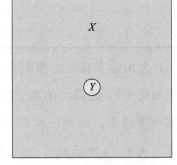

图 5-6　X 是 Y 的无关紧要的必要条件

条件 X 似乎看不到了，但实际上必要条件 X 是如此之大以至于它覆盖了由外部正方形定义的整个区域，而结果 Y 仍然是条件 X 的完全子集。

回到 Lipset 数据，我们可以探讨清晰集的 LIT（识字水平）和 SURV（民主生存）之间的关系：

```
tbl <- with(LC, table(SURV, LIT))
tbl

     LIT
SURV 0 1
   0 5 5
   1 0 8
```

LIT 是一个必要条件，对于结果 SURV 的必要一致性为 1（在 LIT 缺乏，但 SURV 存在时，没有案例发生）。现在可以通过测试它们的独立性来测试无关紧要程度。

如果一个事件的发生不影响另一个事件发生的概率，那么两个事件被认为是独立的，这是 Fisher 对两个分类变量之间独立性检验的精髓。

```
fisher.test(tbl)

 Fisher's Exact Test for Count Data

data:  tbl
p-value = 0.03595
alternative hypothesis: true odds ratio is not equal to 1
95 percent confidence interval:
 0.9305029       Inf
sample estimates:
odds ratio
       Inf
```

在 p 值 0.035 95 显著的情况下，我们可以拒绝行和列之间独立性的原假设。[一]
其他函数，例如，在 exact2x2 包中的函数 fisher.exact( ) 在计算置信区间方面做得更好，但拒绝原假设的总体决策是相同的，并以 95% 的置信度确定 SURV 不是独立于 LIT 的（使其变得非常重要）。

需要再次强调的是，只有确定某个条件确实是必要条件后，进行无关紧要程度的测试才有意义，也就是说，在单元格 a 中（Y 存在而 X 缺乏）案例比例非常小（接近于 0）。

另外，切题性直接通过 Y 对 X 的覆盖度进行测试：相对于单元格 c（X 和 Y 都存在），如果单元格 d 中的案例（X 存在但 Y 缺乏）的比例较高，必要条件的切题性就越低。随着单元格 c 的比例增加，必要条件变得越来越切题，例外情况是，X 和 Y 非常大，以至于它们填满了全集（恒定且一直存在），它们均变得不切题。

在 Lipset 案例中，虽然 LIT 绝对是一个必要条件，但它不是最切题的条件，因为其原始覆盖度为 0.615：

```
pof("LIT <= SURV", data = LC)

         inclN  RoN   covN
    ---------------------------
1  LIT  1.000  0.500  0.615
    ---------------------------
```

〇　尽管置信区间包含值 1，但 OR 值（true odds ratio）等于 1 的原假设被拒绝。

当计算模糊版本的覆盖度时，函数 pof( ) 输出必要性关系的另一个拟合参数，称为 RoN（relevance of necessity，必要性的切题性），将在下面讨论。目前，只须注意 LIT 的切题性分数为 0.5（比覆盖度更低）就足够了。

RoN 得分越低，条件越无关紧要；RoN 得分越高，切题性就越高，该条件作为必要条件的相对重要性就越高。这个结论对二元和多值清晰集同样有效。

多值数据的无关紧要程度测试同样简单，因为可以将多值数据简化为二元清晰数据，只须把每个单独的数据与其他所有数据（该单独数据的补集）进行二分。再次检查 Lipset 数据的多值版本中 DEV 和 SURV 之间的关系：

```
with(LM, table(SURV, DEV))

     DEV
SURV 0 1 2
   0 8 2 0
   1 0 3 5
```

SURV 存在但 DEV 缺乏的单元格 a 中恰好为 0 个案例（请记住 R 表以相反的顺序生成行）。但是，DEV 的其他两个值并不是 SURV 所必需的，它们的一致性是相当有限的：

```
pof("DEV{1} + DEV{2} <= SURV", data = LM)

                 inclN  RoN    covN
  -----------------------------------
1 DEV{1}         0.375  0.867  0.600
2 DEV{2}         0.625  1.000  1.000
3 expression     1.000  0.800  0.800
  -----------------------------------
```

这是因为尽管 DEV {1} 和 DEV {2} 是同一前因条件的两个类别，但它们表现为独立（self-contained）集合。通过将 DEV {1} 中的案例与其他类别（DEV {0} 和 DEV {2}）相比较可以计算 DEV {1} 对 SURV 的必要性。

通过合并其他所有类别来创建熟悉的二元清晰 2×2 表，我们可以得到完全相同的结果：

```
DEV1 <- recode(LM$DEV, "1 = 1; else = 0")
table(LM$SURV, DEV1)

   DEV1
    0 1
  0 8 2
  1 5 3
```

我们可以使用这个单独的对象 DEV1 来计算其对于来自数据 LM $^\ominus$ 的结果 SURV 的必要一致性（注意命令的结构如何改变），可以得到相同的结果：

```
pof(DEV1, LM$SURV)

          inclN  RoN   covN
----------------------------
1  DEV1   0.375  0.867  0.600
----------------------------
```

由于条件 DEV 的单个取值不构成必要条件，因此测试无关紧要程度是没有意义的。虽然 RoN 得分（0.867）很高，但这并不重要，因为条件 DEV 的值 1 并不是 SURV 的必要条件。

与必要一致性类似，模糊集更具挑战性：由于条件和结果都是模糊分数，因此没有列联表来应用这些计算。

类似于一致性，模糊覆盖度是关于 Y 所覆盖的 X 的比例，或者更好的说法是由 X 和 Y 的交集覆盖的 X 的比例，假设 Y 已经是 X 的（完全）子集，与一致性中的模糊交集相同，但此时除以 X 的总和：

$$\mathrm{cov}\,N_{X \Leftarrow Y} = \frac{\sum \min(X,Y)}{\sum X}$$

使用 Lipset 数据的模糊集版本，条件 LIT 对结果 SURV 的必要覆盖度是：

```
with(LF, sum(fuzzyand(LIT, SURV)) / sum(LIT))
```

```
[1] 0.6428027
```

此函数适用于清晰集和模糊集。之前计算的 LIT 清晰版本的覆盖度是 0.615，我们可以用以下方法测试：

```
with(LC, sum(fuzzyand(LIT, SURV)) / sum(LIT))
```

```
[1] 0.6153846
```

当然，我们不需要进行这些单独的计算，因为函数 pof( ) 已经在输出中提供了一致性和覆盖度：

```
pof("LIT <= SURV", data = LF)
```

$\ominus$　此处原文有误，原文为"LF"。——译者注

	inclN	RoN	covN
1 LIT	0.991	0.509	0.643

一旦我们知道 LIT 是必要条件，如果没有案例在 ~X 列中被观察到，则 LIT 在清晰版本中被认定为无关紧要。这一发现反过来也是有效的：如果所有观察到的案例都位于 X = 1 的列中，则必要条件 X 是无关紧要的。

对于模糊集必要性，所有（大多数）案例都位于主对角线下方，且所有案例都垂直位于 XY 图的右侧（即 X = 1），如图 5-7 所示。这就像在清晰版本中始终有 X=1，就可以认定此必要条件是无关紧要的。如果所有案例在条件 X 中恒等于 1，那么无论 Y 取什么模糊值，X 都是 Y 的超集（因此是必要条件），但它是无关紧要的，因为 X 是恒定且一直存在的。

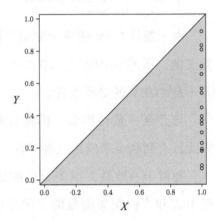

图 5-7　模糊集无关紧要的必要条件 X

接近主对角线的值越多，并且越远离图的右侧，条件 X 作为 Y 的必要条件就越切题。到极限时，即当点与主对角线完全对齐时，X 完全切题，此时 X 不仅是 Y 的必要条件，而且是 Y 的充分条件。在清晰集的 2×2 表中，这相当于所有案例从单元格 d 中移动到单元格 b，表示完全的切题性。

Goertz（2006a，p.95）率先通过测量模糊值与 1 之间的距离来衡量无关紧要程度：

$$T_{nec} = \frac{1}{N} \sum \frac{1-X}{1-Y}$$

它是一种无关紧要程度的衡量标准，但同时也衡量切题性。该指标越远离 0，必要条件就越切题。

后来，Schneider 和 Wagemann（2012）观察到，在某些情况下，这个公式可以产生大于 1 的值（这对模糊解释没有意义），因此他们进行了修改，它就是函数 pof( ) 输出中默认的 RoN 拟合参数：

$$RoN = \frac{\sum(1-X)}{\sum(1-\min(X,Y))}$$

用 1 到 X 之间的距离除以 1 到 X 和 Y 的交集之间的距离，并且因为交集是较小的值（取 X 和 Y 的最小值），分母总是大于或等于分子，因此该参数永远不会超过 1。

用 LIT 和 SURV 之间的必要性关系说明这一点：

```
with(LF, sum(1 - LIT) / sum(1 - fuzzyand(LIT, SURV)))
```

```
[1] 0.5094142
```

QCA 包中的函数 XYplot( ) 创建关于条件和结果的 XY 图，同时显示所有拟合参数。就像函数 pof( ) 一样，XYplot( ) 也有一个名为 relation 的参数，其默认值为 sufficiency。

```
XYplot(LIT, SURV, data = LF, jitter = TRUE, relation = "necessity")
```

上面的代码使参数 jitter = TRUE 创建一个点抖动的 XY 图（因为它们中的一些点非常接近而变得重叠），如图 5-8 所示。条件 LIT 显然是 SURV 的必要条件，一致性为 0.991，其切题性略大于 0.5 是适度的。因为主对角线下方的许多点在 LIT 上具有非常高的值（接近或等于 1），因此它们的位置始终接近图的右边缘。

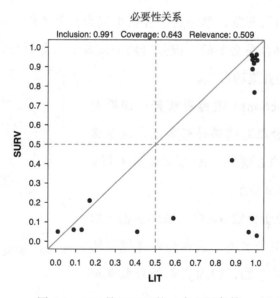

图 5-8 LIT 是 SURV 的一个必要条件

点与 1 的平均距离随着每个点向右边缘靠近而变小，这解释了 LIT 作为 SURV 的必要条件，是半无关紧要的（RoN 约为 0.509）。

Schneider 和 Wagemann（2012）指出切题性较低时应考虑必要性异常的案例。XY 图上有两条中间虚线（水平的和垂直的），以类似 2×2 交叉表的形式将模糊区域划分开。

当案例出现在单元格 b（左下）和 c（右上）中时，满足必要性的完全切题性。对必要性来说，在单元格 a（左上）中发现的案例被称为一致性类别异常的案例（deviant cases consistency in kind），其在结果 Y 上具有很高的隶属度，在条件 X 上具有很低的隶属度。

在图 5-8 的示例中，在图的左上部分没有一致性类别异常的案例。Schneider 和 Rohlfing（2013）引入了一致性程度异常的案例（deviant cases consistency in degree）这一概念：对于必要性，两个隶属度值（对于条件和结果）都大于 0.5，但结果值大于条件值（因此使条件中结果的子集关系无效）。案例将落在单元格 c（右上）中，但位于主对角线上方。

5.4　合取和析取的必要性

对于复杂的结果现象，单一的条件很难成为必要条件。很多时候，一个条件与另一个条件结合是必要的：或是以两个或多个集合的交集的形式，或是以两个或多个集合的并集的形式。

合取（conjunctions）很容易解释：如果两个集合 A 和 B 的合取对结果是必要的，这意味着 A 和 B 都是单独必要的，因为交集是 A 和 B 的一部分，如图 5-9 所示。

由于结果 Y 位于交集 AB 内，因此它也分别位于集合 A 内和集合 B 内，这意味着详述原始表达式 A 和 B 是冗余的，因为它们的合取在逻辑上已经表示了它们。

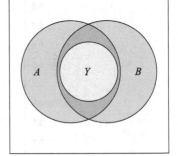

图 5-9　合取 AB 对于 Y 是必要的

更有趣的情况是，条件 A 和 B 都是单独必要的，但它们的合取不是必要的（即结果 Y 没有充分地隶属于它们的交集）。图 5-10 有点类似于图 5-3，但扩展至合取：结果 Y 几乎（但不完全）隶属于 A，并且同样（也不完全）隶属于 B。

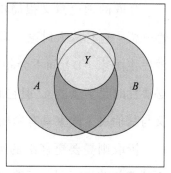

图 5-10　A 和 B 都是单独必要的但其合取不是必要的

对于 A 和 B，结果 Y 的隶属度足够高，可以确定 A 和 B 都是单独必要的。但是它们的交集不足以覆盖 Y，在交集 AB 之外仍存在一部分 Y，因此 AB 交集内的 Y 的比例不够高，不能得出合取是必要的这一结论。

事实上，由于这两个原因（Y 不完全隶属于合取 AB，或者原始表达式 A 和 B 是冗余的），所以观察到非冗余的必要的合取是非常罕见的。但是在这两种情况下，显然 Y 完全隶属于集合 $A + B$ 的析取（并集）中。然而这个特定的析取也是多余的，因为 A 和 B 都是单独必要的，而更简单的表达式总是首选。

在许多情况下（实际上最常见的情况是），如果没有单个集合能构成必要条件，那么意味着它们的合取也不构成必要条件。但是总会有比结果 Y 更大的多个条件的析取，因为并集形成更大的区域。在某一时刻，并集（析取）将会变得非常大，以至于在该析取中必然会出现结果 Y 完全隶属的情况。

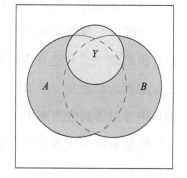

图 5-11　$A + B \Leftarrow Y$：A 和 B 的并集对 Y 是必要的

图 5-11 展示了这样一种情况：结果 Y 充分在 A 之外，也充分在 B 之外，使得这两个条件单独来说是不必要的。

但结果 Y 充分隶属于它们的析取 $A + B$ 中，因为这两个集合的并集比每个单独集合的面积大得多，可以共同覆盖更大比例的 Y。

通过 3.3.3 节中给出的逻辑 OR 运算（取每对值的最大值）和 R 中的函数 fuzzyor( )，可以很容易地构造析取。但对此须持保留态度，因为解释这些析取是很重要的。

合取的理论意义很简单：合取是已知概念的交集，我们将在下一章的充分性分析中进行深入讨论。举一个关于合取的例子，假设：具有紧密经济联系（E）的民主国家（D）间不会相互开战（~W）。这不是一个必要性陈述（合取在讨论必要性时是多余的），但它清楚地表明了它所指向的合取（子集）：既是民主国家又与其他民主国家具有紧密经济联系的国家：$D \cdot E$。

析取则需要更仔细的解释，因为它们通常导致更高阶概念的并集，这与概念的简单并集不同。析取 D+E，如"民主国家或具有紧密经济联系"，与 D 和 E 的简单并列是不同的。

析取是由两个或两个以上的概念结合而成的高阶概念，有时也称为超概念（super-concept），其分析意义取决于理论和研究人员在该领域的专业知识。对于全部案例没有机械的或"一刀切"的解释。有些析取在理论上可能是没有意义的，在多种情况下，它们可能不符合必要性的切题性标准。

必须小心避免机械化的超概念。下一节将展示如何使用函数 superSubset( ) 从特定的数据中找到所有可能的必要表达式，但是这些表达式都是从特定的数据环境中派生的，且并非所有表达式都具有理论意义。

计算机非常善于找到符合一定标准的所有东西，而研究人员的工作是筛选计算机的结果，并选择那些确实有意义的东西。如果做不到这一点，就会像从数据中简单抓取信息一样——从某个数据集中可以得出许多结论，而从其他数据集中可以得到或多或少不同的结论。

数据不应该主导研究过程，正确的方法是测试特定数据集是否满足某些理论期望。

5.5 探索可能的必要性关系

常规的必要性分析涉及对感兴趣的单个前因条件，以及可能更大的（在理论上有意义的）超集析取的检验。这可能比较耗费时间，有时我们还可能会想要探索数据中可能的必要性关系。

QCA 包提供了一个名为 superSubset( ) 的函数，它可以自动完成所有这些工作。它针对单个条件或合取（即使合取是多余的），以及所有可能的析取探索每种可能的必要性关系。当前因条件的数量很大时，了解所有可能的必要性关系有助于消除对不必要表达式的无用测试。基于模糊集版本的 Lipset 数据，可以使用以下命令：

```
superSubset(LF, outcome = "SURV", incl.cut = 0.9)

              inclN  RoN    covN
    ----------------------------------
  1 LIT         0.991  0.509  0.643
  2 STB         0.920  0.680  0.707
  3 LIT*STB     0.915  0.800  0.793
  4 DEV+urb     0.964  0.183  0.506
  5 DEV+ind     0.964  0.221  0.518
  6 DEV+stb     0.912  0.447  0.579
  7 urb+IND     0.989  0.157  0.511
  8 DEV+URB+lit 0.924  0.414  0.570
  9 DEV+URB+IND 0.903  0.704  0.716
 10 DEV+lit+IND 0.919  0.417  0.569
    ----------------------------------
```

在该分析中，`relation= "necessity"` 是默认值（因为它是默认值，所以不需要正式指定），对充分性关系也可以执行类似的分析，需要将其更改为 `"sufficiency"`。对必要且充分关系也可以通过 `"necsuf"` 执行分析，如果首先使用充分性分析，可以通过 `"sufnec"` 执行分析。

有一点非常重要因此必须明确：必要表达式列表的生成是机械的、自动的，底层算法只是不加选择地搜索所有可能的必要性关系。研究人员应该从所有这些析取中选择那些有理论意义的析取。

目前，只要注意到有两个原始条件对于结果是单独必要的，它们的合取也是如此，并且输出中呈现的析取是非冗余的（有更多必要的析取，但是作为上面发现的析取的子集，它们是冗余的），就足够了。

另一个需要注意的方面是，所有表达式的覆盖度都相对较低，某些表达式的切题性分数甚至接近于 0。对于这种情况，可以为必要性的切题性规定一个阈值，例如，只列出切题性分数不小于 0.6 的表达式：

```
superSubset(LF, outcome = "SURV", incl.cut = 0.9, ron.cut = 0.6)
```

```
             inclN   RoN    covN
-------------------------------------
1  STB        0.920  0.680  0.707
2  LIT*STB    0.915  0.800  0.793
3  DEV+URB+IND 0.903  0.704  0.716
-------------------------------------
```

这是一个值得讨论的有趣的例子。首先，可以注意到，合取 $LIT \cdot STB$ 是必要的，但是单独条件 LIT 不在必要表达式列表中。

虽然有点违反直觉，但它确实合乎逻辑。如果合取是必要的，这在逻辑上意味着单独条件也是必要的。这是绝对正确的，因为单独条件 LIT 的一致性是0.991，这是一个非常高的一致性，无疑 LIT 是一个必要条件。

但必要条件并不总是切题的。空气是战争的必要条件，但它对导致战争的一系列条件来说是完全不切题的。类似地，在两次世界大战之间的时期，LIT是结果 SURV 的必要但不切题条件。

这意味着条件 LIT 足够大，并且结果 SURV 足够小，因此，虽然 LIT 与STB 的交集本身很小，但足以覆盖 SURV，以至于交集是切题的，但原始条件LIT 不切题。

根据结果集合的大小以及它在必要条件中的位置，有时原始条件是必要的，但与另一个条件的合取不是必要的。有时，例如在本例中，合取是必要且切题的，原始条件也是必要的，但不切题。

这就是为什么在函数 superSubset( ) 的结果中，单独条件和它们的合取可能都是必要条件，但如果合取本身既是必要的又是切题的，那么所有超集都会变得冗余。在这种情况下，单独条件 LIT 和 STB 都被 $LIT \cdot STB$ 蕴含了，它们也可以从必要表达式列表中删除。

充分性语句的情况正好相反（将在下一章讨论），如果一个单独条件对一个结果是充分的，那么它的任何子集合取都是冗余的，因为它们作为更大的单独条件的一部分在逻辑上肯定是充分的。在必要性语句中，则与之相反，必要性合取使单独条件变得多余。

可能最重要的事情是，大部分析取从切题的必要表达式的结果列表中消失了。它们虽然是必要的，但有一些是高度不切题的。例如析取表达 urb+IND，一致性非常高，为 0.989，但切题性非常低，为 0.157。

这是不合逻辑的析取的例子，因为很难从逻辑和理论上解释低城市化（urb）和高工业化（IND）之间的并集，以及将它们作为民主生存的必要条件。类似的不合逻辑的并集还有 DEV+urb 和 DEV+ind 等。

这些都是教科书上关于析取必要表达式的例子，它们代表了对特定结果来说没有意义的构造。超集构造不应该只是因为它们的必要一致性分数很高就机械地被认为是切题的。

Thiem（2016）曾做出以上错误判断，他使用 Lipset 数据集，试图证明在增强标准分析（Enhanced Standard Analysis，详见 8.6 节和 8.7 节）中，识别不符合逻辑的反事实时不应使用这些必要表达式，因为它们会导致一个名为 CONSOL 的效应，即删除这些反事实将产生保守解而不是增强的中间解。

为了生成保守解，大多数（如果不是全部）逻辑余项应在最小化过程中被排除，因此他使用了函数 superSubset( ) 产生的全部必要表达式列表，而不考虑它们的切题性或理论和逻辑意义。

Thiem 这样做说明他对析取必要表达式应该如何解释以及如何在进一步的分析中使用是缺乏理解的。他忽视了现存的良好的实践标准，滥用机械产生的必要表达式列表，并且没有意识到一种不符合理论目的的方法只是毫无意义的技能展示。

第 **6** 章

充分性分析

充分性分析是 QCA 方法的主要目的，即找到给定结果的充分的最小条件组态。所有主要算法，如创建真值表，或进行逻辑最小化都是围绕寻找充分性关系而设计的。

这个章节最初包含了与充分性这个主题相关的所有内容，因此比其他章节篇幅大得多，几乎可以拥有单独的目录。尽管其他主题，像真值表和逻辑最小化，是分析充分性的不可分割的一部分，最终它们还是作为单独的章节进行深入的介绍，并做出更明确的区分。

本章介绍了充分性的基本概念，这些概念在结构上与必要性非常类似。正如下一节所阐述的，必要性和充分性是两个互补且实际上相对的概念。出于这个原因，本书忽略二者许多相同的细节以集中于重要的差异。

就如必要性陈述一样，文献中也有许多关于对给定结果的前因或前因组态充分性的主张或假设。在研究感兴趣的结果时，必要性陈述是重要的，但充分性假设最类似于我们通常对因果关系的概念化。

充分性用右向箭头"$\Rightarrow$"来表示。给定前因 X 和结果 Y，"X 是 Y 的充分条件"写作：

$$X \Rightarrow Y$$

6.1 概念描述

与必要性类似，充分性也可以用子集/超集关系图表示，如图 6-1 所示。如果 X 是 Y 的充分条件，那么当 X 存在时，Y 也存在。[⊖]

在充分性集合关系中，Y 是 X 的一个超集，这意味着不会出现 X 存在但 Y 缺乏（在 Y 外部）的情况。当这种关系满足时，X 存在，Y 也一定存在：有 Y 存在但 X 缺乏的情况，但 X 只要存在 Y 就必然存在。换句话说，如果我们知道 X 存在，就可以保证 Y 也存在（作为充分条件，X 保证 Y 发生）。

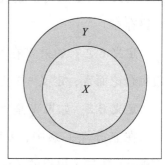

图 6-1　$X \Rightarrow Y$: 前因条件 X 是结果 Y 的充分条件

Y 是一个比 X 更大的集合（通常是这种情况），这表明没有单一条件可以解释整个 Y。可能有其他条件或其他条件组合可以解释集合 Y 的其余部分。当 X 可以覆盖所有 Y 时，X 就是 Y 的充要条件，此时两个集合相等。

换一个角度看，必然性和充分性关系之间的互补性会变得更明显：如果 X 是 Y 的充分条件，那么条件 X 缺乏是 Y 缺乏的必要条件。就集合表示而言，如果 X 是 Y 的子集，则 ~X 覆盖比 ~Y 大得多的区域，因此 ~X 是 ~Y 的超集（~X 是 ~Y 的必要条件）。对于二元清晰集，可以使用 2×2 交叉表来表示，如表 6-1 所示：

表 6-1　$X \Rightarrow Y$（左）与 ~$X \Rightarrow$ ~Y（右）

	1	49	58		1	49	58
Y				Y			
	0	23	0		0	23	0
		0	1			0	1
		X				X	

现在应该清楚的是，假设 X 是 Y 的充分条件以及 ~X 是 ~Y 的必要条件，由于集合关系的非对称性，这不能证明 ~X 对 ~Y 是充分的以及 X 对 Y 是必要的。对于结果的存在和缺乏，必须分别分析两个完整的充分性关系，产生不同的充

⊖　此处原文有误，原文为"那么当 Y 存在时，X 也存在"。——译者注

分性陈述（表达式）。

参照必要性的定义，对充分性的解释如下：

定义 6.1：X 是 Y 的充分条件，每次 X 存在时，Y 都存在（当 X 存在时，Y 始终存在）。

定义 6.2：如果 X 在 Y 缺乏的情况下不发生，则 X 是 Y 的充分条件。并且就集合论而言，定义 6.3 为等价定义。

定义 6.3：如果 X 是 Y 的子集，则 X 是 Y 的充分条件。

在充分性关系中，X 发生就足以证明 Y 发生。举一个具体的例子，根据 Weber（1930）提出的关于新教伦理与资本主义精神之间关系的理论，我们可以想象一下在社群层面，具有新教伦理（前因条件 X）是积累资本（结果 Y）的充分条件。然而，资本也可以通过许多其他方式积累。因此，新教伦理不是积累资本的必要条件，但如果知道一个群体遵循这种道德准则并具有某些新教特征，就足以理解这个群体确实在积累资本。

多值条件的必要性可能有点难以理解（Y 必须是 X 的特定值的子集，而不是整个 X 的子集），但多值条件的充分性理解起来要简单得多。假设多值条件 X 具有三个值（0，1 和 2），则值 2 的充分性写作：

$$X\{2\} \Rightarrow Y$$

$X\{2\}$ 对 Y 是充分的，当且仅当：

- 所有 X 等于 2 的案例都隶属于 Y 的集合中；
- 并且没有 X 等于 2 的案例在 Y 的集合之外（X 仅在 Y 内部取值 2，而不会在 Y 外部取值 2）。

在图 6-2 中，只有 $X\{2\}$ 是结果 Y 的子集，因此只有 $X\{2\}$ 才是结果 Y 存在的充分条件。完美的子集关系在现实世界中很少发生。相反，大多数情况下，集合或多或少隶属于另一个集合中，这部分将在下一节中详细介绍。目前，部分隶属可以用作判定标准，以得出一个集合对另一个集合是充分的

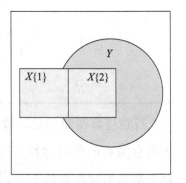

图 6-2　$X\{2\} \Rightarrow Y$: 前因条件 $X=2$ 是结果 Y 的充分条件

结论，如图 6-3 所示。

这里需要停下来思考 $X \Rightarrow Y$ 的充分性关系，大多数读者会理解为一个（单个）前因条件 X 对于结果 Y 是充分的。虽然大多数情况是这样的，但"X"只是一种表示法，"集合"一词的含义不应与"单一"前因条件自动等同或混淆。

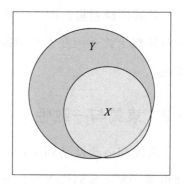

图 6-3 X 大部分但不完全隶属于 Y

集合可以指许多事物，包括多个前因条件的合取或析取。想象一下当两个前因条件 A 和 B 合取后成为结果 Y 的充分条件的情况。用 $A \cdot B$ 替换 X，则 $X \Rightarrow Y$ 实际上意味着 $A \cdot B \Rightarrow Y$，其中，集合 X 用合取 $A \cdot B$ 表示。同样也适用于像 $A \cdot B + C$ 这样的表达式，它们整体上被解释为"集合"。

虽然从图 6-3 的维恩图中可以了解到集合 X 在集合 Y 中部分隶属，但这些图表是为了清晰集设计的。更准确地说，它们是为二元清晰集设计的，不存在多值集的维恩图。

在模糊集的情况下，可以通过 XY 图以图形的方式表示充分性。图 6-4 也体现出必要性和充分性是相对的：必要性案例点位于主对角线下方的区域，而充分性案例点位于主对角线上方的灰色区域。

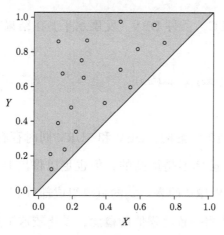

图 6-4 模糊集充分性关系

这也是一个超集 / 子集关系，因为所有 X 的值都低于 Y 中的对应值，因此 Y 是 X 的模糊超集。图 6-4 是一个完全的模糊超集关系，它假设所有点都位于主对角线上方。但在有些情况下，一小部分点位于对角线下方，因而降低了一致性。

6.2 隶属与一致性

隶属和一致性是同义词。如果 X 隶属于 Y 的程度很高，那么我们说 X 是高度一致的，或 X 具有高一致性得分。术语"一致性"是"隶属"的同义词，它们通常可以互换使用。对于二元清晰集，可以用 2×2 交叉表表示充分性关系（见表 6-2）。

表 6-2 充分性 2 × 2 交叉表

		0	1
Y	1	a	c
	0	b	d
		0	1
			X

这里的重点是单元格 c 和 d，充分性的一致性可用式（6-1）计算：

$$inclS_{X \Rightarrow Y} = \frac{X \bigcap Y}{X} = \frac{c}{c+d} \qquad (6\text{-}1)$$

一致性是 X 和 Y 同时存在的案例数量（X 和 Y 的交集，即单元格 c）与 X 存在的所有案例数量（单元格 c 和 d）的比率。在一个最简单的命令中，此交集可以计算为：

```
sum(X & Y)/sum(X)
```

使用清晰集数据 LC，条件 DEV（发展水平）在结果 SURV（民主生存）中的一致性为：

```
with(LC, sum(DEV & SURV) / sum(DEV))
```

```
[1] 0.8
```

DEV 存在时共有 10 个案例，DEV 和 SURV 同时存在时共有 8 个案例。充分性的一致性为 0.8，虽然不是最高的，但也足以得出 DEV 是充分的，或者说 DEV 是能够充分产生 SURV 的表达式的重要组成部分。

本书将在第 7 章介绍一致性阈值的概念，以比较这个分数。

使用以下两种 pof( ) 命令可以获得相同的结果，需要设定关系参数为 "sufficiency"，或 "suf"：

```
pof("DEV", "SURV", data = LC, relation = "sufficiency")
```

或者，

```
pof("DEV => SURV", data = LC)
```

```
        inclS  PRI   covS  covU
-----------------------------------
1 DEV  0.800  0.800  1.000   -
-----------------------------------
```

在第二个 pof( ) 命令中，右箭头符号足以表示充分性关系，因此参数 relation ="sufficiency" 变得多余。多值数据的计算同样简单，将 2×2 交叉表扩展为具有多列的表（见表 6-3）。

在这里，可以更清楚地看到，X 的每个值在 Y 中都有自己的一致性，就好像 X 中的每个值都是一

表 6-3 多值集充分性交叉表

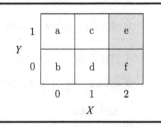

个单独的集合，带有一个附加的约束：每个值对应的集合之间是相互排斥的。

$$inclS_{X\{v\}\Rightarrow Y} = \frac{X\{v\}\bigcap Y}{X\{v\}} \qquad （6-2）^{\ominus}$$

将式（6-2）中的 v 替换为值 2，正如在表 6-3 中突出显示的那样，重点位于 X 取值为 2 的最后一列，具体为单元格 e（交集处）和单元格 f，则公式变为：

$$inclS_{X\{2\}\Rightarrow Y} = \frac{e}{e+f}$$

举一个简单的例子。首先，加载多值集合数据（如果尚未加载）；接着，一致性由第 2 行代码给出：

```
data(LM)
with(LM, sum(DEV == 2 & SURV) / sum(DEV == 2))
```

```
 [1] 1
```

DEV 中的值 2 对于 SURV 的充分性达到完全一致性（一致性为 1），表明它足以导致 SURV，这意味着很可能在最终的最小化解中产生这个解。通过使用以下方法对多值数据集进行子集化，可以进一步检查此一致性：

⊖ 此处原文有误，原文式（6-2）中分母为 X。——译者注

```
LM[LM$DEV == 2, c(1, 6)]

   DEV SURV
BE   2   1
FR   2   1
NL   2   1
SE   2   1
UK   2   1
```

所有民主生存（SURV）国家的发展水平（DEV）的值等于 2，因此，一致性是完全的。使用拟合参数函数 pof( ) 可以得出相同的结论：

```
pof("DEV{2} => SURV", data = LM)

          inclS  PRI   covS  covU
----------------------------------------
1 DEV{2}  1.000  1.000  0.625  -
----------------------------------------
```

与 DEV 值为 1 时的情况相比，会发现得到的结果并不相似：

```
LM[LM$DEV == 1, c(1, 6)]

   DEV SURV
AU   1   0
CZ   1   1
FI   1   1
DE   1   0
IE   1   1
```

在 5 个发展水平为 1 的国家中，只有 3 个存在民主，这意味着 DEV {1} 不是产生 SURV 的充分条件，其一致性分数为 0.6，属于较低的水平：

```
pof("DEV{1} => SURV", data = LM)

          inclS  PRI   covS  covU
----------------------------------------
1 DEV{1}  0.600  0.600  0.375  -
----------------------------------------
```

模糊集的公式只是计算起来有些困难。与必要性类似，模糊集中不能用交叉表计算单元格中的案例频率，但计算模糊集隶属度的公式保持不变：对模糊交集（X 和 Y 之间每对值的最小值）求和，并除以 X 中所有值的总和。计算得出的分数反映了 X 隶属于 Y 的程度（X 对 Y 的一致性）。

$$inclS_{X \Rightarrow Y} = \frac{\sum \min(X, Y)}{\sum X} \qquad (6\text{-}3)$$

使用模糊集数据：

```
# load the data if not previously loaded
data(LF)
```

```
# then
with(LF, sum(fuzzyand(DEV, SURV)) / sum(DEV))
```

```
[1] 0.7746171
```

使用函数 pof( ) 可以获得相同的一致性（保留三位小数）：

```
pof("DEV => SURV", data = LF)
```

```
        inclS  PRI   covS  covU
----------------------------------
1 DEV   0.775  0.743  0.831   -
----------------------------------
```

与必要性关系相似，同时子集关系也出现在充分性关系中。前因条件对结果集合的非集的一致性并不是对结果集合一致性的补集。如果 DEV 隶属于 SURV 的一致性是 0.775，那么我们可能会期望 DEV 隶属于 ~SURV 的一致性是 0.225，但实际值却是 0.334：

```
pof("DEV => ~SURV", data = LF)
```

```
        inclS  PRI   covS  covU
----------------------------------
1 DEV   0.334  0.241  0.322   -
----------------------------------
```

6.3 PRI 分数

为了进一步分析同时子集关系的相关问题，我们将对表 5-4 进行重新检验。将子集关系反转，即将集合 X 中的值与集合 Y 中的值互换：

```
X <- c(0.2, 0.4, 0.45, 0.5, 0.6)
Y <- c(0.3, 0.5, 0.55, 0.6, 0.7)
```

现在，由于 X 中的所有元素都小于 Y 中的相应元素，我们期望 X 在 Y 中的充分性完全一致，即一致性等于 1（完全隶属）：

```
pof(X, Y, relation = "sufficiency") # "suf" is also accepted
```

```
      inclS  PRI   covS  covU
----------------------------------
1 X   1.000  1.000  0.811   -
----------------------------------
```

不出所料，一致性达到最大值，那么我们应该会期望 X 在 ~Y 中一致性非常低，甚至等于零。然而事实证明，X 在 ~Y 中的一致性也非常高：

```
pof(X, 1 - Y, relation = "sufficiency")

       inclS  PRI    covS   covU
------------------------------------
1  X   0.814  0.000  0.745   -
------------------------------------
```

这是同时子集关系的典型例子。X 对于 Y 和 $\sim Y$ 都显示出充分性，这是一个逻辑矛盾。因为逻辑上 X 不能对两者都是充分的，所以必须决定并宣布 X 到底对哪一个是充分的。

这就是 PRI 测度发挥作用的地方，它在充分性关系中拟合参数函数 pof( ) 的输出中可以找到。PRI 表示不一致性比例减少（proportional reduction in inconsistency），由 Ragin（2006）在 fsQCA 软件中引入，Schneider 和 Wagemann（2012）进行了进一步解释。在 QCA 包中，计算公式如下：

$$PRI = \frac{\sum \min(X,Y) - \sum \min(X,Y,\sim Y)}{\sum X \quad - \sum \min(X,Y,\sim Y)} \tag{6-4}$$

式（6-4）是式（6-3）的扩展。式（6-3）等号右侧的内容与式（6-4）等号右侧第一项的内容完全相同，式（6-3）等号右侧的分子和分母都减去 X、Y 和 $\sim Y$ 的交集，以在公式中考虑结果存在及结果存在的非集。当出现同时子集关系时，必须决定并宣布 X 到底对 Y 还是 $\sim Y$ 中的哪一个是充分的。该决定取决于 PRI 分数，取决于一致性分数与 PRI 分数更高的那一个。

在我们的例子中，在结果存在的充分性关系中，PRI 分数等于最大值 1。对于结果存在的非集，PRI 分数为 0。因此可以得出结论：X 对 Y 来说是充分的，并拒绝 X 对 $\sim Y$ 来说是充分的这一说法。

Schneider 和 Wagemann（2012）解释道，在 X 与 Y 或 $\sim Y$ 的至少一个关系中，存在至少一个逻辑上矛盾的案例时，会出现同时子集关系。在上面的例子中，X 是 Y 的完全子集，因此逻辑上矛盾的案例只能出现在 X 与 $\sim Y$ 的充分性关系中（见图 6-5）。

```
XYplot(X, 1 - Y, relation = "sufficiency")
```

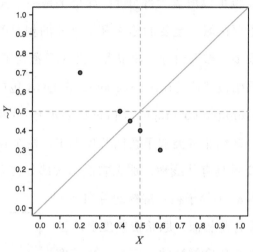

图 6-5 X 与 $\sim Y$ 的充分性关系

实际上，在 XY 图的右下部分，即一致性类别异常案例的识别区域中，存在一个案例。谨慎观察充分性一致性分数（对于结果存在及结果存在的非集），结合对 XY 图的分析以识别异常案例，并对异常案例进行更深入的分析，这是决定某一前因条件或前因条件组合可以进入最小化过程之前的一个重要的初始步骤，第 8 章将对此做详细说明。

6.4 覆盖度：原始和唯一

不同于必要性覆盖度是前因条件对于结果的无关紧要程度的度量，在充分性关系中，覆盖度被用作计算前因条件解释整个结果的程度。熟悉标准统计测量的读者可能也熟悉基于回归的测量 R^2，它报告了某个回归模型对因变量的变化进行了多大程度的解释。

显然，QCA 与统计和变量无关，但整体解释非常相似。对充分性关系来说，集合 X 覆盖 Y 的范围越大，X 对 Y 来说就越重要。极端地说，当集合 X 完全覆盖 Y 时，那么它不仅是充分的，而且是必要的。如果 X 扩展至超过了整个 Y，那么它仍然是必要的，但它将不再充分。因为对一个有效的充分性关系来说，X

需要是 Y 的一个子集。高覆盖度并不一定意味着 X 需要很大。当 Y 是一个小集合时，即使是小的 X 也可以覆盖大部分 Y。如果 Y 是一个大集合，那么 X 需要很大才能覆盖 Y 的重要区域。重要的是 X 和 Y 之间的相对差异：如果相对差异很小，则 X 覆盖 Y 很多，如果相对差异很大，则 X 只覆盖了 Y 的一小部分。

这种覆盖称为原始覆盖度（raw coverage，在 QCA 包中用 covS 表示），以区别于唯一覆盖度（unique coverage，用 covU 表示），后者指特定集合唯一覆盖 Y 的程度。同样，这也非常类似于在回归模型中，两个自变量单独解释因变量的 R^2。但如果自变量具有共线性，那么它们的大部分独立解释都会重叠，而整个回归模型的整体 R^2 不等于独立解释的总和。

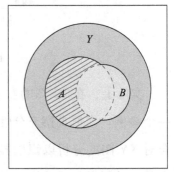

这与充分性关系有些相似，原始覆盖度显示了结果 Y 有多少是由某个集合解释的，而唯一覆盖度显示了有多少解释是由某个集合唯一解释的，而不是由其他集合共同解释的（见图 6-6）。

图 6-6 显示了两个充分的表达式 A 和 B，它们共同覆盖了 Y 的某个区域，这是集合 A 和 B 并集的原始覆盖（表达式为 $A + B$）。在总覆盖范围内，两个集合都覆盖了很好的一部分。在斜线区域中显示

图 6-6　唯一覆盖度

了由 A 唯一覆盖的 Y 区域，这被称为 A 的唯一覆盖度，它可以通过从 A 的整个（原始）覆盖度中减去交集 $A \cdot B$ 的覆盖度来计算得到：

$$\mathrm{cov}U_{A \Rightarrow Y} = \mathrm{cov}S_{A \Rightarrow Y} - \mathrm{cov}S_{A \cdot B \Rightarrow Y}$$

由于充分性的覆盖度与必要性的一致性的计算公式相同，因此 A 的唯一覆盖度可以这样计算：

$$\mathrm{cov}U_{A \to Y} = \frac{\sum \min(Y, A)}{\sum Y} - \frac{\sum \min(Y, A, B)}{\sum Y}$$

在这里，B 也可以被认为是其他单个集合的组合。例如，如果我们有任意数量的集合 A、B、C 等，则 A 的唯一覆盖度的通用公式是 A 的原始覆盖度减去 Y、A 以及其他集合 B、C 等并集的交集的覆盖度：

$$\mathrm{cov}U_{A\Rightarrow Y} = \frac{\sum \min(Y, A)}{\sum Y} - \frac{\sum \min(Y, A, \max(B, C, \ldots))}{\sum Y} \qquad （6\text{-}5）$$

容易忽略的是，原始和唯一覆盖度不仅适用于单个（原子）集合，而且适用于任何类型的充分表达式。任何一种 SOP 表达式都可以解释为一个集合，在结果集合 Y 中有一定的覆盖范围。

换句话说，集合并不总是原子的（由单个条件的元素组成）。条件的合取或析取也是一个集合，多个合取和析取的更复杂的表达式也是一个集合。无论表达式有多复杂，如果存在充分性关系，那么前因条件集合在结果集合中就有一个覆盖度。

第 **7** 章

真值表

7.1 概述

真值表是进行最小化分析的主要工具，它起源于工程领域，Charles Ragin 将其应用于社会科学领域。众所周知，电气工程程序是由 Shannon（1940）在麻省理工学院开发的，此前他在密歇根大学学习期间曾参与过 George Boole 的工作。然而鲜为人知的是，美国社会学家 Lazarsfeld（1937）更早地提出了极其相似的理论。他提出了"特征空间"（attribute space）的概念，后来发展为今天研究者们所熟知的"属性空间"（property space）这一概念。

Lazarsfeld 提出了一种基于类型学的社会研究方法，该方法将观察到的属性或特征的各种组合的经验信息进行排列。在他 1937 年发表的论文的第 10 页中，他以表格的方式展示了 3 个二元属性的 8 种组合，用于研究歧视问题：拥有（+）或不拥有（−）大学学位，是白人（+）或有色人种（−），是土生土长的美国人（+）或在美国出生的其他族裔（−）。

表 7-1 相当于一个行被转置了的真值表。Lazarsfeld 提出真值表是对多个属性（QCA 中的条件）的正则交叉表（regular crosstable）的推广，但对初学者来说可能并不容易观察到这一点。

表 7-1 Lazarsfeld 的特征空间

组合号码	大学学位	白人	土生土长的美国人
1	+	+	+
2	+	+	−
3	+	−	+
4	+	−	−
5	−	+	+
6	−	+	−
7	−	−	+
8	−	−	−

选择 2 个条件，并限制每个条件只有两个值，就能轻松地构造出交叉表及其真值表。表 7-2 显示了这样的示例，左侧是熟悉的 2×2 交叉表，右侧是真值表。

表 7-2 2 个条件的交叉表（左）和真值表（右）

	X=0	X=1
Y=1	a	c
Y=0	b	d

X	Y	
0	0	b
0	1	a
1	0	d
1	1	c

左右两部分唯一的区别是组合的排列方式不同。在交叉表中，组合按照交叉模式排列，而在真值表中，组合按行排列。

3 个条件的交叉表更加复杂，如表 7-3 所示。但真值表看起来与表 7-2 中的真值表同样简单。

表 7-3 3 个条件的交叉表（左）和真值表（右）

		X=0		X=1	
	Y	0	1	0	1
Z=1		a	c	e	g
Z=0		b	d	f	h

X	Y	Z	
0	0	0	b
0	0	1	a
0	1	0	d
0	1	1	c
1	0	0	f
1	0	1	e
1	1	0	h
1	1	1	g

在 4 个乃至 5 个条件的情况下，交叉表会变得更加复杂。当条件数量不多时，交叉表是有用的，而当条件变得非常复杂时，交叉表就失去了它的实用性。

但就真值表而言，无论条件数量有多少，看起来都同样简单。随着每个新条件的出现，真值表的行数就会乘以 2。

因此，真值表的结构是具有 k 列的矩阵，其中 k 是条件的数量。行的数量通常为 2^k。在上面的例子中，3 个条件就有 $2^3=8$ 行。这是部分正确的，因为它只适用于二元清晰集。

用于表示二元和多值清晰集行数的公式为从 1 到 k 每个条件的水平数 l（等效值，类别）的乘积：

$$\prod_{i=1}^{k} l_k = l_1 \times l_2 \times \cdots \times l_k \tag{7-1}$$

顺便说明，$2^3 = 2 \times 2 \times 2 = 8$。但如果其中一个条件具有 3 个值水平而不是两个，则真值表的结构变为：

```
createMatrix(noflevels = c(3, 2, 2))

      [,1] [,2] [,3]
 [1,]   0    0    0
 [2,]   0    0    1
 [3,]   0    1    0
 [4,]   0    1    1
 [5,]   1    0    0
 [6,]   1    0    1
 [7,]   1    1    0
 [8,]   1    1    1
 [9,]   2    0    0
[10,]   2    0    1
[11,]   2    1    0
[12,]   2    1    1
```

在上面的命令中，参数 noflevels 指的是 3 个条件各自的水平数，行数不是 8，而是 $3 \times 2 \times 2 = 12$。式（7-1）以及上面的函数 createMatrix( ) 展示了在给定条件数量 k 及其水平数量的情况下所有可能的组合，描述了 Lazarsfeld 提到的整个属性空间。

下一步是将案例分配到相应的真值表行。这类似于构造一个频数表，因为输入数据的校准值与真值表的组合结构相同。

Lipset 数据的二元清晰集是一个很好的例子，观察前 6 行：

```
data(LC) # if not already loaded
head(LC)
```

```
    DEV URB LIT IND STB SURV
AU   1   0   1   1   0   0
BE   1   1   1   1   1   1
CZ   1   1   1   1   1   1
EE   0   0   1   0   1   0
FI   1   0   1   0   1   1
FR   1   0   1   1   1   1
```

通常，有多个案例会显示相同的组态（configuration）。比如，在 Lipset 数据中的案例 BE 和 CZ，在所有前因条件下都是正值，甚至在结果 SURV 下的值也相同。这两种案例分配到了同一真值表组态 11111，因此组态 11111 最少有两个案例：

```
truthTable(LC, outcome = "SURV", complete = TRUE, show.cases = TRUE)
```

```
  OUT: output value
    n: number of cases in configuration
 incl: sufficiency inclusion score
  PRI: proportional reduction in inconsistency

    DEV URB LIT IND STB  OUT   n  incl  PRI   cases
1    0   0   0   0   0    0    3  0.000 0.000 GR,PT,ES
2    0   0   0   0   1    0    2  0.000 0.000 IT,RO
3    0   0   0   1   0    ?    0   -     -
4    0   0   0   1   1    ?    0   -     -
5    0   0   1   0   0    0    2  0.000 0.000 HU,PL
6    0   0   1   0   1    0    1  0.000 0.000 EE
7    0   0   1   1   0    ?    0   -     -
8    0   0   1   1   1    ?    0   -     -
9    0   1   0   0   0    ?    0   -     -
10   0   1   0   0   1    ?    0   -     -
11   0   1   0   1   0    ?    0   -     -
12   0   1   0   1   1    ?    0   -     -
13   0   1   1   0   0    ?    0   -     -
14   0   1   1   0   1    ?    0   -     -
15   0   1   1   1   0    ?    0   -     -
16   0   1   1   1   1    ?    0   -     -
17   1   0   0   0   0    ?    0   -     -
18   1   0   0   0   1    ?    0   -     -
19   1   0   0   1   0    ?    0   -     -
20   1   0   0   1   1    ?    0   -     -
21   1   0   1   0   0    ?    0   -     -
22   1   0   1   0   1    1    2  1.000 1.000 FI,IE
23   1   0   1   1   0    0    1  0.000 0.000 AU
24   1   0   1   1   1    1    2  1.000 1.000 FR,SE
25   1   1   0   0   0    ?    0   -     -
26   1   1   0   0   1    ?    0   -     -
27   1   1   0   1   0    ?    0   -     -
28   1   1   0   1   1    ?    0   -     -
29   1   1   1   0   0    ?    0   -     -
30   1   1   1   0   1    ?    0   -     -
31   1   1   1   1   0    0    1  0.000 0.000 DE
32   1   1   1   1   1    1    4  1.000 1.000 BE,CZ,NL,UK
```

实际上，有 4 个案例符合这个特定的组态（真值表的最后一行），分别是 BE、CZ、NL 和 UK。所以，在真值表中这个组态的 n 值为 4。

其他两列——incl（一致性分数）和 PRI 分数也是不言而喻的。清晰集的一致性显示了案例在给定的前因组态中有多么一致，一致性分数与结果 SURV 呈现了相同的值。在上述真值表中，所有观察到的组态都是完全一致的，并且当一致性分数为 1 时，列 OUT 赋值为 1，否则为 0。

过去，在模糊集还没有被引入时，当同一组态的结果值不同时，该组态将变成矛盾组态。现在的方法是，如果一致性分数大于等于给定的一致性阈值，那么列 OUT 赋值为 1，这在处理模糊集时更加明了。同样的方法也适用于 PRI 分数，在清晰集中它总是等于一致性分数，但在模糊集中，它将发挥更大的作用。

7.2 命令行和 GUI 对话框

接下来，我们将对书面命令、参数以及输出结果进行解释。首先要注意的是如果参数 conditions 没有指定，那么数据集中除了指定的结果之外的所有列都自动被认为是前因条件。同样的输出结果可以由下面的等效命令产生：

```
truthTable(LC, outcome = "SURV", conditions = "DEV, URB, LIT, IND, STB",
    complete = TRUE, show.cases = TRUE)
```

完整的函数 truthTable( ) 还包含很多其他的参数，比如 incl.cut、n.cut、sort.by、use.letters 和 inf.test，本章将对它们进行描述。目前，要牢记的一点是，不明确指定某个参数并不意味着它们对结果没有影响，相反，如果没有特别指定，这些参数会自动使用默认值。

在讨论其余参数之前，必须记住 QCA 包中具有一些重要函数的相应的图形用户界面，其中就包括创建真值表。启动图形用户界面（详见 2.4.2 节）后，通过选择相应的菜单打开对话框

Analyse/Truth table

图 7-1 是对先前生成真值表的命令的精确匹配：

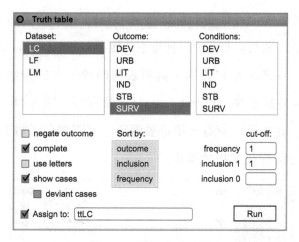

图 7-1　真值表对话框

- 在 Dataset 中选择 LC，它是 Lipset 数据的二元清晰集版本。

- 在 Outcome 中选择列 SURV。

- 在 Conditions 中没有选择列（因为除 SURV 之外，其余都被默认为前因条件）。

- 选中 complete 和 show cases 复选框。

另外，为真值表分配对象 ttLC，否则真值表只会被呈现在屏幕上，不会被保存。在图形用户界面中，为真值表分配对象还有一个额外的作用，稍后进行介绍。

勾选 complete 这个参数选项框不是强制的，在这里我们出于演示的目的选择 complete 以创建包含所有可能组态的真值表。从 7.1 节中最后的输出结果中可以看到，真值表中列 n 的值很多都是 0，与之对应的列 OUT 则被标记为问号。这些组态在 QCA 中被称作逻辑余项，当其包含在最小化过程中时，它们就变成了反事实。

对话框的中间部分显示有 3 种方式对真值表进行排序：根据列 OUT 中的输出结果、列 incl 中的一致性分数以及列 n 中的案例数量（频数）。所有这些排序都属于书面命令中参数 sort.by 的功能。

默认情况下不进行排序，真值表按照组态的自然顺序，从条件全部缺乏（第

1 行是 00000）到条件全部存在（第 32 行是 11111）排列。激活其中任何一个框
（通过在界面中单击）就可以打开另一种排序功能：以递减（默认）或递增顺序排序。

图 7-2 显示了在图形用户界面中真值表的两种不同的排序方式。左侧通过
inclusion（默认为递减顺序）和 frequency（递增顺序，因为 Decr. 下复选框未被
选中）进行排序。在右侧，所有选项都被激活。该图演示了将 frequency 选项拖
到列表顶部以建立排序优先级的操作。

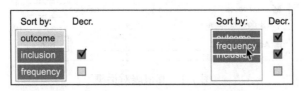

图 7-2　真值表的不同排序

取消选中 complete 复选框这一操作将在命令构造器对话框中可见：

```
truthTable(LC, outcome = "SURV", show.cases = TRUE, sort.by = "incl, n+")
```

```
  OUT: output value
    n: number of cases in configuration
 incl: sufficiency inclusion score
  PRI: proportional reduction in inconsistency

    DEV URB LIT IND STB   OUT   n  incl  PRI   cases
22    1   0   1   0   1     1   2 1.000 1.000 FI,IE
24    1   0   1   1   1     1   2 1.000 1.000 FR,SE
32    1   1   1   1   1     1   4 1.000 1.000 BE,CZ,NL,UK
 6    0   0   1   0   1     0   1 0.000 0.000 EE
23    1   0   1   1   0     0   1 0.000 0.000 AU
31    1   1   1   1   0     0   1 0.000 0.000 DE
 2    0   0   0   0   1     0   2 0.000 0.000 IT,RO
 5    0   0   1   0   0     0   2 0.000 0.000 HU,PL
 1    0   0   0   0   0     0   3 0.000 0.000 GR,PT,ES
```

按照上述标准对真值表进行排序，行号反映了这种变化：第 1 行变为 22 号，
是第一个对应 incl 值为 1、OUT 值为 1 的组态。

图形用户界面只提供了 3 种排序方式，但是书面命令更加灵活，它允许使
用任何真值表列（包括前因条件）进行排序。参数 sort.by 接受使用逗号分隔的
字符串，并通过在特定列后添加符号“+”表示递增排序。

过去有一个额外的名为 decreasing 的逻辑参数，可应用于所有的排序。随
着参数 sort.by 的出现，这个参数已经过时了。在上面的例子中，`"incl,n+"`

表示先通过 incl 排序（默认为递减顺序），然后以递增顺序对频数进行排序。

7.3　从模糊集到清晰集真值表

为了更好地解释一致性和频数阈值，现在用模糊集数据构建真值表。在清晰集中，案例可以被分配到相应的真值表行中。而对模糊集来说，这并不容易。因为模糊集分数不等于 0 或 1，而是介于 0 和 1 之间，这意味着一个案例在真值表所有组态中都具有部分隶属关系。

Ragin（2000）将模糊集定义为一个多维向量空间，它有许多角，角的数量等于 2^k，其中多维向量空间的每个角都表示唯一的前因条件组态。角的数量 2^k 在这里是确定的，因为模糊集没有多个水平（或类别），类似于只有数字 0（完全不隶属）和 1（完全隶属）两个极限值表示的二元清晰集。

第 8 章将介绍逻辑最小化的一些概念。由于最小化算法不能使用模糊集分数，因此需要将模糊集分数转换为清晰集分数，以便在真值表中将案例分配到对应的组态中。

基本上，不存在"纯"模糊集最小化过程（对于多维，存在模糊集分数的无限可能组合），因此模糊集需要在最小化之前被转换为清晰集真值表。这个过程需要对不同列联表和类型构建之间的关系进行更深入的解释。最简单的例子是一个 2×2 共 4 个角的列联表。模糊集是连续的，正方形的向量空间也是连续的，并且案例在这个空间中的任何位置都有模糊坐标。

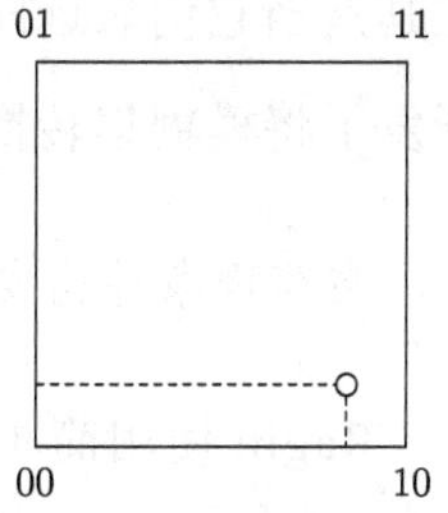

尽管向量空间是连续的，但角是清晰的，它们定义了两个条件下存在 / 缺乏共 $2^2 = 4$ 个可能的组态。模糊坐标决定了某个点（案例）有多靠近 4 个角中的某个角。在图 7-3 中，可以非常清楚地看到该点最接近拐角 "10" ⊖。但是当坐标越接近向量空间的中心时，就越难决定将案例分配在哪一个组态中。

图 7-3　二维向量空间

每个条件都对应一个几何维度，这定义了向量空间的形状。一个条件对应

⊖　原文为 01，我们根据图 7-3 修改为 10。——译者注

包含两个端点的一条线，两个条件对应包含四个角的笛卡儿方形，三个条件对应的是包含三个维度共八个角的空间（见图7-4）。所有维度都假定两两正交，用于测量独立的、不同的属性。

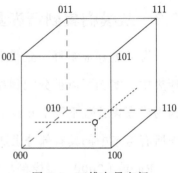

图 7-4　三维向量空间

模糊集几乎不会恰好完美地对应某一个向量空间角，但向量空间的坐标会趋向于某个角，类似于韦伯的"理想类型"（ideal-type）的概念：在现实世界中，没有一种科学理论能解释某种现象的所有表现形式的全部多样性，因此，需要抽象出某种工具，这种工具不能完美地匹配每一种可能的真实情况，但它可以足够地接近，以确定观察到的表现形式和给定的理论模型相似。

理想类型就是这样一种抽象的模型，虽然它无法直接测量，但它在现实世界中的表现形式可以通过各种行为指标来观察。复杂的社会现实只不过是一种未被观察到的理想类型的表现形式，这是一个重要的特征，它可以将无限的表现形式的集合划分为有限的理想类型的集合，即多维向量空间的角（Lazarsfeld的属性空间）。这样，一个非常复杂的社会现实就可以在向量空间的某个角的附近被找到。

尽管看起来合乎逻辑，但这个操作并不简单，因为案例可能相似于多个角，尤其是当它们靠近向量空间的中心时。Ragin（2005，2008b）基于以下基本特征，开发了将模糊集转换为清晰集真值表的转换技术：

在前因条件构成的组态中，每个案例在不同组态中只有一个隶属度大于0.5。

Ragin使用简单的数据集演示了该过程，该数据集可以在QCA包中找到，还附带一个专门的帮助文件来描述每一列。其中，结果是W（弱阶级投票），前因条件分别是：A（富裕国家）、I（收入不平等的严重程度）、M（较高的制造业员工比例）以及U（工会强大的国家）。

```
data(NF)
NF
```

```
         A   I   M   U   W
AU  0.9 0.7 0.3 0.7 0.7
BE  0.7 0.1 0.1 0.9 0.7
DK  0.7 0.3 0.1 0.9 0.1
FR  0.7 0.9 0.1 0.1 0.9
DE  0.7 0.9 0.3 0.3 0.6
IE  0.1 0.7 0.9 0.7 0.9
IT  0.3 0.9 0.1 0.7 0.6
NL  0.7 0.3 0.1 0.3 0.9
NO  0.7 0.3 0.7 0.9 0.1
SE  0.9 0.3 0.9 1.0 0.0
UK  0.7 0.7 0.9 0.7 0.3
US  1.0 0.9 0.3 0.1 1.0
```

特定的模糊集分数使得每个案例的坐标都接近多个角，但只有一个角是最接近的。案例在每个角都有隶属分数。Ragin 观察到同一案例只在一个角的隶属分数大于 0.5，前提是没有模糊集分数正好等于 0.5（最大模糊性）。在校准阶段特别重要的是，要确保没有隶属分数等于 0.5，否则该模糊集就不可能转换为清晰集真值表。

该过程的第一步是创建一个矩阵，在行上是所有的案例，在列上是真值表所有可能的组态。下一步是计算每个案例在每个真值表组态上的隶属度，以确定真值表行中哪一行的隶属度高于 0.5。真值表中有 2^4=16 个可能的组态，相应地，矩阵中的列数也应该一样多。

由于空间限制，列由真值表中相应的行号标记，其中数字 1 表示 0000，数字 2 表示 0001，数字 3 表示 0010，以此类推。

在真值表中计算隶属度是非常简单的，例如真值表中的第一个组态（表 7-4 中的第 1 列）是 0000，或者表示为 ~A · ~I · ~M · ~U。

表 7-4 Ragin 矩阵

	1	2	3	4	5	6	7	8	9	10	11	12	13	14	15	16
AU	0.1	0.1	0.1	0.1	0.1	0.1	0.1	0.1	0.3	0.3	0.3	0.3	0.3	**0.7**	0.3	0.3
BE	0.1	0.3	0.1	0.1	0.1	0.1	0.1	0.1	0.1	**0.7**	0.1	0.1	0.1	0.1	0.1	0.1
DK	0.1	0.3	0.1	0.1	0.1	0.3	0.1	0.1	0.1	**0.7**	0.1	0.1	0.1	0.3	0.1	0.1
FR	0.1	0.1	0.1	0.1	0.3	0.1	0.1	0.1	0.1	0.1	0.1	0.1	**0.7**	0.1	0.1	0.1
DE	0.1	0.1	0.1	0.1	0.3	0.3	0.3	0.3	0.1	0.1	0.1	0.1	**0.7**	0.3	0.3	0.3
IE	0.1	0.1	0.3	0.3	0.1	0.1	0.1	**0.7**	0.1	0.1	0.1	0.1	0.1	0.1	0.1	0.1
IT	0.1	0.1	0.1	0.1	0.3	**0.7**	0.1	0.1	0.1	0.1	0.1	0.1	0.3	0.3	0.1	0.1
NL	0.3	0.3	0.1	0.1	0.3	0.3	0.1	0.1	**0.7**	0.3	0.1	0.1	0.3	0.3	0.1	0.1
NO	0.1	0.3	0.1	0.3	0.1	0.3	0.1	0.3	0.1	0.3	0.1	**0.7**	0.1	0.3	0.1	0.3
SE	0.0	0.1	0.0	0.1	0.0	0.1	0.0	0.1	0.0	0.1	0.0	**0.7**	0.0	0.1	0.0	0.3
UK	0.1	0.1	0.3	0.3	0.1	0.1	0.3	0.3	0.1	0.1	0.3	0.3	0.1	0.1	0.3	**0.7**
US	0.0	0.0	0.0	0.0	0.0	0.0	0.0	0.0	0.1	0.1	0.1	0.1	**0.7**	0.1	0.3	0.1

第一个国家（奥地利）的模糊集分数为：

```
NF[1, 1:4]  # the same can be produced with NF["AU", 1:4]

      A   I   M   U
AU  0.9 0.7 0.3 0.7
```

计算其在真值表第一个组态中的隶属度（应该等于0.1）涉及对每个分数进行非集运算，然后取最小值。可以使用熟悉的交集函数 fuzzyand( )，或者更简单的方法：

```
compute("~A~I~M~U", data = NF[1, ])

[1] 0.1
```

奥地利只在真值表第14个组态（即1101）上隶属度大于0.5。在计算这个组态的交集时，对第三个条件M进行非集运算：

```
compute("AI~MU", data = NF[1, ])

[1] 0.7
```

Ragin计算案例在真值表所有组态上的隶属度的过程看起来既简单又直观。但是，当模型中的条件越多，计算就会变得越困难。这是因为真值表中的行数是以2为底的幂次方，即使强大的计算机也很容易达到计算极限。

每新增加一个条件，所需的内存就会增长两倍以上（真值表不仅在行上增长，而且在列上也增长），计算变得非常缓慢，并且很容易卡顿。但是观察表7-4，显然不是所有列都有大于0.5的隶属度。特别是对于更大的真值表，很多组态会由于有限的多样性问题而缺乏任何经验信息。

在10个条件下，真值表有 $2^{10}=1\,024$ 行，其中超过1 000行是空的（没有观察到的案例的经验信息）。对于20个条件，则有超过100万行是空的，它们不仅占用大量的内存，而且需要消耗大量无意义的计算时间。

如果注意到一个案例只有在一个组态中的隶属度高于0.5，那么Ragin设计的程序就可以得到很大的改进。

一个简单的二分法就可以找到每个案例对应的隶属度大于0.5的组态：

```
ttrows <- apply(NF[, 1:4], 2, function(x) as.numeric(x > 0.5))
rownames(ttrows) <- rownames(NF)
ttrows
```

```
       A I M U
AU  1 1 0 1
BE  1 0 0 1
DK  1 0 0 1
FR  1 1 0 0
DE  1 1 0 0
IE  0 1 1 1
IT  0 1 0 1
NL  1 0 0 0
NO  1 0 1 1
SE  1 0 1 1
UK  1 1 1 1
US  1 1 0 0
```

这些是真值表中案例隶属度高于 0.5 的组态。下面的代码使用矩阵乘法运算符"%*%"将二进制转换为十进制表示法:

```
drop(ttrows %*% c(8, 4, 2, 1)) + 1
```

```
AU BE DK FR DE IE IT NL NO SE UK US
14 10 10 13 13  8  6  9 12 12 16 13
```

Ragin（2008b, p.138）警告我们不要使用模糊集的机械二分法。虽然二分法不能用来将模糊集数据转换成清晰集数据,但是它可以用于快速识别案例所属的组态,从而显著提高效率。

如果不验证真值表中所有的组态,Ragin 设计的程序就会变得非常快,并且可以生成有任意数量条件的真值表,包括拟合参数,这在他最初的版本中是不可能的。

7.4 计算一致性分数

真值表中的每个组态都有针对结果的一致性分数。表 7-4 显示了所有的 16 个组态,每个组态与案例、结果相对应。

结果中某个组态的一致性分数可以使用式（6-3）计算,其中 X 被替换为案例在特定组态（表 7-4 中的列）中的隶属分数。NF 数据的真值表如下:

```
ttNF <- truthTable(NF, outcome = "W", incl.cut = 0.8, show.cases = TRUE)
ttNF
```

```
 OUT: output value
   n: number of cases in configuration
incl: sufficiency inclusion score
 PRI: proportional reduction in inconsistency

   A I M U    OUT   n incl  PRI   cases
6  0 1 0 1     0    1 0.760 0.400 IT
8  0 1 1 1     1    1 0.870 0.667 IE
```

```
 9  1  0  0  0     1     1  1.000 1.000 NL
10  1  0  0  1     0     2  0.700 0.438 BE,DK
12  1  0  1  1     0     2  0.536 0.071 NO,SE
13  1  1  0  0     1     3  0.971 0.944 FR,DE,US
14  1  1  0  1     1     1  0.821 0.583 AU
16  1  1  1  1     0     1  0.654 0.100 UK
```

屏幕上显示的只是由函数 truthTable( ) 生成的对象所包含的全部信息的一小部分。这本质上是一个包含很多其他组件的列表对象，如 minmat 就是其中一个有用的组件。

```
ttNF$minmat
```

```
       6    8    9   10   12   13   14   16
AU  0.1  0.1  0.3  0.3  0.3  0.3  0.7  0.3
BE  0.1  0.1  0.1  0.7  0.1  0.1  0.1  0.1
DK  0.3  0.1  0.1  0.7  0.1  0.1  0.3  0.1
FR  0.1  0.1  0.1  0.1  0.1  0.7  0.1  0.1
DE  0.3  0.3  0.1  0.1  0.1  0.7  0.3  0.3
IE  0.1  0.7  0.1  0.1  0.1  0.1  0.1  0.1
IT  0.7  0.1  0.1  0.1  0.1  0.3  0.3  0.1
NL  0.3  0.1  0.7  0.3  0.1  0.3  0.3  0.1
NO  0.3  0.3  0.1  0.3  0.7  0.1  0.3  0.3
SE  0.1  0.1  0.0  0.1  0.7  0.0  0.1  0.3
UK  0.1  0.1  0.1  0.1  0.3  0.1  0.1  0.7
US  0.0  0.0  0.1  0.1  0.1  0.7  0.1  0.1
```

这与表 7-4 中的内容相同，其中列号对应于表 7-4 中经验观察到的真值表（见 7.1 节最后一个输出结果）中的行号，表示不同的组态。如前所述，矩阵表示所有案例在不同组态中的隶属度，并且隶属度可以用来计算这些组态的一致性。

为了进行演示，请看编号为 6 的列，即真值表中的第 1 行 0101。符号表示为 ~A·I·~M·U，也可以更简单地写为 "aImU"。

在表 7-5 中，组态 aImU 与结果 W 的交集的一致性分数之和是 1.9，而 aImU 的一致性分数合计为 2.5，它们之间的比值等于 0.76，也就是上述 NF 数据真值表中第 1 行的一致性分数。

表 7-5　计算组态 aImU 在结果 W 中的一致性分数

	aImU	W	min(aImU, W)
AU	0.1	0.7	0.1
BE	0.1	0.7	0.1
DK	0.3	0.1	0.1
FR	0.1	0.9	0.1
DE	0.3	0.6	0.3
IE	0.1	0.9	0.1
IT	0.7	0.6	0.6
NL	0.3	0.9	0.3
NO	0.3	0.1	0.1
SE	0.1	0.0	0.0
UK	0.1	0.3	0.1
US	0.0	1.0	0.0
	2.5		1.9

使用函数 pof( ) 也可以得到相同的值，命令如下：

```
pof("aImU => W", data = NF)
```

```
         inclS  PRI   covS  covU
       -----------------------------
 1  aImU  0.760 0.400 0.279   -
       -----------------------------
```

甚至还可以使用函数 fuzzyand( )：

```
aImU <- ttNF$minmat[, 1] # [, "6"] would also work
with(NF, sum(fuzzyand(aImU, W)) / sum(aImU))
```

```
 [1] 0.76
```

因此，minmat 组件不仅提供信息，而且可以识别一致性异常的案例（deviant cases consistency）：在组态中隶属分数大于 0.5，但在结果中隶属分数小于 0.5。

```
truthTable(NF, outcome = "W", incl.cut = 0.8, show.cases = TRUE,
          dcc = TRUE)

  OUT: output value
    n: number of cases in configuration
 incl: sufficiency inclusion score
  PRI: proportional reduction in inconsistency
  DCC: deviant cases consistency

    A I M U   OUT   n  incl PRI   DCC
 6  0 1 0 1    0    1  0.760 0.400
 8  0 1 1 1    1    1  0.870 0.667
 9  1 0 0 0    1    1  1.000 1.000
10  1 0 0 1    0    2  0.700 0.438  DK
12  1 0 1 1    0    2  0.536 0.071  NO,SE
13  1 1 0 0    1    3  0.971 0.944
14  1 1 0 1    1    1  0.821 0.583
16  1 1 1 1    0    1  0.654 0.100  UK
```

dcc 是一个新参数，是对参数 show.cases 的补充。它会显示真实逻辑余项（true logical remainders），并且只有在参数 show.cases 被激活时才会出现。

图形用户界面有一个名为 deviant cases 的复选框，只有在 show.cases 为 True 时才能激活该复选框。

7.5 输出值

当给定组态中所有案例的结果完全一致时，列 OUT 将直接获取来自数据的值。但当案例结果不完全一致时，一致性分数低于 1，这种情况就比较复杂了。在 csQCA 中，给定组态的多个案例具有不同的输出值是有问题的，因为 csQCA 要求有完全一致性。

当案例总数很小时，比如总共有 5 个案例，其中有 1 个矛盾案例，这个案例是有意义的。但当案例数量足够多时，就需要问两个问题：100 个案例中的 1 个矛盾案例的价值是什么？这个案例是否足以消除一个近乎完全（但不是完全）的一致性？

这种问题伴随着模糊集的出现而产生，标志着一致性阈值研究的开始。将实际的一致性分数与特定的阈值（由研究人员指定）进行比较，列 OUT 仅在实际的一致性分数高于阈值时才会被赋值为 1。即使不完全一致，一致性分数 0.91 仍然被认为是足够高的，因为它高于合理的阈值 0.9。[⊖]一致性分数低于该阈值的组态的列 OUT 赋值为 0。

在 Lipset 数据的模糊集版本中，真值表的组态都不具有完全的一致性分数。因此，为了至少有一个组态的结果能够赋值为 1，需要降低参数 incl.cut：

```
data(LF) # if not already loaded
truthTable(LF, outcome = "SURV", incl.cut = 0.8)

  OUT: output value
    n: number of cases in configuration
 incl: sufficiency inclusion score
  PRI: proportional reduction in inconsistency

    DEV URB LIT IND STB  OUT  n  incl  PRI
 1   0   0   0   0   0    0   3 0.216 0.000
 2   0   0   0   0   1    0   2 0.278 0.000
 5   0   0   1   0   0    0   2 0.521 0.113
 6   0   0   1   0   1    0   1 0.529 0.228
22   1   0   1   0   1    1   2 0.804 0.719
23   1   0   1   1   0    0   1 0.378 0.040
24   1   0   1   1   1    0   2 0.709 0.634
31   1   1   1   1   0    0   1 0.445 0.050
32   1   1   1   1   1    1   4 0.904 0.886
```

真值表的输出值与原始数据的结果并不是一回事。首先，原始数据的结果可能有模糊值，而真值表的输出值应该是二元的；其次，原始数据的结果是给定的，而真值表的输出值是计算赋值的，有时真值表的输出值与原始数据的结果相反。

⊖ 这里只是举例，一致性阈值根据研究领域来确定。——译者注

现在，用户已经可以使用参数 incl.cut 来计算所需的输出值：0 和 1。但以前在清晰集中，输出值还有另一种可能：矛盾。这种情况发生在证据既不足以产生输出值 1，也不能产生输出值 0 的时候。

为了解决这种情况，参数 incl.cut 设定了两个阈值，一致性分数大于第一个阈值时输出值赋值为 1，小于第二个阈值时赋值为 0。这种长度为 2 的数值向量具有 c(ic1, ic0) 的形式，其中 ic1 是决定将输出值赋值为 1 的一致性阈值，ic0 是决定将输出值赋值为 0 的一致性阈值。如果没有特别说明，ic0 的值等于 ic1 的值。

举个例子，让我们来看一下结果缺乏（~ SURV）的真值表。在图形用户界面中，复选框 negate outcome 有相同的效果。

```
truthTable(LF, outcome = "~SURV", incl.cut = 0.8)

  OUT: output value
    n: number of cases in configuration
 incl: sufficiency inclusion score
  PRI: proportional reduction in inconsistency

     DEV URB LIT IND STB   OUT   n  incl  PRI
  1   0   0   0   0   0     1     3  1.000 1.000
  2   0   0   0   0   1     1     2  0.982 0.975
  5   0   0   1   0   0     1     2  0.855 0.732
  6   0   0   1   0   1     1     1  0.861 0.772
 22   1   0   1   0   1     0     2  0.498 0.281
 23   1   0   1   1   0     1     1  0.974 0.960
 24   1   0   1   1   1     0     2  0.495 0.366
 31   1   1   1   1   0     1     1  0.971 0.950
 32   1   1   1   1   1     0     4  0.250 0.106
```

正如预期的那样，之前输出值为 1 的组态现在为 0。但有一个例外：编号为 24 的组态（10111）的输出值是 0，并且在结果存在的真值表中，由于一致性分数为 0.709，低于阈值 0.8，它的输出值也是 0。

这种情况的发生，是因为既没有足够的证据证明是正输出值（positive output），也没有足够的证据证明是负输出值（negative output）。

这看起来像是一个矛盾组态，但只使用一个一致性阈值并不能解决这个难题，这就是在参数 incl.cut 中设定第二个阈值的目的：

- 如果一致性分数大于 ic1，输出值被赋值为 1。
- 如果一致性分数小于 ic0，输出值被赋值为 0。

- 当一致性分数介于 ic0 和 ic1 之间时（大于 ic0 但小于 ic1），输出值被编码为矛盾，用字母 C 表示。 [⊖]

```
truthTable(LF, outcome = "SURV", incl.cut = c(0.8, 0.6))
```

```
  OUT: output value
    n: number of cases in configuration
 incl: sufficiency inclusion score
  PRI: proportional reduction in inconsistency

    DEV URB LIT IND STB   OUT   n  incl  PRI
 1    0   0   0   0   0     0    3 0.216 0.000
 2    0   0   0   0   1     0    2 0.278 0.000
 5    0   0   1   0   0     0    2 0.521 0.113
 6    0   0   1   0   1     0    1 0.529 0.228
22    1   0   1   0   1     1    2 0.804 0.719
23    1   0   1   1   0     0    1 0.378 0.040
24    1   0   1   1   1     C    2 0.709 0.634
31    1   1   1   1   0     0    1 0.445 0.050
32    1   1   1   1   1     1    4 0.904 0.886
```

这些论证提供了创建真值表的完整过程。然而，还有一种上述未提到的情况，它源于 QCA 方法的不断扩展：从分析较少的案例扩展到分析较多的案例，包括分析几百个案例的情况。

在定量方法中，由于随机抽样产生的不确定性，某一值并不完全小于或大于另一值。每个数据集都是独特的，它们从一个非常大的总体中抽取出来，在有些情况下样本是特定的。相同的值在一个不同的随机样本中可能更小。通常的策略是引入足够的统计证据来证明一个值明显大于另一个值，从而进入推断统计学领域。

为了消除对一致性（大于某个阈值）是特定于样本的质疑，真值表函数有另一个参数称为 inf.test，它可以根据推断性测试对真值表列 OUT 进行赋值。这是一个二项式检验，它只适用于二元清晰集数据（模糊集数据不行，多值集数据也不行）。

该参数必须是长度为 2 的向量或包含两者的单个字符串，即包含测试类型（目前仅为 "binom"）和关键的显著性水平。

```
truthTable(LC, outcome = "SURV", incl.cut = 0.8, inf.test = "binom, 0.05")
```

⊖ 这里介于两个阈值之间的案例指的是结果不确定的案例，与清晰集中的矛盾概念不同。——译者注

```
    OUT: output value
      n: number of cases in configuration
   incl: sufficiency inclusion score
    PRI: proportional reduction in inconsistency
  pval1: p-value for alternative hypothesis inclusion > 0.8

       DEV URB LIT IND STB    OUT    n  incl  PRI   pval1
   1    0   0   0   0   0      0      3  0.000 0.000 1.000
   2    0   0   0   0   1      0      2  0.000 0.000 1.000
   5    0   0   1   0   0      0      2  0.000 0.000 1.000
   6    0   0   1   0   1      0      1  0.000 0.000 1.000
  22    1   0   1   0   1      0      2  1.000 1.000 0.640
  23    1   0   1   1   0      0      1  0.000 0.000 1.000
  24    1   0   1   1   1      0      2  1.000 1.000 0.640
  31    1   1   1   1   0      0      1  0.000 0.000 1.000
  32    1   1   1   1   1      0      4  1.000 1.000 0.410

It seems that all outcome values have been coded to zero.
Suggestion: lower the inclusion score for the presence of the outcome,
the relevant argument is "incl.cut" which now has a value of 0.8.
```

以上命令表示使用 5% 的显著性水平进行二项式统计检验。只有一致性分数显著大于 0.8 的组态才会输出 1。

该示例仅用于演示。由于每个组态的案例数非常少（从 1 个到最多的 4 个），二项式统计检验显然不能产生任何显著的结果。错误的概率 pval1 太高（在许多情况下是 100%），因此不能拒绝真实（总体）一致性分数小于 0.8 的原假设。这种统计测试需要大量的样本才能得出有意义的结论，如果大量数据是可得到的，就应该像上面的例子那样指定参数 inf.test。

一个较少使用但非常重要的参数是频数阈值 n.cut，该参数指定组态中应该对应的最小的案例数量，小于该数量的组态，即使其一致性分数高于一致性阈值也将被视为逻辑余项（输出值标记为 "?"）。由于 QCA 数据通常属于小样本数据，因此 n.cut 的默认值为 1。但在数据较多的情况下，应设置大于 1 的频数阈值。

最后一个需要介绍的参数是 use.letters。当条件的名称过长时，可以用字母进行代替。将这个参数切换到 TRUE 表示系统将自动用大写字母替换每个条件的名称，第 1 列为 A，第 2 列为 B，以此类推（当然，数据集中的条件不应超过 26 个）。

7.6　其他细节

我们在理论上区分了模糊集、二元清晰集和多值清晰集。可能是因为起初一些 QCA 包为二元清晰集、多值清晰集和模糊集分开创建真值表，许多研究人员仍然认为必须单独分析每种类型的集合。

在 QCA 包中，对于不同类型的集合没有单独的真值表函数。函数 truthTable( ) 可以用于二元清晰集、多值清晰集和模糊集数据。然而，很多研究人员仍然认为整个数据集（包括所有条件）应该被校准为二元清晰集、多值清晰集或模糊集中的一种。这个误解应予以澄清，因为函数 truthTable( ) 可以适用于所有校准类型的数据集。

另一个鲜为人知的细节是真值表对象包含其创建过程所必需的所有信息，出于复制的目的，这很有用。真值表包含一个名为 call 的组件，该组件显示所有用于生成真值表的精确命令。另外，组件 initial.data 包含了输入函数 truthTable( ) 的原始数据。

因此，研究人员可以改变原始数据和用于生成真值表的一系列精确命令，或者直接改变真值表本身，因为它已经包含了所有相关的信息：

```
ttLF <- truthTable(LF, outcome = "SURV", incl.cut = c(0.8, 0.6))
names(ttLF)

 [1] "tt"           "indexes"      "noflevels"    "initial.data"
 [5] "recoded.data" "cases"        "DCC"          "minmat"
 [9] "options"      "fs"           "call"         "origin"
```

用户最好将数据集中的所有列命名为大写字母。这是一种很好的做法，而且可以帮助用户免于花费大量时间去尝试了解什么不起作用。通常，QCA 包中的函数是足够稳健的，可以处理这种情况，这也是输出列表对象中另一个名为 recoded.data 的参数存在的一个原因。

第8章

逻辑最小化

　　逻辑最小化或布尔最小化过程是 QCA 方法的核心，其目的是寻找产生结果的最简表达式。这里，表达式是乘积和、交集的并集或前因条件合取的析取的同义词，它也被用作前因组态的同义词，因为它是前因条件的合取（乘积）。

　　McCluskey（1956）在 Quine（1952，1955）所做的工作的基础上，引入了最小化过程，创造了 Quine-McCluskey 算法（简称 QMC）。他们专注于电子工程的开关电路（布尔状态的开启和关闭），对于电路设计中的开关，输出要么为存在，要么为缺乏。

　　McCluskey 观察到，在电路设计中，相较于设计产生结果的所有可能组合，设计最简表达式要容易得多，而且电路的总体性能更好。这个想法非常简单，它是基于以下布尔代数定理：

$$A \cdot B + A \cdot \sim B = A(B + \sim B) = A \qquad (8\text{-}1)$$

　　对于两个给定的表达式，如果它们仅有一个字母不同，那么这个字母可以被简化。表 8-1 给出了具有三个前因条件的两个表达式的比较。由于条件 B 是其中唯一不同的条件，它可以被消除，最初的两个表达式可以用 A·C 来替代。

表 8-1　布尔最小化

A	B	C	
1	1	1	$A \cdot B \cdot C$
1	0	1	$A \cdot \sim B \cdot C$
1	—	1	$A \cdot C$

这是布尔最小化最简单的例子，而 QMC 算法是对案例所有可能组合的布尔最小化运算的一个扩展。原始算法的第一部分由以下操作的连续迭代组成：

- 编制列表，列出所有可能配对的表达式。
- 检查哪些配对只有一个字母不同，并将它们最小化。
- 最小化之后的表达式加上尚存的未经最小化的表达式进入下一个迭代。
- 重复运算，直到不能再最小化为止。

最后得出的最小化表达式被称为质蕴含项（PI）。QMC 算法的第二部分是创建质蕴含项表（PI 表），即一个矩阵，行代表质蕴含项，列代表初始表达式。Ragin（1987，p97）原著中的质蕴含项表就是一个很好的例子（见表 8-2）。

表 8-2　Ragin 的质蕴含项表

	A·B·C	A·b·C	A·B·c	a·B·C
A·C	×	×		
A·B	×		×	
B·c			×	×

要解出这个 PI 表，必须找到涵盖所有列（初始表达式）的所有可能的行组合。在这个例子中，只有第一个 PI 和第三个 PI 能够一起涵盖所有的初始表达式。因此最终的解是：A·C+B·c。

这是一个非常简单的 PI 表，解一目了然。而在复杂的 PI 表中有更多的行，并且可能存在多个解。当质蕴含项的组合能够覆盖所有初始表达式解释的经验案例，就构成了一个有效的解。

每个质蕴含项本身都是一个充分的表达式，但并不一定能解释所有的初始表达式。在这种情况下，它需要其他质蕴含项来解释其他列，并为解释所有观测到的经验证据析取一个更大的、充分的表达式（并集）。

QMC 算法包括两个阶段：第一阶段是确定质蕴含项，第二阶段是求解 PI 表。

8.1　命令行和 GUI 对话框

QCA 包 3.0 版本对函数 minimize( ) 的结构进行了重大修改，但这些改进后向兼容，因此旧代码仍可在新版本中使用。

函数 minimize( ) 的新结构更简单、更清晰、更具逻辑性。由于历史原因，从第一个版本开始，所有旧版本的 QCA 包都存储在更新版本的包中。最初，数据集也是函数 minimize( ) 的一个输入来源，函数 minimize( ) 为其指定了一个结果和多个条件，并构造真值表来执行最小化过程。之后的版本则是为其创建一个单独的真值表，在后台调用函数 minimize( )。

但在最小化过程中应输入的是真值表，而不是数据集。该函数将检测输入内容到底是数据集还是真值表。如果是数据集，它将调用函数 truthTable( ) 来创建真值表。

函数 minimize( ) 中的大多数参数与最小化过程无关，它们只服务于函数 truthTable( )。直接使用数据集而不是真值表的唯一好处是可以指定多个结果来模拟 CNA（一致性分析，详见 10.2 节）。

参数 outcome、conditions、incl.cut、n.cut、show.cases 等本身不属于函数 minimize( )，因此新版本已将这些参数从函数 minimize( ) 中删除。该更改是后向兼容的，用户仍然可以指定这些参数，但它们将被传递到函数 truthTable( ) 中。函数 minimize( ) 现在具有以下形式：

```
minimize(input, include = "", exclude = NULL, dir.exp = "", pi.cons = 0,
         pi.depth = 0, sol.cons = 0, sol.cov = 1, sol.depth = 0,
         min.pin = FALSE, row.dom = FALSE, all.sol = FALSE,
         details = FALSE, use.tilde = FALSE, method = "CCubes", ...)
```

当前的参数是特定于最小化过程的，其他之前的参数现在通过 "…" 来反映，并根据情况进行处理。从函数 minimize( ) 的新结构可以看出，创建真值表和最小化是两个独立的过程。

函数 minimize( ) 的第一个参数现在被称为 input，而不是 data，因为正确的输入内容应该是真值表而不是数据集。图形用户界面的对话框中也有相同的更改，如图 8-1 所示。可以使用以下菜单打开该对话框：

Analyse / Minimization

这是整个图形用户界面中最复杂的对话框之一，它充分利用新增加的功能来同时显示和使用多个对象。许多选项将在下一节中展示，目前我们只讨论最基础的部分。

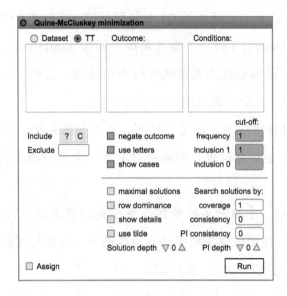

图 8-1　启动最小化对话框

首先，在对话框的左上角有一个具有双选项的单选按钮：Dataset 和 TT，默认值是 TT，即真值表。在图 8-1 中，用户没有为特定对象分配真值表，所以该单选按钮下方的方框中没有显示任何内容。用户可以为了可视化的目的创建真值表，但是一旦用户确定了真值表并准备进行最小化，就应将其分配到对象上。

所有版本的 Lipset 数据集（二元清晰集、多值清晰集和模糊集）都已经在之前的章节中加载完毕，单击 Dataset 按钮就会显示这些数据集，并显示这些数据集中的条件，如图 8-2 所示。当选择了 Dataset 选项时，水平分隔线上方的选项将不再是灰色，可以进行修改。

● Dataset ○ TT	Outcome:	Conditions:
LC	DEV	DEV
LF	URB	URB
LM	LIT	LIT
	IND	IND
	STB	STB
	SURV	SURV

图 8-2　最小化对话框中数据集选项

回到图 8-1 中的主对话框，图形用户界面的另一个重要变化是对复选框和文本框的输入进行了调整。这种调整反映了书面命令参数的变化，但更重要的是将针对真值表的选项与针对最小化的选项分离开来。

两组选项之间新加了一条水平分隔线，分隔线上方为真值表特有的选项，现在变为灰色。这意味着，当选择了 TT 选项时，用户无法修改针对真值表的选项（详见 8.2 节）。

现在，Include 和 Exclude 选项下方是空的，在使用方向期望时这个区域将出现具体的选项，8.7 节将举例说明。

8.2 保守（复杂）解

使用经典的 QMC 算法可以得到保守解。它使用结果存在的案例，在连续迭代中执行最小化过程，直到生成最简单的质蕴含项。

保守解主要聚焦于结果存在的案例上。回到 McCluskey 的时代，最小化的目的是（并且现在仍然是）创建一个更简便的电路来做某件事。为不产生任何结果的东西创建精细的算法是没有意义的。

而且，经典的 QMC 算法的目的是找到与初始的结果存在的组态（positive configurations）等效的最简表达式。尽管有经验证据表明存在结果缺乏的案例，但经典的 QMC 算法忽略了这些证据，只严格关注导致结果存在的组态。

实际上，QMC 算法忽略了以下组态：观察到的导致结果缺乏的组态、未知结果的组态（很少或没有经验证据来评估输出值）以及矛盾组态。它只关注结果存在的组态。

这就是为什么这个解被称为"保守解"，因为它没有对结果存在的组态之外的其他任何组态（最值得注意的是逻辑余项）做出假设。与包含逻辑余项的简约解（详见 8.4 节）相比，它是保守的，因为简约解会对缺乏经验数据的组态做出反事实假设。

它也被称为"复杂解"，因为它虽然比初始组态简单，但比简约解复杂（包含更多的字母）。简约解和保守解都与初始组态等效，并且比初始组态更简单。

真值表必须存在于工作空间中（分配给对象），以便函数 minimize( ) 能够找到它。使用 Lipset 数据中的清晰集，它被分配给对象 ttLC：

```
ttLC <- truthTable(LC, outcome = "SURV", incl.cut = 0.9, show.cases = TRUE)
```

运行此命令后，或在图形用户界面中对真值表对话框进行等效的点击后，最小化对话框中的选项将自动更改，如图 8-3 所示。

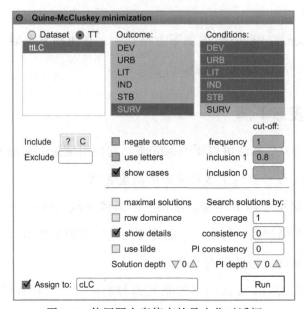

图 8-3　使用既有真值表的最小化对话框

分隔线上方的选项以及结果和条件（针对所选真值表的选项）仍然是灰色的，无法修改。出现这种情况是因为真值表已经存在，而用户无法修改已经创建了的对象内容。修改真值表或创建新真值表应该从真值表对话框中完成，或者通过修改等效的书面命令完成，新对象将立即在对话框中可见。

但是，最小化对话框中显示的真值表选项为用户提供了信息，尤其是在有多个真值表可供选择的情况下。选择真值表对象，将自动刷新创建它们时使用的选项。在这个例子中，我们使用了等于 0.8 的一致性阈值并勾选了选项 show cases。

将最小化的结果分配给特定对象，在这里是 cLC。如果未分配，结果将简单地呈现在屏幕上（对于图形用户界面，结果显示在网页 R 控制台中），但是最好将结果分配给对象，方便下次调用以及查询该对象的其他信息。

屏幕上显示的最小化对话框相当于在命令构造函数对话框中自动生成以下命令，如图 8-4 所示：

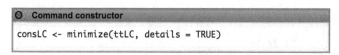

图 8-4　由对话框自动创建的最小化命令

对象 ttLC 中有三个导致结果存在的组态（行 22、24 和 32，可以在 7.1 节的真值表中找到）：DEV · urb · LIT · ind · STB + DEV · urb · LIT · INT · STB + DEV · URB · LIT · INT · STB。

最小化过程最终产生两个质蕴含项：DEV · urb · LIT · STB + DEV · LIT · IND · STB，它与最初的三个组态等效，且更简单。

```
consLC <- minimize(ttLC, details = TRUE)
consLC

n OUT = 1/0/C: 8/10/0
  Total      : 18

Number of multiple-covered cases: 2

M1: DEV*urb*LIT*STB + DEV*LIT*IND*STB <=> SURV

                     inclS   PRI   covS   covU   cases
-----------------------------------------------------------------
1 DEV*urb*LIT*STB    1.000  1.000  0.500  0.250  FI,IE; FR,SE
2 DEV*LIT*IND*STB    1.000  1.000  0.750  0.500  FR,SE; BE,CZ,NL,UK
-----------------------------------------------------------------
  M1                 1.000  1.000  1.000
```

最小化结果看起来不是很简约，这是因为它只有三个导致结果存在的组态。根据经验，导致结果存在的组态越多，最终产生的解越简约。

上述符号"<=>"表示充分必要性。这是一个充分的解，构成这个解的所有质蕴含项都是充分的。当解的覆盖度（在这种情况下为 1）大于等于一致性阈值时，解呈现出必要性。

对象 consLC 包含许多子组件，其中一些将在后续章节中发挥关键作用：

```
names(consLC)

 [1] "tt"        "options"    "negatives"  "initials"   "PIchart"
 [6] "primes"    "solution"   "essential"  "inputcases" "pims"
[11] "IC"        "numbers"    "SA"         "call"
```

最有趣的是它的 PI 表：

```
consLC$PIchart

               22 24 32
DEV*urb*LIT*STB  x  x  -
DEV*LIT*IND*STB  -  x  x
```

正如预期的那样，PI 表显示了最初的三个原始表达式，而两个质蕴含项将它们完全覆盖。

8.3 解释什么

在开始讲解简约解之前，先专注函数 minimize( ) 的一个无效（defunct）参数 explain。函数 minimize( ) 将被解释的值设为"1"，但这一操作有些多余，因为函数 minimize( ) 只能解释结果存在的组态，这些组态本身值就为"1"。逻辑余项无法得到解释，因为它们未被观察到，矛盾组态可能作为解释对象，但这种情况很少。

解释结果缺乏（negative outcome）的组态会造成巨大的混乱。结果缺乏很多时候会被错认为是结果的非集（negation of the outcome），[⊖]但它们实际上截然不同。考虑 Lipset 的二元清晰集数据：

```
truthTable(LC, outcome = "SURV")

 OUT: output value
   n: number of cases in configuration
incl: sufficiency inclusion score
 PRI: proportional reduction in inconsistency

    DEV URB LIT IND STB  OUT   n incl  PRI
 1   0   0   0   0   0    0    3 0.000 0.000
 2   0   0   0   0   1    0    2 0.000 0.000
 5   0   0   1   0   0    0    2 0.000 0.000
 6   0   0   1   0   1    0    1 0.000 0.000
22   1   0   1   0   1    1    2 1.000 1.000
23   1   0   1   1   0    0    1 0.000 0.000
24   1   0   1   1   1    1    2 1.000 1.000
31   1   1   1   1   0    0    1 0.000 0.000
32   1   1   1   1   1    1    4 1.000 1.000
```

当否定结果时，请注意输出值是如何被简单地颠倒的：

```
truthTable(LC, outcome = "~SURV")
```

⊖ negative 指真值表中结果输出为 0（前因组态在结果集合中一致性低于阈值，赋值为 0），negation 指结果的非集（前因组态在结果非集中一致性高于阈值，赋值为 1）。——译者注

```
OUT: output value
  n: number of cases in configuration
incl: sufficiency inclusion score
 PRI: proportional reduction in inconsistency

     DEV URB LIT IND STB   OUT    n  incl  PRI
 1    0   0   0   0   0      1    3  1.000 1.000
 2    0   0   0   0   1      1    2  1.000 1.000
 5    0   0   1   0   0      1    2  1.000 1.000
 6    0   0   1   0   1      1    1  1.000 1.000
22    1   0   1   0   1      0    2  0.000 0.000
23    1   0   1   1   0      1    1  1.000 1.000
24    1   0   1   1   1      0    2  0.000 0.000
31    1   1   1   1   0      1    1  1.000 1.000
32    1   1   1   1   1      0    4  0.000 0.000
```

这是一个具有完全一致性分数（1 或 0）的情况，在这种情况下解释结果缺乏或结果非集将产生完全相同的解，因此可以理解结果缺乏和结果非集为什么会被混淆。但真值表并不总是表现出完全的一致性，如下所示：

```
truthTable(LC, outcome = "SURV", conditions = "DEV, URB, LIT, IND")
```

```
  OUT: output value
    n: number of cases in configuration
 incl: sufficiency inclusion score
  PRI: proportional reduction in inconsistency

     DEV URB LIT IND   OUT    n  incl  PRI
 1    0   0   0   0     0    5  0.000 0.000
 3    0   0   1   0     0    3  0.000 0.000
11    1   0   1   0     1    2  1.000 1.000
12    1   0   1   1     0    3  0.667 0.667
16    1   1   1   1     0    5  0.800 0.800
```

上面的 3 个组态具有完美的一致性，下面的两个组态一致性分数较低，并且它们在结果的非集中，仍然是结果缺乏：

```
truthTable(LC, outcome = "~SURV", conditions = "DEV, URB, LIT, IND")
```

```
  OUT: output value
    n: number of cases in configuration
 incl: sufficiency inclusion score
  PRI: proportional reduction in inconsistency

     DEV URB LIT IND   OUT    n  incl  PRI
 1    0   0   0   0     1    5  1.000 1.000
 3    0   0   1   0     1    3  1.000 1.000
11    1   0   1   0     0    2  0.000 0.000
12    1   0   1   1     0    3  0.333 0.333
16    1   1   1   1     0    5  0.200 0.200
```

解释"SURV"的结果缺乏（第一个结果中的行"1""3""12""16"）肯定不会得到与解释"~SURV"的结果存在相同的解（第二个结果中的行"1"和

"3"），进入最小化过程的组态不同于它们在第一个真值表中的组态的补集。[⊖]

但愿这个题外话能清楚地表明，解释结果缺乏没有任何意义：它与结果非集不是一回事，并且解释在一致性阈值以下的组态也没有任何意义。

因此，从 3.0 版本开始，QCA 包在尝试解释或包含结果缺乏时会显示错误。而且根据定义，逻辑余项无法被解释，所以唯一需要讨论的是矛盾组态。

在 PI 表的构造中可以发现解释和包含矛盾组态之间的区别：

- 解释（在结果存在之外的）矛盾组态，PI 表中将添加更多的列。
- 包含矛盾组态，它们被视为逻辑余项，在最小化过程中有所贡献，但不影响 PI 表。
- 既不解释也不包含矛盾组态，默认情况下，它们被视为结果缺乏组态。

我们再次展示 Lipset 数据模糊集版本的真值表，调整一致性阈值以产生更多矛盾组态：

```
ttLF1 <- truthTable(LF, outcome = "SURV", incl.cut = c(0.8, 0.5))
ttLF1
```

```
  OUT: output value
    n: number of cases in configuration
 incl: sufficiency inclusion score
  PRI: proportional reduction in inconsistency

    DEV URB LIT IND STB   OUT   n  incl  PRI
 1   0   0   0   0   0     0    3  0.216 0.000
 2   0   0   0   0   1     0    2  0.278 0.000
 5   0   0   1   0   0     C    2  0.521 0.113
 6   0   0   1   0   1     C    1  0.529 0.228
22   1   0   1   0   1     1    2  0.804 0.719
23   1   0   1   1   0     0    1  0.378 0.040
24   1   0   1   1   1     C    2  0.709 0.634
31   1   1   1   1   0     0    1  0.445 0.050
32   1   1   1   1   1     1    4  0.904 0.886
```

在解释矛盾组态时，首先检查复杂解和 PI 表：

```
minimize(ttLF1, explain = "1, C")
```

```
M1: dev*urb*LIT*ind + DEV*LIT*IND*STB + (DEV*urb*LIT*STB) => SURV
M2: dev*urb*LIT*ind + DEV*LIT*IND*STB + (urb*LIT*ind*STB) => SURV
```

⊖ 如果要对解释 "~SURV" 的结果存在组态做最小化，即第二个真值表中 OUT 为 1 的组态，进入最小化过程的是真值表中的组态 1 和 3，并不是简单地取解释 "SURV" 的结果存在组态的补集，即第一个真值表中的组态 1、3、12、16。——译者注

```
minimize(ttLF1, explain = "1, C")$PIchart
```

```
                   5  6  22 24 32
dev*urb*LIT*ind    x  x  -  -  -
DEV*urb*LIT*STB    -  -  x  x  -
DEV*LIT*IND*STB    -  -  -  x  x
urb*LIT*ind*STB    -  x  x  -  -
```

通过降低一致性阈值可以获得相同的质蕴含项和 PI 表：

```
ttLF2 <- truthTable(LF, outcome = "SURV", incl.cut = 0.5)
minimize(ttLF2)
```

```
M1: dev*urb*LIT*ind + DEV*LIT*IND*STB + (DEV*urb*LIT*STB) => SURV
M2: dev*urb*LIT*ind + DEV*LIT*IND*STB + (urb*LIT*ind*STB) => SURV
```

```
minimize(ttLF2)$PIchart
```

```
                   5  6  22 24 32
dev*urb*LIT*ind    x  x  -  -  -
DEV*urb*LIT*STB    -  -  x  x  -
DEV*LIT*IND*STB    -  -  -  x  x
urb*LIT*ind*STB    -  x  x  -  -
```

可以看出，降低一致性阈值或解释矛盾组态（矛盾组态将被赋值为结果存
在），会产生相同的复杂解。

在上述命令的基础上包括逻辑余项时，也会发生类似的现象：

```
minimize(ttLF1, explain = "1, C", include = "?")
```

```
M1: dev*LIT + DEV*STB => SURV
M2: dev*LIT + LIT*STB => SURV
M3: DEV*STB + LIT*ind => SURV
M4: LIT*ind + LIT*STB => SURV
M5: LIT*ind + IND*STB => SURV
```

```
minimize(ttLF2, include = "?")
```

```
M1: dev*LIT + DEV*STB => SURV
M2: dev*LIT + LIT*STB => SURV
M3: DEV*STB + LIT*ind => SURV
M4: LIT*ind + LIT*STB => SURV
M5: LIT*ind + IND*STB => SURV
```

解是相同的，因为 PI 表是相同的：

```
minimize(ttLF1, explain = "1, C", include = "?")$PIchart
```

```
         5  6  22 24 32
dev*LIT  x  x  -  -  -
DEV*ind  -  -  x  -  -
```

```
DEV*STB  -  -  x  x  x
URB*STB  -  -  -  -  x
LIT*ind  x  x  x  -  -
LIT*STB  -  x  x  x  x
IND*STB  -  -  -  x  x
```

```
minimize(ttLF2, include = "?")$PIchart
```

```
          5  6  22 24 32
dev*LIT   x  x  -  -  -
DEV*ind   -  -  x  -  -
DEV*STB   -  -  x  x  x
URB*STB   -  -  -  -  x
LIT*ind   x  x  x  -  -
LIT*STB   -  x  x  x  x
IND*STB   -  -  -  x  x
```

这证明了解释矛盾组态是没有意义的，因为它导出了与降低一致性阈值一样的解，如图 8-5 所示。

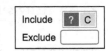

图 8-5　最小化对话框中的"包含"和"排除"

在图形用户界面中，参数 include 位于最小化对话框的左侧，位于下文将介绍的另一个参数 exclude 的上方。虽然它们特定用于函数 minimize( )，却位于分隔线之上，与真值表选项同一层。这样的排版符合逻辑，因为参数 include 和 exclude 与真值表中的输出值相关。

8.4　简约解

与保守解相比，简约解是更简化但等效的表达式。它采用一种较为开放的方法处理经验证据，即在最小化过程中包括逻辑余项。在深入研究该解的技术细节之前，需要初步考虑有限多样性问题以及社会研究方法中处理该问题的不同策略。

即使在没有经验信息的情况下，常规统计分析也能对因变量进行准确的预测。从现有证据中推断出的信息可以外推到没有此类证据的空白区域。最简单的例子是线性回归模型，所有预测值都位于回归线上。甚至，描绘了两个自变量与因变量之间关系的 3D 散点图，也可以在回归（超）平面上进行预测。我们很容易看到点在哪里（经验数据），以及那些没有点需要进行预测的地方。

随着自变量数量的增加，空白区域的可视化愈加困难。推理通常被认为是从简单的 2D 或 3D 示例到 k 维立方体（向量空间）的自然扩展，它们通常基于一些强大的假设，如多元正态分布。

但正如 Ragin 和 Sonnett（2008）指出的那样，社会现实的多样性非常有限。这不应该与有限数量的案例（小样本或中等样本情况）相混淆，它实际上指的是真值表中有限数量的经验观察到的组态。如果案例都集中在这样的组态中，数据的大小（有多少个案例）并不重要。

Thompson（2011）进行了一项 1970 年英国队列研究（BCS70），这是一项不少于 17 000 个案例的大型研究，但仍然遇到了有限多样性的问题。我们的经验观察仅覆盖了整个向量空间中的一个非常小的区域，对于这个空间的其余部分，要么做出强有力的假设，通过统计规律来推断模型，要么进行反事实分析。

QCA 方法很好地解决了有限多样性这方面的问题，因为真值表的结构不仅指导研究人员进行组态方面的思考，而且更重要的是，它准确地显示了属性空间中存在多少经验证据。定量方法使用估计的分布来覆盖经验证据空白的区域，而 QCA 仅使用现有证据来绘制属性空间，并揭示所有的未知组态。

研究人员通常通过实验科学地处理缺乏证据（数据不存在或不完整）的情况，并产生形成理论所需的数据。科学是由好奇心驱动的，在这样的实验中，研究人员能够通过调整输入参数，并观察结果是否变化以及变化程度来积极地进行探索。

但是社会科学并不是实验性的，研究人员无法调整输入参数。凭借仅有的观察到的经验信息，研究人员将进行涉及反事实分析的思想实验。

在没有经验案例的情况下，研究人员经常转向"如果……会怎样？"这样的问题，并开始想象如果过去的事情有所不同，那么现实会是什么样的。这种反事实的思考可以追溯到 Hume（1999）对因果关系的定义，他作出了以下陈述：

> 如果第一个对象不存在，那么第二个对象就不存在。（p.146）

这是一个明确的反事实陈述，社会科学（尤其是在定性研究传统中）充满了这类陈述，特别是在所研究的事件很少的情况下，例如国家革命。复杂的现实被简化为一个抽象的概念（理想类型），但现实中不存在，也没有经验证据来证明它的存在。

反事实思维不仅是可取的，而且是促进社会研究所必不可少的。在 QCA 中，所有逻辑余项都是潜在的反事实陈述，可被用于进一步的最小化过程。将逻辑余项包括在最小化中的决定，背后隐含的假设是，如果可以经验地观察到这些组态，它们将被视为导致结果存在的组态。

这是一个非常严肃的假设，它会立即引起疑问：不可能的组态如何促成最简化的解？与我们的理论相矛盾的逻辑余项如何促进产生简化的解？这些问题将在下一节中讨论。

现有的软件很容易在最小化过程中添加逻辑余项，而且解很可能变得更简单（这取决于真值表有多大以及存在多少经验组态）。

人们很想找到最简约的解，所以不加选择地将所有东西投入到最小化程序中。类似于从厨房中取出所有可用的食材，全部放入烤箱中制作食物。但并非所有食材都能很好地融合在一起，而且并非所有食材都可以放在烤箱中烹饪。

幸运的是，在最小化之后，可以对"食物"进行事后检查。但就目前而言，保持警惕是件好事，无论是在最小化之前，还是在最小化之后（最好是既在之前也在之后），都持续监测逻辑余项的结构。

函数 minimize( ) 中引入了相应的参数 include，它指定了最小化过程中包含哪些其他输出值（"?" 和 "C"）。QMC 算法认为逻辑余项具有与所解释的组态相同的结果值，但它们不会被用于构建 PI 表，因为逻辑余项不是原始表达式。

对于一个真值表对象，最小化命令的最简单形式是：

```
ttLF <- truthTable(LF, outcome = "SURV", incl.cut = 0.8, show.cases =TRUE)
minimize(ttLF, include = "?")
```

M1: DEV*ind + URB*STB => SURV

此命令仅输出最简约的解，不呈现拟合参数。它还默认使用大写字母表示存在，小写字母表示缺乏。若选择呈现详细信息，命令和输出则变为：

```
minimize(ttLF, include = "?", details = TRUE)
```

```
n OUT = 1/0/C: 6/12/0
  Total      : 18

Number of multiple-covered cases: 0

M1: DEV*ind + URB*STB => SURV

              inclS  PRI    covS   covU   cases
    ----------------------------------------------------
    1  DEV*ind  0.815  0.721  0.284  0.194  FI,IE
    2  URB*STB  0.874  0.845  0.520  0.430  BE,CZ,NL,UK
    ----------------------------------------------------
       M1       0.850  0.819  0.714
```

在包含拟合参数的表中，有两个充分的路径，每个路径覆盖结果存在的组态的一部分。它们以逻辑"或"的关系显示，其中任何一个对导致结果存在来说都是充分的，但两者的并集才能覆盖所有初始组态。

两者都是具有很高的一致性分数的充分表达式，但它们的唯一覆盖度较低，这表明结果集合中还有一些部分无法被解释。

在图形用户界面的对话框中，所选的选项准确反映了最小化的书面命令：选中逻辑余项"?"，复选框中选择 show details 和 use tilde，如图 8-6 所示。

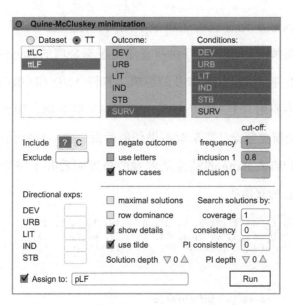

图 8-6　在最小化对话框中包含逻辑余项

在分隔线下方还有一些其他选项，其中，深度（depth）有两组计数器，一组用于表示质蕴含项中的最大条件数，另一组用于计算解中质蕴含项的最大数。

在默认值等于 0 时，表示对所有可能的 PI 和所有可能的解进行穷举搜索。只有在检查 maximal solutions 或解的一致性阈值低于 1 时，解的深度才有用。左侧的另外两个选项专门用于解 PI 表。选项 row dominance 是在找到最简约解之前从真值表中消除不相关的 PI，即被其他 PI 覆盖的 PI。最后，选项 maximal solutions 是找到所有可能的非冗余的质蕴含项的析取，这些析取涵盖真值表中导致结果存在的全部初始组态。它主要用于模仿 CNA 的操作，将在 10.2 节中进行讨论。

8.5　关于复杂性的注释

在描述标准分析（SA）程序时，Schneider 和 Wagemann（2012，p.161）根据三个维度对使用不同逻辑余项产生的解进行分类：

- 集合关系
- 复杂性
- 反事实的类型

在分析了纳入最小化过程的逻辑余项之后，他们表示，简约解是最简约的解，它不仅是复杂解的超集，而且是所有使用逻辑余项的其他解的超集。

按照"……条件的数量和它涉及的逻辑运算符 AND 和 OR……"定义解的复杂性，他们建议不要用"复杂解"替代"保守解"的名称，因为有些包括逻辑余项的解甚至比复杂解更复杂（复杂解不做任何假设，也不包括任何逻辑余项）。

Schneider 和 Wagemann 的结论从客观的角度来看并不完全正确。可以使用以下命令复制他们的真值表：

```
SW <- data.frame(A = c(0, 0, 0, 1, 1), B = c(0, 1, 1, 0, 1),
                 C = c(1, 0, 1, 1, 0), Y = c(1, 0, 0, 1, 1))
ttSW <- truthTable(SW, outcome = "Y", complete = TRUE)
ttSW

  OUT: output value
    n: number of cases in configuration
 incl: sufficiency inclusion score
  PRI: proportional reduction in inconsistency

   A B C   OUT  n  incl  PRI
1  0 0 0    ?   0   -     -
2  0 0 1    1   1  1.000 1.000
```

```
3  0  1  0     0    1  0.000 0.000
4  0  1  1     0    1  0.000 0.000
5  1  0  0     ?    0    -     -
6  1  0  1     1    1  1.000 1.000
7  1  1  0     1    1  1.000 1.000
8  1  1  1     ?    0    -     -
```

它们是按照从二进制转换而来的十进制排序的，与 QCA 中的排序略有不同，但组态都是一样的：三个具有结果 1 的组态（001,101,110），两个具有结果 0 的组态（010,011），以及三个逻辑余项（000,100,111）。

对于三个逻辑余项，在最小化过程中有使用它们的八种可能的方式，从不使用（相当于复杂解）到全部使用（相当于简约解）。Schneider 和 Wagemann 仅使用逻辑余项 000，并导出最复杂的解：~A · ~B + ~B · C + A · B · ~C。

下面我们使用软件求解：

```
pSW <- minimize(ttSW, include = "?", exclude = c(5, 8), use.tilde = TRUE)
pSW
```

M1: ~B*C + A*B*~C <=> Y

此命令可以翻译为"包括除去第 5 和第 8 行之外的所有逻辑余项"，因为这里只有三个逻辑余项，所以此命令实际只包含一个逻辑余项：第 1 行，即 000。

但很明显，这个解与 Schneider 和 Wagemann 的解并不相同。很可能是因为他们试图解释逻辑余项（这没有意义），而不是仅仅将其包含在最小化中。他们影响了 PI 表，表中的列应该与原始表达式的数量一样（在这种情况下，是三个）。

因此，他们的 PI 表包含一个额外的列：

```
        1  2  6  7
~A*~B   x  x  -  -
~B*C    -  x  x  -
A*B*~C  -  -  -  x
```

而正确的 PI 表显示 ~A · ~B 无关紧要（它处于被支配的地位）：

```
pSW$PIchart
```

```
        2  6  7
~A*~B   x  -  -
~B*C    x  x  -
A*B*~C  -  -  x
```

事实表明，没有其他解比保守解更复杂，最多同样复杂。本书也主张使用"保守解"一词，因为它采取了保守的态度，没有对逻辑余项做出任何假设。

8.6 反事实的类型

这是整个充分性分析中信息最密集的部分之一。如果对构建真值表或布尔最小化比较了解，则会明白本节包含的许多概念在理解和维度上都有重叠。对QCA有基本了解的用户，无疑都听说过逻辑余项、方向期望、不同类型的反事实（容易的和困难的、不可能的、不合理的、不一致的）、简化假设、矛盾的简化假设、站得住脚的和站不住脚的假设，所有这些都应用在标准分析、增强标准分析（ESA）、理论指导的增强标准分析（TESA）等情境下。

这些概念如果不深入了解可能会令人头痛。因此，在使用QCA包中的R代码之前，必须对这些概念进行全面介绍。大部分概念已经在其他地方介绍过了，最重要的那些概念可见 Ragin 和 Sonnett（2005），Ragin（2008b），Schneider 和 Wagemann（2012，2013）。其中，一些概念将在下一章中详细介绍，这里的简单介绍只是为了方便用户理解这些概念。

这些概念都与逻辑余项相关，即它们如何被纳入最小化过程之中或排除在最小化过程之外，以产生特定的解。在本书中，术语"反事实"和"逻辑余项"可以互换使用，它们是同义词，指的是同一个东西：那些由于社会现象的有限多样性而没有经验证据的组态。它们是未观察到的组态，如果有机会观察到，它们可以在最小化过程中起作用以产生更简约的解。

上一节说明了简约解是最简约的解，保守解是最复杂的解，因此得出以下**复杂性规则**：

在最小化过程中包含任何逻辑余项只会使解更简单，不会使解更复杂。

在极端情况下，即当所有逻辑余项都包含在最小化过程中时，最终的解是最简约的解。

基于当前的理论，图 8-7 使用水平线和垂直分隔线对逻辑余项进行分类。第一个垂直分隔线在经验观察到的组态和逻辑余项（反事实）之间。在经验观察到的组态中，一些组态导致结果存在，另一些组态导致结果缺乏（为简单起见，该图假设没有矛盾组态）。

图 8-7 真值表的组成

再看垂直分隔线右边的逻辑余项：

- 有些是简化假设，有些则不是（简化意味着它们有助于逻辑上的最小化）。
- 简化假设是由容易的和困难的反事实组成的集合。
- 不是简化假设的逻辑余项可能是好的反事实（逻辑上没有问题，但也没有对最小化做出贡献），或是站不住脚的假设。
- 有些容易的反事实也是好的反事实，但也有一些是站得住脚的假设。
- 有些困难的反事实是站得住脚的，有些则是站不住脚的。

下面将逐步介绍这些逻辑余项的意义，但是并非所有逻辑余项都可以用作反事实。

一个非常简单的例子是空气（作为一个微不足道的必要条件）与火灾之间的关系。毫无疑问，空气不是引起火灾的原因，但在正常情况下，火离开了空气是无法存在的。火灾的发生有许多原因，研究人员可能会选择 5 到 6 个最常见的条件（其中包括必要的空气）。由于有限多样性，64 种逻辑上可能存在的组态中有许多都没有从经验中观察到，它们可以用作得出简约解的反事实。

问题在于，许多逻辑余项还包含"空气不存在"。

根据**复杂性规则**，任何逻辑余项都可能使解越来越简化，包括那些包含空气不存在的逻辑余项。这些逻辑余项是困难的反事实，因为它们与我们的常识相矛盾。

对于任何感兴趣的现象（结果），有一些既定的理论可以指导研究，并提供一些关于前因条件应如何促成该结果的提示，称为方向期望。

我们认为在火灾产生时是存在空气的，因此所有不符合此预期的逻辑余项都是困难的反事实。

出于这个原因，我们要过滤掉那些与我们的理论相矛盾的逻辑余项。相比之下，在最小化过程中被接受的那些逻辑余项被称为容易的反事实，因为它们符合我们当前的认知。

由于许多逻辑余项被排除在最小化过程之外，很明显最终的解不会是最简约的解。它比保守解简约，比简约解复杂。这是 Ragin 和 Sonnett（2005）提出的一个关键思想，即在 QCA 中引入容易的和困难的反事实的概念。后来，Ragin（2008b）完成了整个程序，现在称为标准分析，它产生三种类型的解：保守解、中间解和简约解。[⊖]

为了导出简约解，所有逻辑余项都包含在最小化过程中。但并不是所有的逻辑余项都对最小化有贡献，有些逻辑余项配对间差异超过一个条件，因此它们无助于产生质蕴含项来进行下一次迭代。因此，部分逻辑余项从未用于最小化。那些有助于产生质蕴含项的逻辑余项称为简化假设，如图 8-7 所示，它由容易的反事实和困难的反事实组成：

简化假设 = 容易的反事实 + 困难的反事实

这就是标准分析所做的工作，将简化假设从所有的逻辑余项中分离出来，并区分容易的和困难的反事实。如果不考虑位于容易的反事实段中间的区域，该模型将非常有效。中间的区域被称为站不住脚的假设（untenable assumptions），是 Schneider 和 Wagemann（2013）确定的分类的一部分。

站不住脚的假设包括：

- 逻辑上不可能的事物（如怀孕的男人）。

- 对于结果及其非集都充分的矛盾的简化假设（Yamasaki 和 Rihoux，2009）。

- 将充分性分析与必要性分析相结合的最有趣的一类。

最后一类是不一致的反事实的一部分，充分利用了必要性和充分性之间的

⊖ Ragin（2008）书中及其 fsQCA 软件结果中叫作复杂解、中间解和简约解。——译者注

镜像效应：当一个条件被确定为对结果必要时，它是结果的超集。因此，不能假定该条件非集对结果来说是充分的。

由于条件集本身大于结果集，条件非集（~X）在定义上是在结果集（Y）之外的：它不隶属于结果中（否则是不合逻辑的），如图 8-8 所示。

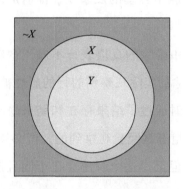

图 8-8 ~X 不是 Y 的子集

这是 Schneider 和 Wagemann（2013）提出的关键问题之一，一些 QCA 用户对此知之甚少（Thiem，2016），详见 5.5 节。

实际上，如果一个条件对于结果是必要的，那么它的非集对于相同的结果并不是充分的，因此包含必要条件非集的反事实都应该从最小化过程中消除。

这是增强标准分析（ESA）的起点，是标准分析（SA）的延伸，进一步消除了整个最小化过程中站不住脚的假设。它不仅创建了中间解，更重要的是从简约解中删除了站不住脚的假设。

Schneider 和 Wagemann（2013）比增强标准分析更进一步，制定了理论指导的增强标准分析（TESA），它通过制定因素合取的方向期望来包含逻辑余项。

与简单方向期望的不同之处在于，因素合取的方向期望不仅适用于单个条件，而且适用于条件的交集。例如，我们预期当周围有空气、火花和易燃物质时会出现火灾，即 $A \cdot S \cdot I \Rightarrow F$。

通过制定方向期望可以得到类似的结果，而不一定要以合取的形式：

- 我们预期有空气的时候会发生火灾 ($A \Rightarrow F$)。

- 我们预期有火花的时候会发生火灾 (S ⇒ F)。

- 当周围有易燃物质时，我们预期会发生火灾 (I ⇒ F)。

ESA 是 QCA 方法学领域中一个很好的补充，我完全赞同其创造者的意见，即应该从最小化过程中去除不合理的反事实（特别是包含必要条件非集的那些反事实）。

另一种可以从最小化中排除的真值表行不属于逻辑余项，而属于经验观察到的组态。这些可能被消除的实际观察到的行的属性被称为同时子集关系。

这些观察到的组态同时通过了结果存在和结果缺乏的充分性阈值检验，使得它们不一致。虽然这些组态是经验观察到的，但必须将它们从最小化中移除。这样做会改变最终的解，但至少这个解建立在牢固且连贯一致的观察到的组态的基础上。

还有一些真实逻辑矛盾的案例（Schneider 和 Wagemann，2012，p.127），其在组态中的隶属分数高于 0.5，在结果中的隶属分数更低些（低于 0.5）。最近，Schneider 和 Rohlfing（2013，p.585）倾向于将这些异常案例称为一致性类别异常的案例。

8.7　中间解：SA 和 ESA

至少有三个参数涉及逻辑余项：include，exclude 和 dir.exp。第一个参数说明在最小化中包含什么，第二个参数是从最小化中排除什么，第三个参数指定方向期望。

我们再次使用 Lipset 数据的模糊集。第一步是创建和检查真值表：

```
data(LF)
ttLF <- truthTable(LF, "SURV", incl.cut = 0.8, show.cases = TRUE,
                   sort.by = "OUT, n")
```

虽然函数 minimize( ) 允许用户使用数据集直接启动最小化过程，但本书建议先构建真值表。

```
ttLF
```

```
   OUT: output value
     n: number of cases in configuration
  incl: sufficiency inclusion score
  PRI: proportional reduction in inconsistency

        DEV URB LIT IND STB   OUT   n   incl  PRI    cases
   32    1   1   1   1   1     1     4   0.904 0.886  BE,CZ,NL,UK
   22    1   0   1   0   1     1     2   0.804 0.719  FI,IE
    1    0   0   0   0   0     0     3   0.216 0.000  GR,PT,ES
    2    0   0   0   0   1     0     2   0.278 0.000  IT,RO
    5    0   0   1   0   0     0     2   0.521 0.113  HU,PL
   24    1   0   1   1   1     0     2   0.709 0.634  FR,SE
    6    0   0   1   0   1     0     1   0.529 0.228  EE
   23    1   0   1   1   0     0     1   0.378 0.040  AU
   31    1   1   1   1   0     0     1   0.445 0.050  DE
```

基于 5 个前因条件，真值表中有 32 行，其中：2 个为结果存在组态，7 个
为结果缺乏组态，23 个为逻辑余项。真值表首先按列 OUT 的值排序（按降序排
序），然后按频数 n 的值排序。这种结构模仿了 Schneider 和 Wagemann（2013）。

请注意，由于按照特定的列进行排序，行号顺序也会更改。但是每个组态，
包括逻辑余项，都有一个唯一（固定）的行号，在决定最小化过程中包含哪些行
以及删除哪些行时将非常有用。

在继续最小化之前，最好使用参数 dcc 检查真值表中是否存在一致性类别
异常的案例。

```
truthTable(LF, "SURV", incl.cut = 0.8, show.cases = TRUE,  dcc = TRUE,
           sort.by = "OUT, n")
```

```
   OUT: output value
     n: number of cases in configuration
  incl: sufficiency inclusion score
  PRI: proportional reduction in inconsistency
  DCC: deviant cases consistency

        DEV URB LIT IND STB   OUT   n   incl  PRI    DCC
   32    1   1   1   1   1     1     4   0.904 0.886
   22    1   0   1   0   1     1     2   0.804 0.719
    1    0   0   0   0   0     0     3   0.216 0.000  GR,PT,ES
    2    0   0   0   0   1     0     2   0.278 0.000  IT,RO
    5    0   0   1   0   0     0     2   0.521 0.113  HU,PL
   24    1   0   1   1   1     0     2   0.709 0.634
    6    0   0   1   0   1     0     1   0.529 0.228  EE
   23    1   0   1   1   0     0     1   0.378 0.040  AU
   31    1   1   1   1   0     0     1   0.445 0.050  DE
```

在本例中，一致性类别异常的案例都是结果缺乏。只要它们与结果存在组
态无关就没有问题。

通过在参数 include 中指定问号来生成"纯粹"的简约解：

```
pLF <- minimize(ttLF, include = "?", details = TRUE, show.cases = TRUE)
pLF
```

```
n OUT = 1/0/C: 6/12/0
  Total     : 18

Number of multiple-covered cases: 0

M1: DEV*ind + URB*STB => SURV

            inclS  PRI   covS   covU   cases
    ---------------------------------------------------
1   DEV*ind  0.815  0.721  0.284  0.194  FI,IE
2   URB*STB  0.874  0.845  0.520  0.430  BE,CZ,NL,UK
    ---------------------------------------------------
    M1       0.850  0.819  0.714
```

这个方案假设所有逻辑余项对简约解的贡献相同，然而事实上并非所有逻辑余项都被最小化算法使用。通过检查 SA，可以看到简化假设（即实际贡献最小化过程的逻辑余项）：

```
pLF$SA
```

```
$M1
   DEV URB LIT IND STB
10   0   1   0   0   1
12   0   1   0   1   1
14   0   1   1   0   1
16   0   1   1   1   1
17   1   0   0   0   0
18   1   0   0   0   1
21   1   0   1   0   0
25   1   1   0   0   0
26   1   1   0   0   1
28   1   1   0   1   1
29   1   1   1   0   0
30   1   1   1   0   1
```

在 23 个逻辑余项中，只有 12 个被使用，其余逻辑余项没有为最小化做出贡献。这些 SA 可能包含容易的和困难的反事实。我们建议通过验证是否存在相互矛盾的简化假设来继续准备中间解。

可以通过两种方式验证是否存在相互矛盾的简化假设，第一种方法，也是最直观的方法，是对结果非集的真值表进行最小化，分配给对象 pLFn（使用相同的一致性阈值），并检查其简化假设：

```
ttLFn <- truthTable(LF, outcome = "~SURV", incl.cut = 0.8)
pLFn <- minimize(ttLFn, include = "?")
pLFn$SA
```

```
$M1
   DEV URB LIT IND STB
3    0   0   0   1   0
4    0   0   0   1   1
7    0   0   1   1   0
8    0   0   1   1   1
9    0   1   0   0   0
10   0   1   0   0   1
11   0   1   0   1   0
12   0   1   0   1   1
13   0   1   1   0   0
14   0   1   1   0   1
15   0   1   1   1   0
16   0   1   1   1   1
17   1   0   0   0   0
19   1   0   0   1   0
21   1   0   1   0   0
25   1   1   0   0   0
27   1   1   0   1   0
29   1   1   1   0   0
```

同时存在于两个简化矩阵中的行就是矛盾的简化假设。要精确识别哪些逻辑余项同时存在于两个简化矩阵中，可以使用命令：

```
intersect(rownames(pLF$SA$M1), rownames(pLFn$SA$M1))
```

```
[1] "10" "12" "14" "16" "17" "21" "25" "29"
```

根据 ESA，应避免使用这些矛盾的简化假设，并将其从最小化过程中排除。当结果存在和结果缺乏都只有一个解时，这种识别方法有作用。但当存在多个解时[⊖]，SA 将包含每个解中的简化假设，这些简化假设不止对一个解起作用，所以显然会重复。

检查相互矛盾的简化假设的第二种更直接的方法是使用内置函数 findRows( )。此函数的输入是两个真值表中的任意一个，通常是结果存在的真值表：

```
findRows(obj = ttLF, type = 2)
```

```
[1] 10 12 14 16 17 21 25 29
```

函数 findRows( ) 的功能更加集成，用户不必输入其他命令。寻找这些矛盾的简化假设的目的将在稍后介绍，目前标准分析的下一步是指定方向期望，以构建中间解。

为简单起见，我们假设所有前因条件的存在导致结果存在（民主生存）。这些期望是使用参数 dir.exp 指定的：

⊖ 多个解是可能存在的。比如，PI 图表中，当多个等效质蕴含项并集均可以覆盖最初表达式时。——译者注

```
iLF <- minimize(ttLF, include = "?", dir.exp = "1,1,1,1,1")
```

此参数可以指定向量，如 dir.exp = c(1,1,1,1,1)，也可以像示例中一样在双引号之间输入用逗号分隔的值。基于方向期望的结构，建议采用后者，如果对特定的前因条件没有特别的期望，则可以使用 "-"。但是，使用常规向量时，若输入 c(1,1,-,1,1) 将返回错误，正确的形式是 c(1,1,"-",1,1)。在双引号内指定等效向量，例如 "1,1,-,1,1"，可以避免这种错误。

对于多值集，方向期望可以采用多个值。Lipset 数据集有多值版本，其中，第一个前因条件具有 3 个值。假设值 1 和值 2 都导致结果存在，方向期望将被指定为 "1;2,1,1,1,1"（注意使用分号分隔多个值）。

在图形用户界面中，只要激活按钮 "?" 就可以指定生成真值表时选择的每个前因条件的方向期望，如图 8-9 所示。

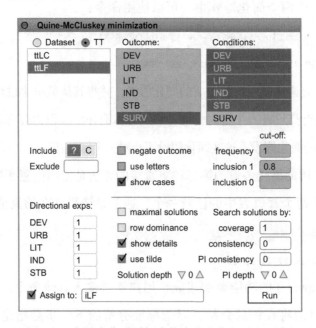

图 8-9 在最小化对话框中指定方向期望（左下角）

回到中间解：

```
iLF
```

From C1P1:

M1:   DEV*URB*LIT*STB + DEV*LIT*ind*STB => SURV

这是简约解的一个子集，也是保守解的超集。DEV · URB · LIT · STB 是 URB · STB 的子集，DEV · LIT · ind · STB 是 DEV · ind 的子集。它们俩是下面的保守解的超集：

```
minimize(ttLF)
```

```
M1: DEV*URB*LIT*IND*STB + DEV*urb*LIT*ind*STB => SURV
```

要呈现拟合参数，应指定参数 details = TRUE，或者也可以使用诸如 print(iLF, details = TRUE) 之类的命令。

无论是按照**复杂性规则**还是集合关系，中间解始终介于保守解和简约解之间。

Ragin 和 Sonnett（2005）基于复杂解和简约解的比较，详细解释了如何推导出中间解。他们是通过在 QCA 包中比较两个解的质蕴含项矩阵来实现的，并根据方向期望将它们组合起来。

中间解介于保守解和简约解之间的原因是：通过方向期望过滤，最终被用于最小化过程的逻辑余项更少。那些有助于产生中间解的是容易的反事实，其他的是困难的反事实。

最小化函数的结果对象包含许多组件，中间解组件被称为 i.sol：

```
names(iLF)
```

```
 [1] "tt"        "options"    "negatives"  "initials"   "PIchart"
 [6] "primes"    "solution"   "essential"  "inputcases" "pims"
[11] "IC"        "numbers"    "SA"         "i.sol"      "call"
```

组件 i.sol 也是一个可能包含多个子组件的列表：

```
names(iLF$i.sol)
```

```
[1] "C1P1"
```

在这个例子中，它只包含一个子组件，即一对（第一个）保守解和（第一个）简约解。有时它会产生多个保守解和多个简约解，这种情况下会有更多的子件：C1P2、C2P1、C2P2 等。

对于每对保守解和简约解，将在相应的子组件内生成一个或多个中间解。子组件又是另一个对象，包含以下子组件：

```
names(iLF$i.sol$C1P1)
```

```
 [1] "EC"        "DC"        "NSEC"      "PIchart"   "c.sol"
 [6] "p.sol"     "solution"  "essential" "primes"    "IC"
[11] "pims"
```

在这里可以找到相关信息：保守解 c.sol、简约解 p.sol、PI 表 PIchart，以及容易的反事实 EC 和困难的反事实 DC。

```
iLF$i.sol$C1P1$EC
```

```
   DEV URB LIT IND STB
30   1   1   1   0   1
```

```
iLF$i.sol$C1P1$DC
```

```
   DEV URB LIT IND STB
10   0   1   0   0   1
12   0   1   0   1   1
14   0   1   1   0   1
16   0   1   1   1   1
17   1   0   0   0   0
18   1   0   0   0   1
21   1   0   1   0   0
25   1   1   0   0   0
26   1   1   0   0   1
28   1   1   0   1   1
29   1   1   1   0   0
```

在 12 个简化假设中，只有一个符合指定的方向期望（即第 30 行），其余的逻辑余项被认为是困难的反事实，在最小化过程中被过滤掉。

在标准分析中，通过指定方向期望来确定中间解。从这里开始，所有关于增强标准分析的内容都表明，许多逻辑余项（有时包括来自中间解的一些容易的反事实）是不一致的、不合理的，甚至是不可能的，因此使用这些逻辑余项的任何假设都是站不住脚的。

然而，基于方向期望的过滤只是一种机械的过程，它无法识别不一致的反事实。不一致的反事实只能从人类解释的角度来理解。例如，算法不可能检测到"怀孕的男人"这种不可能的反事实。因此，识别站不住脚的假设是人为的，需要研究人员告诉最小化算法不要使用那些被认为是站不住脚的逻辑余项。我们要确保从最小化过程中排除这种逻辑余项，使产生的解不仅复杂度极低，而且在逻辑上和理论上都是一致的。

接下来要描述的内容非常重要：鉴于一些逻辑余项（站不住脚的部分）从最

小化中移除，显然最终得到的最简约的解不会像简约解那样简约。它被称为增强型简约解，以区别于几乎无用的简约解（简约解不仅使用困难的反事实，还使用站不住脚的假设）。

许多用户会混淆增强型简约解与中间解，因为有时增强型简约解与中间解相同。但只有当方向期望恰巧过滤掉站不住脚的假设以及困难的反事实时，这种情况才会出现。

最小化过程排除了站不住脚的假设，得出增强型简约解，随后增强型简约解可用于推导另一个中间解，称为增强型中间解。

不言而喻，所有有效的逻辑余项都包含在最小化过程中以产生增强型简约解，其结果始终是保守解的超集。

例如，使用函数 findRows( ) 确定一些相互矛盾的简化假设。由于相互矛盾的简化假设属于不一致的反事实，因此应将它们从最小化过程中排除。

```
CSA <- findRows(obj = ttLF, type = 2)
minimize(ttLF, include = "?", exclude = CSA)
```

```
M1: DEV*URB*STB + DEV*ind*STB => SURV
```

这是增强型简约解，即在排除相互矛盾的简化假设后产生的最简约的解。在介绍了参数 include 和 dir.exp 之后，第三个涉及逻辑余项的参数是 exclude。

应用方向期望可以导出增强型中间解：

```
eiLF <- minimize(ttLF, include = "?", exclude = CSA, dir.exp = "1,1,1,1,1")
eiLF
```

```
From C1P1:
```

```
M1:    DEV*URB*LIT*STB + DEV*LIT*ind*STB => SURV
```

最终的解与 iLF（标准分析中的中间解）是相同的，因为它们使用了同样的容易的反事实：

```
eiLF$i.sol$C1P1$EC
```

```
   DEV URB LIT IND STB
30   1   1   1   0   1
```

无论过滤掉什么样的站不住脚的假设，程序都是相同的，即使用函数 minimize( ) 中的参数 exclude。例如，一些其他类型的站不住脚的假设与必要条件的非集有关。在第 5 章的必要性分析中，确定了以下必要条件：

```
superSubset(LF, outcome = "SURV", incl.cut = 0.9, ron.cut = 0.6)

                        inclN  RoN    covN

        ---------------------------------------
     1  STB             0.920  0.680  0.707
     2  LIT*STB         0.915  0.800  0.793
     3  DEV+URB+IND     0.903  0.704  0.716
        ---------------------------------------
```

我们复制了 Schneider 和 Wagemann（2013）提出的示例，只是使用了不同的列名。他们将 LIT（识字水平）和 STB（政府稳定性）确定为必要条件。这里，STB 是必要的，LIT 具有较低的切题性，但它并非无关紧要，因为 LIT · STB 是必要的，这在默认情况下暗示单个条件是必要的：如果结果是交集的子集，它肯定是原集合的一个子集。

如图 8-8 所示，当一个条件被确定为结果的必要条件时，它的非集不可能是结果的充分条件。在这种情况下，LIT · STB 是必要的，其非集是 ~LIT +~STB，这意味着任何包含 LIT 非集或 STB 非集的逻辑余项都是站不住脚的。

可以使用函数 findRows( ) 识别不一致的反事实，该函数在图形用户界面中有一个专门的对话框（见图 8-10），通过以下菜单打开：

Analyse / Incoherent configurations

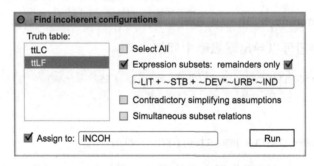

图 8-10　寻找站不住脚的组态的对话框

在如下命令中，type 默认为 1 来识别表达式子集的逻辑余项：[⊖]

```
INCOH <- findRows("~LIT + ~STB + ~DEV*~URB*~IND", ttLF)
minimize(ttLF, include = "?", exclude = INCOH)

M1: URB*LIT*STB + DEV*LIT*ind*STB => SURV
```

⊖　这里是析取两个必要条件 (LIT*STB，DEV+URB+IND) 的非集，构成的并集表达式 ~LIT + ~STB + ~DEV*~URB*~IND。——译者注

这两个示例演示了如何使用参数 exclude 来执行 ESA。ESA 通过参数 exclude 排除站不住脚的假设，即所有不合逻辑的、不一致的、站不住脚的假设都将被排除，以产生不包含这种假设的中间解或简约解。

在图形用户界面中，通过键入包含行号的对象的名称[⊖]，可以轻松地将其从最小化过程中排除，如图 8-11 所示。

图 8-11 在最小化对话框中指定排除的组态

最后一种不一致的组态是同时子集关系，即它在结果存在和结果缺乏中一致性分数都高于阈值。这样的组态同时是结果存在和结果缺乏的子集，这在模糊集中是很有可能发生的。函数 findRows( ) 可用于识别真值表中的这类行。不同的是，这一次它是在经验观察到的组态而不是在逻辑余项中进行识别。

```
findRows(obj = ttLF, type = 3)
```

```
numeric(0)
```

在此数据集中没有发现同时子集关系（在上面的命令中 type 的值为 3）。逻辑余项中站不住脚的假设被排除在最小化过程之外，而观察到的组态也可能被排除在最小化过程之外，如同时子集关系。函数 minimize( ) 不关心它是观察到的组态还是逻辑余项，通过参数 exclude 指定的所有内容都被排除在最小化过程之外。

参数 type 还有一个可能值 0，表示找到所有的不一致的或站不住脚的组态：

```
ALL <- findRows("~LIT + ~STB", ttLF, type = 0)
minimize(ttLF, include = "?", exclude = ALL)
```

```
M1: DEV*URB*LIT*STB + DEV*LIT*ind*STB => SURV
```

上面的解是增强型简约解，排除了所有站不住脚的组态。有趣的是，它与排除了矛盾的简化假设和使用方向期望之后的增强型中间解相同。

研究人员通过函数 findRows( ) 之外的其他方法找到的站不住脚的假设，可以使用参数 **exclude=c( )** 进行排除。增强型简约解和中间解将使用余下的逻辑余项推导得出。

8.8 理论评价

理论评价与定量研究中的假设检验相似，有经验数据可用于检测诸如自变

⊖ 比如识别的不一致的组态对象 INCOH。——译者注

量和因变量之间的某种假设关系，或者更常见的是检测对照组和实验组之间的关系。

Ragin（1987，p.118）展示了如何在最小化的结果和指导如何产生结果的理论陈述（期望）之间创建交集。Schneider 和 Wagemann（2012）使用一致性和覆盖度分数扩展了这种方法。

在 QCA 包中，有两个主要函数可用于创建这样的交集，两者都适用于非集。第一个函数称为 intersection( )，它专门用于求表达式的乘积和（包括来自最小化的对象），第二个函数称为 modelFit( )，它依赖于使用最小化对象来计算拟合参数。

注意不要将函数 intersection( ) 与 R 中名为 intersect( ) 的函数混淆，后者执行集合交集，与 QCA 无关。

作为第一个示例，可以重新使用之前创建的一些对象，但为了使这些示例自成体系，这里重新创建它们：

```
data(LF)
ttLF <- truthTable(LF, outcome = "SURV", incl.cut = 0.8)
iLF <- minimize(ttLF, include = "?", dir.exp = "1,1,1,1,1")
iLF
```

```
From C1P1:

M1:    DEV*URB*LIT*STB + DEV*LIT*ind*STB => SURV
```

假设我们有一个强烈的理论预期，即民主在一个发达且政府稳定的国家中才能存在。这样的假设可以用表达式 DEV · STB 表示。

使用函数 intersection( )，我们可以看到最小化解如何包含这种期望：

```
intersection(iLF, "DEV*STB")
```

```
E1-C1P1-1: (DEV*URB*LIT*STB + DEV*LIT*ind*STB)*DEV*STB
  I1-C1P1-1: DEV*URB*LIT*STB + DEV*LIT*ind*STB
```

在这个交集中，可以认为中间解与我们的理论完全重叠，因为在模型的两个解中都可以找到 DEV · STB。

以类似的方式，可以观察到解如何与理论的非集重叠，甚至可以观察到它们的非集是否重叠：

```
intersection(negate(iLF), negate("DEV*STB"))
```

```
E1: (dev + lit + stb + urb*IND)(dev + stb)
  I1: dev + stb
```

请注意，当输入的是字符表达式或最小化对象时，函数 negate( ) 可以自动检测它们并求非集。两个非集的交集似乎与（否定的）理论期望完全匹配。除此之外，还可以计算拟合参数：

```
modelFit(model = iLF, theory = "DEV*STB")
```

```
M-C1P1
MODEL:       DEV*URB*LIT*STB + DEV*LIT*ind*STB
THEORY:      DEV*STB
MODEL*THEORY: DEV*URB*LIT*STB + DEV*LIT*ind*STB
MODEL*theory: -
model*THEORY: DEV*lit*STB + DEV*urb*IND*STB
model*theory: dev + stb
```

		inclS	PRI	covS
1	DEV*URB*LIT*STB	0.901	0.879	0.468
2	DEV*LIT*ind*STB	0.814	0.721	0.282
3	MODEL	0.866	0.839	0.660
4	THEORY	0.869	0.848	0.824
5	MODEL*THEORY	0.866	0.839	0.660
6	MODEL*theory	-	-	-
7	model*THEORY	0.713	0.634	0.242
8	model*theory	0.253	0.091	0.295

如果存在关于结果的替代理论，可以使用加号连接。例如，另一种关于民主生存的理论认为工业化能确保民主生存，这两种理论可以表述为 $DEV \cdot STB + IND$。

```
modelFit(iLF, "DEV*STB + IND")
```

```
M-C1P1
MODEL:       DEV*URB*LIT*STB + DEV*LIT*ind*STB
THEORY:      DEV*STB + IND
MODEL*THEORY: DEV*URB*LIT*STB + DEV*LIT*ind*STB
MODEL*theory: -
model*THEORY: dev*IND + lit*IND + IND*stb + urb*IND + DEV*lit*STB
model*theory: dev*ind + ind*stb
```

		inclS	PRI	covS
1	DEV*URB*LIT*STB	0.901	0.879	0.468
2	DEV*LIT*ind*STB	0.814	0.721	0.282
3	MODEL	0.866	0.839	0.660
4	THEORY	0.733	0.698	0.871
5	MODEL*THEORY	0.866	0.839	0.660
6	MODEL*theory	-	-	-
7	model*THEORY	0.533	0.438	0.302
8	model*theory	0.272	0.070	0.251

函数 modelFit( ) 的输出是一个列表，其组件数与最小化对象中的模型数相

同。生成两个模型的例子是：

```
iLF2 <- minimize(ttLF, include = "?", dir.exp = "1,0,0,0,0")
iLF2
```

From C1P1:

M1:   DEV*URB*STB + (DEV*urb*ind) => SURV
M2:   DEV*URB*STB + (DEV*ind*STB) => SURV

对于每个最小化模型（解），生成一个拟合模型：

```
mfLF2 <- modelFit(iLF2, "DEV*STB")
length(mfLF2)
```

[1] 2

解可以使用常规的"[["运算符来索引，如索引第2个解：

```
mfLF2[[2]]
```

## 第 9 章

伪－反事实分析

在复杂解、简约解和中间解的部分，"假设"一词被频繁使用。现在，讨论另一个假设的时机已经成熟，就范围而言，这可能是最大的迷思。已有的信息，特别是前面关于筛选逻辑余项并产生中间解的信息，是基于这样的隐含假设：一旦逻辑余项建立，经典的 QMC 算法就会找到质蕴含项。

让我们再次理解简化假设：逻辑余项的子集，即在最小化过程中实际使用的逻辑余项，也就是那些在产生质蕴含项中起作用的逻辑余项。它符合 QMC 算法的理念，QMC 算法比较所有可能的成对的组态（经验观察到的结果存在的组态以及纳入的逻辑余项），以识别那些仅差单个字母（条件）的组态，并迭代进行最小化，直到无法进一步最小化。除了为数不多的开发者，QCA 用户绝大多数并不清楚 QMC 算法的编程是如何工作的，它就像是一个输出预期结果的黑箱。

研究人员的确希望逻辑余项能够在实际中被用于最小化。然而，这并不是当前版本的 QCA 软件包产生质蕴含项的方式。最终解都是完全相同的，它们几乎与逻辑余项无关，无论它们是好的、站得住脚的、站不住脚的、容易的、困难的、不一致的、不合理的还是任何其他逻辑余项。

这令人感到困惑，因为这会引起对 QCA 包潜在的不信任（毕竟，它并不遵循 Quine 和 McCluskey 提出的经典的、精确的算法），或者至少提出了两个直接的问题：

- 如果实际没有使用逻辑余项，那么 QCA 包如何找到正确的解？
- 如果解是正确的（的确是正确的），那么整个逻辑余项理论库中还剩下了什么？所有这些发表的理论都是没有根据的吗？

当然不是。围绕逻辑余项的所有发表的理论都是有根据的，只是推导出不同类型的逻辑余项的程序不同。虽然目前的方法关注的是最小化中包含了哪些逻辑余项（遵循经典的 QMC 算法），但是，QCA 包关注的是从最小化过程中排除的组态。

最终的结果是完全相同的，就像一个简单的加法公式：$P + N + R = S$，其中 P 和 N 的参数是已知的（即结果存在和结果缺乏的组态）。如果 $P=4$，$N=5$，则公式为 $4 + 5 + R = S$。通过排除逻辑余项，假设其中 3 个是确定的，若 $R=3$，则 S 可以计算为 12。但是反过来也是正确的，知道最终结果 $S=12$，我们可以得到 R 为 3。

当然，这是一个高度精简的概念化例子，但它能够清晰地描述在 QCA 包中发生的事情：它可以根据前两个参数 P 和 N 计算最终结果 S，也可以反过来利用结果 S 计算参数 R。

因为涉及一个未知量的最终结果应该是未知的，从代数的角度来看，这看起来就像是魔术师从空帽子里变出一只兔子。但是，在最小化过程中使用一些非常精确的规则，已经被证明是可以实现的。与普遍的看法相反，逻辑余项实际上从未被用于最小化，它们只是在解生成之后才得到的。

9.1　eQMC

Duşa（2007）首先描述了这种可能性，后来由 Duşa 和 Thiem（2015）正式确定。这个想法非常简单，在对质蕴含项做了如下两个基本的观察后，在 2007 年的 QCA 包 0.6-5 版本中开始应用：

- 它们总是初始结果存在组态的超集。
- 它们绝不是结果缺乏组态的超集。

我们的任务是找到所有结果存在组态的超集同时不是结果缺乏组态的超集。

这可以用三个函数来解决：

- 函数 findPrimes( )，后来改名为 findSupersets( )。

- 一个基本函数 setdiff( )，用来发现元素在第一个集合中存在，在第二个集合中缺乏的集合差异。

- 一个用于删除冗余蕴含项的函数。作为超集的蕴含项，有自己的超集（意味着它们是蕴含项，但不是质蕴含项）。

Duşa 基于之前的研究，发现了导致结果存在组态的超集，同时 Duşa 还介绍了另外两个想法：

- 使用蕴含项矩阵，对于二元清晰集，它与所谓的 3^k 矩阵相同，其中 k 是前因条件的数量。

- 与其从蕴含项矩阵中搜索所有的列，不如直接使用行号，这样整个矩阵的信息就可以被压缩到一个向量中。

所有这些信息可能看起来太抽象，与布尔最小化过程也不相关，但是一个简单的例子将揭示其中的道理。

假设存在一个数据集 HD，将其用于经典的 QMC 算法和这个新程序 eQMC。首先，假设有关于所有前因条件的所有可能组态的经验案例（不存在有限多样性），相当于一个完全确定的真值表：

```
HD <- cbind(createMatrix(rep(2, 4)), rep(c(1, 0), c(12, 4)))
colnames(HD) <- c(LETTERS[1:4], "Y")
ttHDc <- truthTable(HD, outcome = "Y")
ttHDc
```

```
  OUT: output value
    n: number of cases in configuration
 incl: sufficiency inclusion score
  PRI: proportional reduction in inconsistency

    A B C D    OUT   n incl  PRI
1   0 0 0 0     1    1 1.000 1.000
2   0 0 0 1     1    1 1.000 1.000
3   0 0 1 0     1    1 1.000 1.000
4   0 0 1 1     1    1 1.000 1.000
5   0 1 0 0     1    1 1.000 1.000
6   0 1 0 1     1    1 1.000 1.000
7   0 1 1 0     1    1 1.000 1.000
```

```
 8  0  1  1  1     1     1  1.000  1.000
 9  1  0  0  0     1     1  1.000  1.000
10  1  0  0  1     1     1  1.000  1.000
11  1  0  1  0     1     1  1.000  1.000
12  1  0  1  1     1     1  1.000  1.000
13  1  1  0  0     0     1  0.000  0.000
14  1  1  0  1     0     1  0.000  0.000
15  1  1  1  0     0     1  0.000  0.000
16  1  1  1  1     0     1  0.000  0.000
```

这个假设的真值表不切实际，因为 16 个可能的组态中有 12 个组态结果存在，其余 4 个结果缺乏。它仅用于演示 QMC 算法是如何工作的。

经典的 QMC 最小化产生了两个质蕴含项 ~A 和 ~B：

```
pHD <- minimize(ttHDc, use.tilde = TRUE, method = "QMC")
rownames(pHD$PIchart)
```

```
[1] "~A" "~B"
```

在实际情况下，几乎不可能为所有的 16 个可能的组态找到经验证据，真值表将显示经验观察的结果存在、结果缺乏的组态以及在结果列表中显示问号的逻辑余项。完全设定的真值表（不存在有限多样性）只是模拟包含逻辑余项的过程。

但是假设只有前四个组态的结果存在，可以生成不完全设定且更真实的真值表[⊖]：

```
ttHDi <- truthTable(HD[-c(5:12), ], outcome = "Y")
print(ttHDi, complete = TRUE)
```

```
  OUT: output value
    n: number of cases in configuration
 incl: sufficiency inclusion score
  PRI: proportional reduction in inconsistency

    A B C D   OUT  n  incl  PRI
 1  0 0 0 0    1   1  1.000 1.000
 2  0 0 0 1    1   1  1.000 1.000
 3  0 0 1 0    1   1  1.000 1.000
 4  0 0 1 1    1   1  1.000 1.000
 5  0 1 0 0    ?   0    -     -
 6  0 1 0 1    ?   0    -     -
 7  0 1 1 0    ?   0    -     -
 8  0 1 1 1    ?   0    -     -
 9  1 0 0 0    ?   0    -     -
10  1 0 0 1    ?   0    -     -
11  1 0 1 0    ?   0    -     -
12  1 0 1 1    ?   0    -     -
13  1 1 0 0    0   1  0.000 0.000
14  1 1 0 1    0   1  0.000 0.000
15  1 1 1 0    0   1  0.000 0.000
16  1 1 1 1    0   1  0.000 0.000
```

⊖ 该真值表既有结果存在、结果缺乏的组态，也有逻辑余项，更符合现实情况。——译者注

最小化这个真值表（这次包括逻辑余项），产生相同的两个质蕴含项 ~A 和 ~B：

```
pHDi <- minimize(ttHDi, include = "?", use.tilde = TRUE, method = "QMC")
rownames(pHDi$PIchart)
```

```
[1] "~A" "~B"
```

相同的质蕴含项可以使用 eQMC 方法获得，将函数 findSupersets( ) 应用于 HD 数据中的前四行和前四列（与真值表的前四个组态相同），从 3^k 矩阵中产生以下超集行号：

```
posimp <- findSupersets(HD[1:4, 1:4] + 1, noflevels = rep(3, 4))
posimp
```

```
 [1]  2  3  4  5  6  7  8  9 10 11 12 13 14 15 16 17 18 28 29 30 31 32
[23] 33 34 35 36 37 38 39 40 41 42 43 44 45
```

当然，这里的真值表超过 16 行，因为在这个例子中，蕴含矩阵有 $3^4 = 81$ 行。3^k 矩阵通过使用向量 rep(3，4) 来产生，即 3^4，并且 ttHDc 中的组态在蕴含矩阵中的值加 1，即使用值 2 来表示前因条件存在，用值 1 表示前因条件缺乏。

下一步对 HD 矩阵的最后四行应用函数 findSupersets( )，以找到结果缺乏的所有组态的超集：

```
negimp <- findSupersets(HD[13:16, 1:4] + 1, noflevels = rep(3, 4))
negimp
```

```
 [1]  2  3  4  5  6  7  8  9 19 20 21 22 23 24 25 26 27 55 56 57 58 59
[23] 60 61 62 63 73 74 75 76 77 78 79 80 81
```

再下一步是找出结果存在的组态的超集，并且这些超集不是结果缺乏的组态的超集：

```
posimp <- setdiff(posimp, negimp)
posimp
```

```
 [1] 10 11 12 13 14 15 16 17 18 28 29 30 31 32 33 34 35 36 37 38 39 40
[23] 41 42 43 44 45
```

这些都是结果存在的组态的超集，但大多数都是冗余的，因为这个向量中有更大的超集。这个过程的最后一步是删除所有冗余的超集，以获得最小的非冗余质蕴含项。它涉及名为 removeRedundants( ) 和 getRow( ) 的两个函数，这两个函数是 R 自带的，不是为用户设计的（因此没有文档），但很容易知道它们是如何运作的：

```
primeimp <- removeRedundants(posimp, noflevels = rep(3, 4))
primeimp
```

```
[1] 10 28
```

这些是 3^k 矩阵中的行号，它们相当于质蕴含项 ~B 和 ~A。回想一下，值 0 表示最小化的条件，值 1 表示前因条件缺乏，值 2 表示前因条件存在：

```
getRow(primeimp, noflevels = rep(3, 4))
```

```
     [,1] [,2] [,3] [,4]
[1,]   0    1    0    0
[2,]   1    0    0    0
```

整个程序应用在 eQMC 最小化方法中：

```
epHDi <- minimize(ttHDi, include = "?", use.tilde = TRUE, method = "eQMC")
rownames(epHDi$PIchart)
```

```
[1] "~A" "~B"
```

虽然使用了和之前完全不同的程序，处理速度却大大提升，消耗的内存也更少（如果存在 15 个前因条件，大约要占用 15 MB 的内存，而经典的 QMC 算法要占用 1.4 GB 内存），但产生的质蕴含项却完全相同。这个程序还可以同时探索多达 18 个前因条件，因此另外 3 个前因条件意味着情况比以前复杂 3^3 =27 倍。

一旦超过这个阈值，eQMC 算法就达到了极限。在非常多的前因条件下，生成超集行号的向量可能会比可用内存大得多，但 eQMC 算法达到极限的最主要原因不是内存消耗。当前因条件超过 19 个之后，行号就不能在 32 位计算机中显示（上限为 2^{31}，高于 3^{19} 但低于 3^{20}），如果有 20 个前因条件，蕴含矩阵 3^{20} 行是不够显示的。更严重的是计算时间，特别是在最后一步删除冗余的蕴含项时：对数百万或数千万的蕴含项来说，即使这一过程很快，可能也要比预期花费更多的时间。

如上所述，经典的 QMC 过程的输入包括 12 个结果存在的组态，要么是具有不存在逻辑余项的真值表，要么将 8 个逻辑余项视为实际观察到的导致结果存在的组态。在 eQMC 过程中，筛选 4 个结果存在和 4 个结果缺乏的组态的超集会产生完全相同的质蕴含项，甚至不会涉及"included"逻辑余项。

有人可能会认为这并不完全准确，因为逻辑余项仍以某种方式参与了这个程序，在冗余的超集蕴含项中。如果不是叫作"CCubes"的最小化方法，这将是一个有效的反驳论点，该方法不是通过搜索超集而是使用一致性多维数据集（Consistency Cubes）来查找质蕴含项。

9.2 一致性多维数据集

上一节中的假设数据集非常简单，~A 和 ~B 都能够导致结果存在。对于下一个过程，假设我们有以下虚拟真值表 tt，其中包含 3 个结果存在和 3 个结果缺乏的组态：

```
tt <- matrix(c(1,0,0,0,1,1,  0,0,1,0,0,1,
               1,0,0,1,1,1,  0,1,1,0,1,1,
               1,1,1,0,0,0), nrow = 6)
dimnames(tt) <- list(c(11, 2, 6, 3, 12, 16), c("A", "B", "C", "D", "OUT"))
tt
```

```
   A B C D OUT
11 1 0 1 0   1
2  0 0 0 1   1
6  0 1 0 1   1
3  0 0 1 0   0
12 1 0 1 1   0
16 1 1 1 1   0
```

与 eQMC 方法类似，此过程的输入不涉及任何逻辑余项，只涉及结果存在与结果缺乏的组态。为了适当地描述一致性多维数据集是如何工作的，有必要进行如下定义。

定义 9.1：质蕴含项是结果存在的任何组态的最简可能的、非冗余的、完全一致的超集。

在此定义中，完全一致意味着它不是经验观察到的结果缺乏的组态的超集。最简可能的超集是一个单一的条件（无论它存在还是不存在）。图 9-1 是真值表 tt 的示意图，从中可以观察到，在条件存在的情况下没有一个条件是完全一致的。[⊖] 只有条件 C 缺乏时完全一致（分割线下方未出现 ~C），但它并未涵盖所有观察到的结果存在的组态，因而需要进入下一个复杂环节，继续进行搜索。

在下一个复杂环节中，搜索 4 个条件中 2 个条件的所有组合的超集表达式。如果从中找不到任何一个超集表达式，则从 4 个条件中的 3 个条件的所有组合

⊖ 对于每个条件，分割线上下都出现了条件存在的情况。——译者注

中继续搜索，直到一切都搜索完为止。

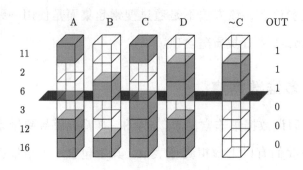

图 9-1　单个条件存在时不一致，单个条件 C 缺乏时一致

由于二元清晰条件只是一般多值条件的一个子集，因此可以将包含所有这些可能性的完整搜索空间 S 计算为从 k 个条件中，选定 c 个条件的所有组合乘以每个选择组合的级别数 l_s 再求和：

$$S_{MV} = \sum_{c=1}^{k} \binom{k}{c} \prod_{s=1}^{c} l_s \qquad （9-1）$$

二元清晰集 CS 的搜索空间仅涉及每个条件的两个级别（0 和 1），上面的公式恰好产生 3^k-1 个可能的表达式，描述了 Ragin（2000，pp.132-136）所谓的"分组"。这些都是针对二元清晰集的 3^k 蕴含矩阵的所有组态：

$$S_{CS} = \sum_{c=1}^{k} \binom{k}{c} \prod_{s=1}^{c} 2 = \sum_{c=1}^{k} \binom{k}{c} 2^c = 3^k - 1 \qquad （9-2）$$

使用类似的技术，Ragin（2000，p.134，表 5-4）列出了所有可能的表达方式，这些表达结合了前因条件的存在和缺乏。他的搜索技术非常类似于这种自下而上的方法（从最简单的表达开始），使用他所谓的"包含规则"来消除更复杂的冗余表达式。

自下而上的方法可以通过 CCubes 算法快速实现，该算法将式（9-1）的属性与定义 9.1 的要求相结合，因而 CCubes 算法非常快。

在复杂度为 2 的情况下，图 9-2 显示了条件 A 和 D 存在和缺乏的所有可能的组合，其中两对组合是一致的：~A·D 和 A·~D 均与结果存在（在分隔线上方）相关，且与结果缺乏（在分隔线下方）无关。

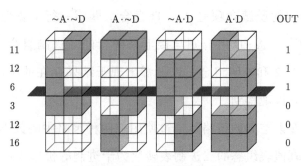

图 9-2　合取的质蕴含项

为了证明不一致，两个数据集立方体必须在分隔线下方同时出现（例如第四个蕴含项 A·D），否则在结果缺乏的数据集下它们与结果存在的数据集一致。

搜索空间

探索整个搜索空间是一种多项、耗时的操作。为确保结果详尽无遗，必须验证所有可能的前因条件组合及其级别组合。图 9-2 中有 4 对这样的级别组合，而 4 个条件存在 6 种组合，每个条件又包含 2 个级别，因此将消耗 48 个计算机周期（6×4×2）。

为了解决这个指数计算问题，搜索空间被划分为复杂的层次，从最小的复杂度 1 开始，到前因条件的最大值 k 结束。第二种消除冗余搜索的策略就是注意不是所有的级别组合都应该被检查，因为相关的组合已经在真值表组态中被找到了，从而解决了多项式搜索策略中另一个普遍的问题——内存消耗。

图 9-2 中有两个前因条件 A 和 D 的 4 种组合，但其中只有两种是相关的，它们已经在观察到的组态中被发现（其他两个组合被证明是无效的，因为它们没有被观察到）。

```
tt[, c("A", "D", "OUT")]

   A D OUT
11 1 0  1
2  0 1  1
6  0 1  1
3  0 0  0
12 1 1  0
16 1 1  0
```

通过消除某些冗余搜索，搜索空间被缩短为 6 行 2 列（即 12 个计算周期而不是 48 个）。确定的质蕴含项是 A · ~D 组合，即第一行上真值表行号为 11 的二进制组合"10"。~A · D 组合则与接下来两行的二进制组合"01"相同，等同于真值表行号为 2 和 6 的组合。以上都出现于结果存在的组态中，而在结果缺乏的组态中没有被观察到。

第三种缩小搜索空间的策略是通过使用前两种策略中的数学规则来实现的。在此示例中，将真值表组态的二进制表转换为十进制等价形式：

```
data.frame(AD = tt[, c("A", "D")] %*% 2:1, OUT = tt[, "OUT"])

   AD OUT
11  2   1
2   1   1
6   1   1
3   0   0
12  3   0
16  3   0
```

详尽的方法消耗了 48 个计算周期，但仅仅通过搜索这 6 个十进制数（2、1、1、0、3、3）可以获得相同的结果（前三个对应于观察到结果存在的组态，其中 OUT = 1）。由于在结果缺乏的真值表组态（十进制数 0、3、3）中找不到它们，因此两者都被识别为质蕴含项。

这种自下而上的方法在效率方面优于之前的 QMC 和 eQMC 方法，并产生相同的质蕴含项：

```
ptt <- minimize(truthTable(tt, outcome = "OUT"),
                include = "?", use.tilde = TRUE, method = "CCubes")
ptt$PIchart

      2  6  11
~C    x  x  -
~A*B  -  x  -
~A*D  x  x  -
A*~D  -  -  x
```

可以发现，图 9-1 和图 9-2 中的所有质蕴含项为：~C，~A · D 和 A · ~D。第二个 ~A · B 实际上是冗余的，因为它无助于求解质蕴含项表（覆盖所有结果存在的组态）。

这是与简约解相对应的搜索策略，与常见的（错误）感知相反，伪 – 反事实分析实际上并不使用任何逻辑余项来生成质蕴含项，但最终的解与经典的 QMC 算法的解相同。在这里，它可能看起来不太相关，但在下一章中它将被证明是重要的。

9.3 包含 VS. 排除

标准分析和增强标准分析都坚持在最小化过程中包括反事实以及经验观察到结果存在的组态。在默认情况下，会包括所有的逻辑余项，除非过滤掉其中的一些，如不一致的反事实、站不住脚的假设、相互矛盾的简化假设等。

通常，最小化过程的构想遵循了经典的 QMC 过程，其中包含结果存在的组态和过滤后的逻辑余项。在经典的 QMC 过程中，遗漏的东西（结果缺乏的组态和被过滤掉的逻辑余项）在最小化过程中不起任何作用。只有被保留下来的逻辑余项才能提供最小的解，"最小"一词应该被解释为过滤了其中一些逻辑余项，还有多少逻辑余项被使用。

虽然 QMC 忽略了遗漏的东西，但是当前 QCA 包中的默认算法恰恰相反：它忽略了包含的逻辑余项，反过来，聚焦于比较结果存在的组态以及由结果缺乏的组态与从逻辑余项中过滤出去的数据组成的集合。

在经典的 QMC 算法中，未被过滤掉并在该过程中被保留下来的逻辑余项被视为导致结果存在，这是基于如果观察到这些逻辑余项，它们将有助于产生感兴趣的现象这一假设。这是对最小化过程的直观表述，去掉被过滤掉的逻辑余项。

但是，通过忽略那些被保留的逻辑余项，集中于那些被过滤掉的逻辑余项，可以得到同样的结果。在这个替代性的过程中，有一个不同的假设：如果这些（被过滤掉的）逻辑余项被观察到，那么它们不会产生感兴趣的现象。

反事实分析假定被保留下来的逻辑余项将会产生结果，而伪-反事实分析则假定如果它们被经验观察到，那么被过滤掉的逻辑余项不会产生结果。当然，这些都是同一枚硬币的两面：QMC 集中于包含的逻辑余项，而 eQMC 和更快的 CCubes 则集中于被排除的逻辑余项，最终结果相同。

考虑这种替代方法的原因是速度和内存。经典的 QMC 方法在 11 ~ 12 个前因条件下达到了极限（在这个过程中消耗了大量内存），而 CCubes 可以很容易地处理多达 30 个前因条件，且无需额外的内存。

在上一个模拟真值表示例中，有 6 个观察到的组态，其行号为：11、2、6、3、12 和 16。由于有 4 个二元清晰条件，通过以下行号可以找到逻辑余项：

```
setdiff(1:16, rownames(tt))
```

```
[1]  1  4  5  7  8  9 10 13 14 15
```

假设第 7 行及以上的逻辑余项应从最小化过程中排除，这意味着经典的 QMC 算法将包括剩余的逻辑余项：8、9、10、13、14 和 15，假设它们结果存在的值为 1。

```
toinclude <- c(8, 9, 10, 13, 14, 15)
tt2 <- rbind(tt, cbind(getRow(toinclude, noflevels = rep(2, 4)), 1))
rownames(tt2) <- c(rownames(tt), toinclude)
```

通过使用函数 rbind( )，cbind( ) 和 getRow( ) 的级联组合，上面的代码模拟了数据，以作为经典的 QMC 算法的输入。需要注意的是，这是一个模拟真值表，因为在正常情况下，列 OUT 将用问号表示包含的逻辑余项，而不是这里使用的值 1。

```
minimize(truthTable(tt2, outcome = "OUT"),
         use.tilde = TRUE, method = "QMC")$PIchart
```

```
        2  6  8  9 10 11 13 14 15
A*~C    -  -  -  x  x  -  x  x  -
A*~D    -  -  -  x  -  x  x  -  x
~C*D    x  x  -  -  x  -  -  x  -
~A*B*D  -  x  x  -  -  -  -  -  -
```

对逻辑余项强制输出值为 1 而不是问号的净效应是生成更大的 PI 表，其中正确的只有列 2、6 和 11（观察到结果存在的组态）。可以看出，只有质蕴含项 A · ~D 和 ~C · D 覆盖这三列，而另外两行不计入解。手动强制输出列并不是一个好主意，这个例子体现的精髓即在于此。

正确的 PI 表是通过初始真值表 tt，特别是排除站不住脚的假设的逻辑余项 1、4、5、7 之后得到的：

```
minimize(truthTable(tt, outcome = "OUT"), exclude = c(1, 4, 5, 7),
         include = "?", use.tilde = TRUE, method = "CCubes")$PIchart
```

```
        2  6 11
A*~D    -  -  x
~C*D    x  x  -
~A*B*D  -  x  -
```

第 **10** 章

QCA 扩展

10.1 QCA 的时间性

自从 QCA 方法被提出以来，它便是一种极具前景的研究复杂现象的方法。经验数据可以视为由一系列前因条件和结果组成的理论模型，这一定程度上可以解释为什么它有时被误认为是回归模型。

因为回归具有相似的情形（自变量对因变量有直接效应），但在现实中，研究现象的结构要复杂得多。一些因素实际上先于其他因素发生，从而直接或间接地决定了它们的结构以及它们对结果可能产生的影响。

QCA 的时间性，已经被广泛讨论过（De Meur 等，2009；Schneider 和 Wagemann，2012；Hak 等，2013；Marx 等，2014），但缺乏一个结合 QCA 软件的确定方法。虽然许多方法都值得被讨论，但本节将只覆盖一个较小的部分，这一部分可用于将 R 和 QCA 包相结合。

Caren 和 Panofsky（2005）希望解决社会研究这个重要方面的问题，并提出了一种新的方法，称为 TQCA（一种基于主流 QCA 的时间维度上的扩展）。他们明确地指出：

当 Ragin 在 QCA 中运行变量和案例时，它们在时间上是固定的——它们既不被视为包含事件序列，也不被视为经过一段时间后导致变化的因素。

与 Ragin 和 Strand（2008）的回应相同，我认为关注时间维度这个方法在该领域中是十分受欢迎的。自从这两篇论文发表以来，时间性的概念一直是文献中反复出现的主题，与因果关系密切相关，下一节将会深入讨论。

虽然 Caren 和 Panofsky 提出了 QCA 方法的一个扩展，实际上却修改了最小化算法来包含这个维度，Ragin 和 Strand 称，这不需要特殊修改，因为用传统的 QCA 就可以做到这一点。解决方法可以追溯到 Ragin 的原著（1987）：

注意，在真值表中，包含与历史过程相关的前因变量，并分析这种二分法的组合是可能的。这个策略将强化布尔方法在比较历史解释中的作用。（p.162）

因此，解决方法非常简单，只须在数据中增加列 EBA 用于解释哪些案例中前因条件 E（对精英盟友的支持）在前因条件 A（国家联盟）之前发生（或不发生）。在这个版本的数据中，前因条件 P 和 S 分别位于第一列和最后一列，不包含时间顺序的信息。

```
data(RS)
RS
```

```
   P E A EBA S REC
1  1 1 1  1  1  1
2  1 1 1  1  1  1
3  1 1 1  0  1  1
4  1 1 1  1  0  1
5  1 1 1  1  0  1
6  1 1 0  -  1  1
7  1 0 1  -  1  0
8  1 0 1  -  1  0
9  1 0 0  -  1  0
10 1 0 0  -  1  0
11 1 0 0  -  1  0
12 1 0 0  -  0  0
13 0 1 1  0  1  1
14 0 1 0  -  0  0
15 0 0 0  -  0  0
16 0 0 0  -  0  0
17 0 0 0  -  0  0
```

破折号（即上表列 EBA 中的短横线）在 QCA 包中是一个特殊的符号，它与标准的二进制值 0 和 1 不同。如果前因条件 E 或 A 中有一个没有发生，甚至是二者都没有发生，将使用破折号。

例如，前因条件 EBA 中，第一个出现破折号的案例位于表中第 6 行，其中，前因条件 E 是存在的（值为 1），但 A 缺乏（值为 0）。所以 E 发生在 A 之前是不合乎逻辑的，因为 A 根本就没有发生。

更为极端的是最后一个案例，当 E 和 A 都缺乏时，讨论 E 是否发生在 A 之前没有意义。为了获取有逻辑的解释，如果说 E 出现在 A 之前，那么实际上需要 E 和 A 都实际发生了。

有了这类数据，就有可能执行正规的布尔最小化并获得与 Caren 和 Panofsky 最初提出的，经 Ragin 和 Strand 进一步简化的相同的结果：

```
minimize(truthTable(RS, outcome = "REC"))
```

```
M1: P*E*S + P*E*A*EBA + E*A*eba*S <=> REC
```

这个结果复制了 Ragin 和 Strand 得出的结果，表达式如 P*E*A*EBA 表示了一个因果顺序。其中，E 和 A 都是质蕴含项的一部分，它们与 EBA 表达的信息一致，即 E 发生在 A（发生）之前。第三个表达式 E*A*eba*S 对于结果 REC 是充分的，只是 E 并未在 A 之前发生。

尽管看起来很简单，但这种方法有一个主要的缺点：它只产生复杂解。采用任何反事实分析是不可能的，不仅因为没有经验信息的条件组合，而且也因为反事实因果顺序的不确定性。

鉴于这种相当严格的限制，考虑时间维度的 QCA 并没有得到进一步发展就不令人惊讶了。自从 Caren 和 Panofsky 的文章发表以来已经有 10 多年了，却没有进一步的进展。

此外，Hino（2009）的论文可圈可点。基于 Caren 和 Panofsky，以及 Ragin 和 Strand 的工作，他提出了许多其他技巧来引入时间维度，使用各种形式的时间序列：混合型 QCA、固定效应型 QCA 以及时间差异型 QCA。在之前的 TQCA 中，是一系列的事件导致了一个特定的结果，Hino 的 TS/QCA 方法考虑了时间的变化是产生特定结果的前因条件。

TS/QCA 的一个主要优势与前因条件的数量有关，这和传统的 QCA 一样。在之前的 TQCA 中，应用额外的列区分每两个条件中的因果顺序。在 TS/QCA 中，则是增加数据集行的数量，作为案例数和时间测量数的函数：相同的案例依据它到底有多少个时间测量点，可以在数据集中多次出现。

在时间差异型 QCA 中，每个案例只在两个时间点上有意义（在 Hino 的案例中，为起始点 1980 年和结束点 1990 年）。然后将它们之间的差转换为二元清晰集，对正差（结束点的值高于起始点的值）赋值为 1，其他的赋值为 0。

```
data(HC)
minimize(truthTable(HC, outcome = "VOTE"))
```

    M1: FOREIGN*PRES80 + FOREIGN*UNEMP*CONV + UNEMP*CONV*PRES80 <=> VOTE

如果包含反事实，就变为：

```
minimize(truthTable(HC, outcome = "VOTE"), include = "?")
```

    M1: CONV + PRES80 <=> VOTE

可以论证，Hino 的方法也可以使用模糊集来校准起始点和结束点之间的差。即并非认为正差为 1，其他的为 0，而是可以通过模糊分数来考虑大的差异，负差趋于 0，正差趋于 1，而非常小的差接近 0.5 的交叉点。通过检查差的所有范围，选用校准阈值可以使得最终的校准条件为模糊值，而不是清晰值。

时间差异法是一种简便易行的方法，可以不用转化为其他特别的算法，就能与标准 QCA 中的最小化过程一起工作。由于最近的理论发展，它也可以有助于（增强）标准分析中的反事实分析，具有一定的前瞻性。

然而，Berg-Schlosser（2012，p.210）指出，Hino 的方法仅能用于可度量的变量。此外，它不像前面的 TQCA 方法所做的，能够检测事件的特定序列。

我并不过度担心度量问题，因为几乎所有的前因条件（特别是在模糊集 QCA 中）都是以度量尺度或是其他方式来度量的。

第二个问题的确值得关注。Berg-Schlosser 提及了一个将条件本身定义为因果顺序的可能的方法。De Meur 等（2009，p.162）也提出了一个非常相似的概念，将时间维度纳入条件之中，创造"动态"条件。

对于 Ragin 和 Strand 的例子，这可能意味着如果 E 在 A 之前发生，则 EBA 的值为 1，否则为 0（包括 E 没有发生，A 没有发生，或两者都没有发生）。

然而，条件可能包含关于动态时间的信息，这种方法包含了现有两个条件之间的因果顺序。显然，若 A 在 E 之前发生，则需要另一个条件 ABE 来表明。

这种方法具有消除"don't care"代码的巨大优势，并且使数据变得更标准，更易于最小化，同时可以在QCA的时间性中为包含逻辑余项提供可能性。使用两个（二元清晰集）条件：EBA和ABE，条件A和E现在是多余的，解变化为：

```
RS2 <- RS
RS2$ABE <- recode(RS$EBA, "0 = 1; else = 0")
RS2$EBA <- recode(RS$EBA, "- = 0; else = copy")
minimize(RS2[, c(1, 4, 7, 5, 6)], outcome = "REC")
```

    M1: P*EBA*abe + eba*ABE*S => REC

这个结果完全等同于最小化原始数据集RS产生的结果：

```
minimize(RS[, -c(2, 3)], outcome = "REC")
```

    M1: P*EBA + eba*S => REC

这个解与Ragin和Strand提出的简约解略有不同，但保留了大部分基本要素。例如，表达式P * EBA在逻辑上等价于前者的P * E * A * EBA，而eba * S也是简约解的一部分，表达式P * E * S不再出现，但是它们都没有涉及E和A之间的时间顺序。

事件的时间顺序几乎总是与因果分析相关联，因此成熟的时间性的QCA方法必须与因果关系有内在联系。对想要从集合关系角度理解这些概念的人来说，Mahoney等人（2009）的论文是必读的。他们描述了一种被称为序列细化的方法，引入了各种因果关系：必要条件、充分条件、充分必要条件、INUS（某个充分不必要条件中的必要不充分部分）和SUIN（某个必要不充分条件中的充分不必要部分），再加上另一组相关原因（主要原因的前因或后续）的关系。

这些都非常有趣，特别是因为他们采用集合论，这是QCA方法的基础。接下来将介绍一种专门为因果分析量身定制的方法，它与QCA方法有相似和不同之处。

10.2 一致性分析：CNA

在Ragin（1987）引入QCA大约20年后，Baumgartner（2009）基于他几年前的博士论文，提出了另一种有趣的方法，并命名为CNA——一致性分析

（coincidence analysis）。

QCA 使用各种前因条件来分析一个结果，而 CNA 则检查所有可能的因果组合，它不仅考虑结果，还考虑前因条件本身。它不仅仅是一个时间性的 QCA，尽管因果结构假定原因必须发生在结果之前。

分析条件之间的关系的想法并不新鲜，这一想法在 SEM 结构方程模型中已经被运用了几十年。事实上，CNA 中的新术语（Baumgartner 和 Thiem，2017，首先在网上公布）说的是适用于结构方程模型的外生和内生因素。这是 QCA 因果模型的改进，这自然是有趣的，并且促进了 QCA 方法的进步。

虽然声称 CNA 与 QCA 不同，甚至优于 QCA，但正如本节所描述的，CNA 实际上是其创建者所承认的 QCA 的子变体（Baumgartner，2013，p.14）。

CNA 的术语有点不同：因素（有时是残差），而非条件；效果，而非结果；一致性列表，而非真值表（尽管二者并不完全相同）。但 CNA 与 QCA 的相似之处是显而易见的。

当 CNA 出现时，便是（并且我相信它仍然是）一种有前景的 QCA 的扩展。最近，Baumgartner 和 Thiem（2017，首先在网上公布）声称，QCA 在采用复杂解和中间解时，实际上是错误的。这可以解释为何要对 CNA 方法进行分析，既可以单独分析，也可以将其功能与 QCA 的扩展进行比较。如后文所述，CNA 有其优点，但对于真值表类型的分析，它几乎是 QCA 的子变体。

由于有各种各样的假设被载体化，这引发了方法上的争论。例如，以下来自 Baumgartner（2009）的初步研究就很有趣：

QCA 旨在分析这样的因果结构：只有一种效应以及一个复杂的，由相互独立的直接原因形成的组态。"（p.72）

此外，他还指出：

然而，与 QCA 相反，输入 CNA 的数据不需要将一个因素标记为效果或结果。"（p.78）

这说明 QCA 只能观察到一个单一的结果，而 CNA 可以观察所有可能的条件之间的关系，每个条件都可能被认为是结果。但这并不完全正确，QCA 算法确实局限于单一结果，这一明显的局限性还扩大了原有 QCA 技术的缺陷。实际上，没有什么可以阻止研究人员进行多项 QCA 分析并改变条件之间的结果，来查看哪些条件形成了因果结构。

QCA 与 CNA 唯一的不同是，可以自动执行整个 CNA 过程，但这仅仅是软件特征而不是方法上的限制。事实上，正如后面将要展示的那样，QCA 包的第 3 版提供了类似的自动程序，可以重现 CNA 的结果。但应该注意的是，这种自动化程序是机械的、数据驱动的。

另一个突破可能更为重要，因为它展现了 CNA 的优势，即 QMC 算法和逻辑余项的使用。Baumgartner（2013）指出：

与 QCA 相反，CNA 不会通过 QMC 优化来最小化充分性和必要性的关系，而是基于其自定义的最小化程序。（p.14）

此外，Baumgartner（2015）的摘要中提到：

为了将简约最大化，QCA——由于其依赖于 QMC 优化——经常被迫引入无法维持的简化假设。本文最后通过证明存在一种替代布尔方法的用于因果数据分析的方法，即 CNA，并用不同的优化算法取代 QMC 算法，从而成功地在不依赖于无法维持的假设的情况下，始终如一地进行最大程度上的简化。"（p.839）

所有这些引用意味着 CNA 与 QCA 不同，它背后的"自定义"算法不依赖于任何逻辑余项，并不"强制"引入无法维持的简化假设，因而作为 QMC 的替代方案出现。

现代的 QCA 算法不一定明确依赖于逻辑余项，更重要的是不一定依赖于经典的 QMC 算法，这在第 9 章已经得到了证明。相反，QCA 包（从 2007 年开始）采用伪 - 反事实分析，产生与经典的 QMC 算法完全相同的结果。

如果没有进一步澄清，在进行这个讨论之前，应该进一步澄清 CNA 在简化的过程中不依赖于任何逻辑余项，将新的 QCA 算法与 CNA 描述的算法进行比较是相当容易的。

Baumgartner（2009）提供了以下定义来找出一致性（另一个偏离已确立的质蕴含项概念的术语）：

SUF：如果输入列表 C 中至少包含以 $X_k Z_i$ 为特征的一行，且没有以 $X_k \overline{Z}_i$ 为特征的行，那么对于 Z_i，一项一致性的残差 X_k 就是充分的。（p.86）

这与为描述一致性多维数据集而引入质蕴含项（Z_i 的充分表达式 X_k）时所给出的定义 9.1 非常相似。

重申这一解释：完全一致意味着它永远不会成为结果缺乏的超集（没有以 $X_k \overline{Z}_i$ 为特征的行）。它在结果存在的组态的超集中隶属分数为 1，相反地，在结果缺乏的组态的超集中隶属分数为 0。

对基于真值表的布尔最小化来说，这当然是有效的。而在模糊集中，有时降低该一致性分数，使得具有 0.95 的一致性（不完全隶属但非常接近）的表达式也被接受为一个质蕴含项也不是不可能的。

第 9 章明确地证明了伪 – 反事实分析产生了与经典的 QMC 过程完全相同的简约解，如同它包含了逻辑余项一样。不管一些方法学家是否同意，对于真值表类型的分析，CNA 同伪 – 反事实分析一样，它实际上隐式地使用了逻辑余项。

如果 CNA 和 QCA 算法确实相似且等效，那么它们应该得出完全相同的解。如前文所述，QCA 包的第 3 版提供了一个名为 causalChain( ) 的函数，它将与 cna 包中的函数 cna( ) 进行类比（Ambuehl 和 Baumgartner，2017）。

函数 causalChain( ) 的规范是非常基础的：

```
causalChain(data, ordering = NULL, strict = FALSE, ...)
```

参数 ordering 和 strict 确保函数 causalChain( ) 与函数 cna( ) 产生类似的功能，而三个点号可用于将各种参数传递给函数 minimize( )，后者由函数 causalChain( ) 在后台运行。

需要解释的是，首先，cna 包只关注简约解的类型。如果没有另外指定，函数 causalChain( ) 默认设置参数 include ="?" 以实现简约解。其次，在函数 minimize( ) 中有另一个名为 all.sol 的参数，它允许（在激活时）查找给定数据所有可能的解，而不管这些解包含多少个组合。

为了符合 QCA 的标准，默认保持参数 all.sol 的非激活状态。但由于 cna 包探索了所有的解空间，函数 causalChain( ) 会默认激活该参数（如果没有另外指定）以获得相同的解。

介绍了所有这些背景信息后，接下来将测试两个包生成的结果。为了证明 cna 包能够实现与经典的 QMC 程序完全相同的解，在主要的最小化函数运行之前，将参数 method 强制设置为 "QMC"。相同的结果将证明 CNA 是一种伪 - 反事实方法。

由于 cna 包中的示例适用于一致性分析，因此可以使用函数 cna( ) 的帮助文件中的一些示例：

```
library(cna)
data(d.educate)
cna(d.educate, what = "a")

--- Coincidence Analysis (CNA) ---

Factors: U, D, L, G, E

Atomic solution formulas:
-------------------------
Outcome E:
      condition consistency coverage complexity
    L + G <-> E           1        1          2
U + D + G <-> E           1        1          3

Outcome L:
   condition consistency coverage complexity
  U + D <-> L           1        1          2
```

开发函数 causalChain( ) 的目的不是完全替换函数 cna( )，而是表明它们可以产生等效的结果。出于这个原因，只将它与函数 cna( ) 产生的一部分公式——简约解公式（asf，使参数 what ="a" 进行输出）进行比较。

```
cc <- causalChain(d.educate, method = "QMC")
cc

M1: U + D <=> L

M1: L + G <=> E
M2: U + D + G <=> E
```

可以看出，经典的 QMC 程序与 cna 包产生了完全相同的简约解。虽然输出形式并不完全相同，但所表达的结果是相同的：两个模型能够产生结果 E，一个模型能够产生结果 L。如前所述，结果 E 的两个模型是通过激活参数 all.sol 产生的，用于找到解 U + D + G，除此之外，解就不是最小化的。就像 cna 包一样，QCA 包也能够识别解的完整模型空间。

虽然未在屏幕上呈现，但生成的对象包含了数据 d.educate 中所有列的最小化结果。

```
names(cc)
```

```
[1] "U" "D" "L" "G" "E"
```

```
cc$U
```

```
M1: d*L => U
```

尽管导致结果 U 的最小化条件是充分的，但并未显示是必要的，因为它的充分性的覆盖度（与必要性的一致性相同）小于函数 minimize( ) 中参数 sol.cov 指定的默认为 1 的临界点。充分性仅由右箭头符号 " =>" 显示，而作为因果链的一部分，简约解必须充分且必要，由双箭头符号 " <=>" 显示。

为了检查实际的一致性和覆盖度，每个解都是 " qca" 类的对象，它有一个名为 IC 的组件：

```
cc$E$IC
```

```

            inclS    PRI    covS    covU    (M1)    (M2)
        ---------------------------------------------------
    1  G   1.000   1.000   0.571   0.143   0.143   0.143
        ---------------------------------------------------
    2  U   1.000   1.000   0.571   0.000           0.143
    3  D   1.000   1.000   0.571   0.000           0.143
    4  L   1.000   1.000   0.857   0.000   0.429
        ---------------------------------------------------
       M1  1.000   1.000   1.000
       M2  1.000   1.000   1.000
```

由于产生结果 E 的两个模型的一致性和覆盖度均等于 1，因此它们被认为是必要且充分的，也因此它们是因果链模型的一部分。关于函数 cna( ) 的第二个例子将使用著名的 Krook（2010）关于妇女在议会中的代表性的数据：

```
data(d.women)
cna(d.women, what = "a")
```

```
--- Coincidence Analysis (CNA) ---

Factors: ES, QU, WS, WM, LP, WNP

Atomic solution formulas:
--------------------------
*none*
```

我特意修改了函数中的原始示例命令，以强调我将说明的某个方面。现在，让我们检查函数 causalChain( ) 的结果：

```
causalChain(d.women, method = "QMC")
```

```
M1: WS + es*LP + ES*WM + QU*LP <=> WNP
M2: WS + ES*WM + QU*LP + WM*LP <=> WNP
```

虽然函数 cna( ) 的默认设置不会显示任何简约解公式，但函数 causalChain( ) 会准确地反映 Krook 发布的结果。来自 cna 包的原始示例命令中，包含一个名为 maxstep 的附加参数，该参数有三个值：

```
data(d.women)
cna(d.women, maxstep = c(3, 4, 9), what = "a")
```

```
--- Coincidence Analysis (CNA) ---

Factors: ES, QU, WS, WM, LP, WNP

Atomic solution formulas:
--------------------------
Outcome WNP:
                           condition consistency coverage complexity
  WS + ES*WM + es*LP + QU*LP <-> WNP           1        1          7
  WS + ES*WM + QU*LP + WM*LP <-> WNP           1        1          7
```

使用这些设置，函数 cna( ) 也能够揭示 Krook 中的必要条件和充分条件。从函数的帮助文件中，我们可以了解更多关于参数 maxstep 的信息，其形式为 c(i,j,k)，这意味着：

生成的 asf 最多拥有 j 个析取式，i 个因素连接和最多 k 个因子（k 是最大复杂度）。

这个论点提出了关于 CNA 算法如何工作的问题。当然，用户可以尝试 i、j

和 k 的各种组合。但最重要的是，没有人确切地知道在一定的时间内产生完整因果链的最小值集合是哪一个，因为搜索这些值会增加搜索可能的解的时间。

这一点尤为重要，因为某些值可能会为一个特定结果产生必要且充分的模型，但不会产生另一个结果。为了确保为所有结果找到这些必要且充分的模型（如果存在），参数 maxstep 中的值必须与所需的一样大，这会增加搜索时间。帮助文件中的解释显示：

由于 asf 的组合搜索空间可能太大，无法在合理的时间内进行彻底搜查，因此参数 maxstep 允许为生成的 asf 复杂性设置上限。

设置复杂性的默认（低）上限既不保证最小性也不保证穷尽性。搜索空间有时确实非常大，它应该被缩减到至少能找到一些解。但是有时候最小解可能会存在于默认边界之外，更复杂的析取甚至会高于此默认边界。

相反，使用函数 causalChain( ) 不需要设置这样的界限，因为它执行穷举搜索以找到：①相同复杂程度中，所有可能的质蕴含项；②来自给定质蕴含项表中的所有可能解。由于 CCubes 算法是精确并详尽的，因此对于真值表的传统的 QCA 最小化是完全可能的。

然而，对解的一致性使用较低的阈值会限制质蕴含项表，并且搜索空间可能会增加到无穷大。在这种情况下，需要一个上限，如果没有另外指定，则每个解的默认设置为 5 个质蕴含项，可以通过函数 minimize( ) 中的参数 sol.depth 修改上限。

cna 包还拥有其他有趣的因果分析功能。默认情况下，来自某个数据集的所有因子都可能会作为结果，并将其他列设为前因条件。在某些情况下，理论可能会确定哪种前因条件发生在其他条件之前。在某种程度上，这看起来与路径分析中的 SEM 图非常相似。

为了实现这一点，函数 cna( ) 提供了一个名为 ordering 的参数，它必须指定用于某个列表，列表中每个组件可能在同一级别上有一个或多个因子。净效应确保先行因子发生在后续因子之前。补充参数 strict 决定了来自相同时间的因子是否可能是彼此的结果。

```
data(d.pban)
mvcna(d.pban, ordering = list(c("C", "F", "T", "V"), "PB"),
      cov = 0.95, maxstep = c(6, 6, 10), what = "a")


--- Coincidence Analysis (CNA) ---

Causal ordering:
C, F, T, V < PB
Atomic solution formulas:
-------------------------
Outcome PB=1:
                                        condition consistency
            C=1 + F=2 + C=0*F=1 + C=2*V=0 <-> PB=1            1
            C=1 + F=2 + C=0*T=2 + C=2*V=0 <-> PB=1            1
C=1 + F=2 + C=2*F=0 + C=0*F=1 + F=1*V=0 <-> PB=1            1
C=1 + F=2 + C=2*F=0 + C=0*T=2 + F=1*V=0 <-> PB=1            1
C=1 + F=2 + C=0*F=1 + C=2*T=1 + T=2*V=0 <-> PB=1            1
coverage complexity
    0.952         6
    0.952         6
    0.952         8
    0.952         8
    0.952         8
... (total no. of formulas: 14)
```

有一点需要注意的是，在这个命令中，使用了一个名为 mvcna( ) 的函数，它是使用参数 `type ="mv"` 的主函数 cna( ) 的快捷方式。需要告知函数使用何种数据，同时 QCA 包会自动进行检测。这仅仅是为了方便，但更重要的是函数 cna( ) 还显示了 cna 包的缺点，因为它显然不能在同一数据中混合使用不同类型的集合，正如函数 cna( ) 的帮助文件中所示：

既包含多值集，又包含模糊集因素的数据不能有意义地、因果性地结合。

这是一个缺点，但 QCA 包已经在多年前解决了这个问题——对于多值集充分性，见式（6-2）。QCA 包接受任何类型数据的最小化，现在也可用于因果建模。

返回实际命令，放宽默认值 1，使用覆盖度阈值 0.95，为结果 PB 生成了 14 个不同的解。相似的参数 ordering 也可以作为函数 causalChain( ) 的列表，我可以自由地改变单个字符串中的时间顺序，这是 QCA 包中许多其他函数的常见操作：

```
causalChain(d.pban, ordering = "C, F, T, V < PB", sol.cov = 0.95,
            method = "QMC")
```

```
M01: C{1} + F{2} + C{0}*F{1} + C{2}*V{0} <=> PB{1}
M02: C{1} + F{2} + C{0}*T{2} + C{2}*V{0} <=> PB{1}
M03: C{1} + F{2} + C{0}*F{1} + C{2}*F{0} + F{1}*V{0} <=> PB{1}
M04: C{1} + F{2} + C{0}*F{1} + C{2}*T{1} + T{2}*V{0} <=> PB{1}
M05: C{1} + F{2} + C{0}*F{1} + T{1}*V{0} + T{2}*V{0} <=> PB{1}
M06: C{1} + F{2} + C{0}*T{2} + C{2}*F{0} + F{1}*V{0} <=> PB{1}
M07: C{1} + F{2} + C{0}*T{2} + C{2}*T{1} + T{2}*V{0} <=> PB{1}
M08: C{1} + F{2} + C{0}*T{2} + T{1}*V{0} + T{2}*V{0} <=> PB{1}
M09: C{1} + F{2} + C{0}*F{1} + C{2}*F{0} + F{1}*T{1} + T{2}*V{0} <=> PB{1}
M10: C{1} + F{2} + C{0}*F{1} + C{2}*T{1} + F{0}*T{2} + F{1}*V{0} <=> PB{1}
M11: C{1} + F{2} + C{0}*F{1} + F{0}*T{2} + F{1}*V{0} + T{1}*V{0} <=> PB{1}
M12: C{1} + F{2} + C{0}*T{2} + C{2}*F{0} + F{1}*T{1} + T{2}*V{0} <=> PB{1}
M13: C{1} + F{2} + C{0}*T{2} + C{2}*T{1} + F{0}*T{2} + F{1}*V{0} <=> PB{1}
M14: C{1} + F{2} + C{0}*T{2} + F{0}*T{2} + F{1}*V{0} + T{1}*V{0} <=> PB{1}
```

显然，CNA 产生的解与经典的 QMC 算法完全相同，即使它没有明确地使用任何逻辑余项。但这一事实显示，CNA 实际上隐式地使用了逻辑余项，因此可以作为伪 - 反事实分析的一种方法。

然而，CNA 的某些特性使其与经典的布尔最小化不同，它可以搜索具有较低一致性水平的解，另外要注意是参数 con 而不是 cov：

```
mvcna(d.pban, ordering = list(c("C", "F", "T", "V"), "PB"),
    con = .93, maxstep = c(6, 6, 10), what = "a")
```

```
--- Coincidence Analysis (CNA) ---

Causal ordering:
C, F, T, V < PB

Atomic solution formulas:
-------------------------
Outcome PB=1:
                                 condition consistency coverage
        C=1 + F=2 + T=2 + C=2*T=1 <-> PB=1       0.955         1
C=1 + F=2 + T=2 + C=2*F=0 + F=1*T=1 <-> PB=1     0.955         1
complexity
        5
        7
```

此命令的主要缺点与参数 con =0.93（同时自动将相关参数 con.msc 设置为相同的值）和 maxstep =c（6,6,10）的组合有关。我们不清楚普通用户是如何找到这种特定的数字组合（而不是通过试错）来产生这些解的，这一事实使得用户体验变得烦琐且存在潜在的不精确性。

来自 QCA 包的函数 minimize() 以及函数 causalChain() 中也有一些参数允许修改一致性阈值。例如，参数 pi.cons 等效于函数 cna() 中的参数 con.msc，而参数 sol.cons 等效于函数 cna() 中的参数 con。解也是一样的：

```
causalChain(d.pban, ordering = "C, F, T, V < PB", pi.cons = 0.93,
            sol.cons = 0.95)
```

```
M1: C{1} + F{2} + T{2} + C{2}*T{1} <=> PB{1}
M2: C{1} + F{2} + T{2} + C{2}*F{0} + F{1}*T{1} <=> PB{1}
```

在此命令中，重要的是要注意删除参数 `method ="QMC"` 以允许采用默认方法 CCubes。对一致性阈值的调整是经典最小化算法的特征。

此外，读者可能会注意到参数 sol.depth 未被使用，尽管解的一致性阈值不够完美。当未明确规定时，将自动使用 5 个质蕴含项作为上限，这足以使得 cna 包找到相同解（第二个解恰好是 5 个质蕴含项的析取）。

引入覆盖度阈值 0.95，可以找到其他 6 个不同的解，有些解甚至更加简约。此外，它们与函数 cna( ) 找到的解相同：

```
causalChain(d.pban, ordering = "C, F, T, V < PB", pi.cons = 0.93,
            sol.cons = 0.95, sol.cov = 0.95)
```

```
M1: C{1} + F{2} + T{2} <=> PB{1}
M2: C{1} + T{2} + C{2}*T{1} <=> PB{1}
M3: F{2} + T{2} + F{1}*T{1} <=> PB{1}
M4: C{1} + F{2} + V{0} + C{0}*F{1} <=> PB{1}
M5: C{1} + T{2} + C{2}*F{0} + F{1}*T{1} <=> PB{1}
M6: F{2} + V{0} + C{0}*F{1} + F{1}*T{1} <=> PB{1}
```

由于现在可以从确切的最小化改为模糊集一致性，结果会变得更加可观，同时仍然高度一致（尽管不够完美）。缺点是用户现在已经使用了过多的参数，其中许多参数都涉及一致性或覆盖度阈值。在更改默认值之前，用户应该明确每个参数的作用。

现在可能是进行整体评估的好时机。虽然 CNA 不使用传统的真值表（而是一致性列表），但 QCA 仍然是基于真值表的程序，我认为这是 QCA 的一个特征而不是问题。除了在最小化之前检查有用的中间对象外，真值表提供了研究人员分析的复杂数据的合成图。

这与是否使用校准模糊数据无关，例如下一个来自 cna 包的示例：

```
data(d.autonomy)
dat2 <- d.autonomy[15:30, c("AU","RE", "CN", "DE")]
fscna(dat2, ordering = list("AU"), con = .9, con.msc = .85, cov = .85,
      what = "a")
```

```
--- Coincidence Analysis (CNA) ---

Causal ordering:
RE, CN, DE < AU

Atomic solution formulas:
-------------------------
Outcome AU:
              condition consistency coverage complexity
  RE*cn + re*CN <-> AU        0.92      0.851          4
   re*DE + cn*DE <-> AU       0.90      0.862          4
```

同样，使用函数 causalChain( ) 获得了相同的解，通过使用相应的参数 sol.cons、pi.cons 和 sol.cov，以及附加信息。当对解的一致性使用某个阈值时，必须对函数 truthTable( ) 中的参数 incl.cut 使用相似的（最好是相等的）阈值，否则真值表会运用完全隶属分数 1，将模糊集转化为清晰真值表。这当然对清晰集以及模糊集都是有效的。

```
causalChain(dat2, ordering = "AU", sol.cons = 0.9, pi.cons = 0.85,
            sol.cov = 0.85)
```

```
M1: re*CN + RE*cn <=> AU
M2: re*DE + cn*DE <=> AU
```

除非另有说明，当 pi.cons 或 sol.cons 设置为低于默认值 1 时，函数 causalChain( ) 就会将参数 incl.cut 的值自动设置为 0.5，以适应所有可能结果的真值表。参数 incl.cut 之后被传递给函数 minimize( )，接着被传递给函数 truthTable( )，用它来构造真值表。

两个算法在所有呈现的示例中都可以得到完全相同的解，这一事实再次证明了 cna 包和 QCA 包背后算法的相似性。对于完全一致性，人们可能期望 QCA 和 CNA 产生的结果完全相同，但它们毕竟不是相同的软件包，并且没有足够的证据证明在降低一致性阈值时它们的结果每次都是相同的。当然，二者产生差异是比较罕见的，并且需要进一步找出差异出现的原因。

但是可以看出，函数 causalChain( ) 的参数与函数 cna( ) 的参数完全兼容，尽管前者并不是为替换相关包中的特性而构建的。给定类似的最小化程序，QCA 也可以成功地用于执行因果分析并获得相同的结果。

CNA（第 2 版）和 QCA 之间的一个关键区别是 CNA 不使用真值表（而是一致性列表），而 QCA 仍然是一种基于真值表的方法。除了创建真值表带来的明显优势之外，我认为 QCA 还保留了相对于 CNA 的净优势，因为它允许进行详尽的搜索，这可以保证产生完整解。

即使一致性列表与真值表相同，也不能保证 CNA 是详尽的。相比之下，当搜索具有较低一致性阈值的解时，QCA 可能只使用一个上限（使用参数 sol. depth）。在其他所有情况下，CCubes 算法是精确且详尽的。

如上所述，QCA 包中没有 cna 包中的任何缺点，并且 QCA 得益于标准分析和增强标准分析的所有理论成果，使用各种类型的反事实处理矛盾，能够处理所有类型的集合（二元清晰集、多值清晰集、模糊集）。

最重要的是，QCA 包能够探究基于增强标准分析的因果链和中间解之间有效的相互作用。

10.3　面板／集群数据

就目前提供的信息而言，QCA 包中的函数提供的功能已经绰绰有余了。但最近出现的一些前沿理论尚未应用于 QCA 包中。单个软件包实际上不可能跟踪每个程序的开发，这是其他程序设计者进行扩展的一个很好的理由。

R 非常适用于这种情况，因为主包中的函数是公共的，只要新包声明依赖 QCA 包，便可以使用这些函数。只须简单地加载扩展包，新的函数就可以使用。

本章余下的部分将介绍其他几个软件包及其功能。由于它们不在主包的范围内，所以我只做一个简短的介绍，并邀请用户进一步查阅其设计者撰写的文件和手册。实际上，除了可以从其他程序员的帮助文件中读到的内容之外，我很难准确地描述他们所开发的功能。

第一个深度集成并提供最大程度的扩展的包被称为 SetMethods（Medzihorsky、Oana、Quaranta 和 Schneider，2017），在本文撰写时已更新至 2.3 版本。除了一些似乎与现有功能（XY 图、拟合参数等）重复的常用 QCA 函数之外，该包还有一套首创的函数来处理面板数据，以及一些用于集合理论的多方法研究的功能。

如 10.1 节所述，将 QCA 用于面板数据是一种涉及时间事件的自然扩展。

面板数据也包含时间事件。与横截面数据不同，面板数据是纵向的，并且随着时间的推移，相同案例的数据聚集在更多的横截面单元上。

Garcia-Castro 和 Ariño（2016）为此铺平了道路，并针对不同的案例和时间提出了一系列改进的一致性和覆盖度的测量方式。他们有如下分析：

当研究人员纯粹地以横截面方式查看数据时，可以推断出充分和必要的前因条件。进一步，跨时间的一致性可用于实证研究中的稳健性检验。

数据分布在不同案例和年份上的一致性和覆盖度可以通过以下方式计算：

- 组间（between）：同一年份的不同案例（每年测量一次）。
- 组内（within）：不同年份的相同案例（每个案例测量一次）。
- 汇总（pooled）：结合所有案例和所有年份的测量。

第一种一致性是最常见的，具有与一般情况下一致性相同的公式，它测量每一年内案例关于结果的一致性。它可以被视为一系列横截面数据的一致性。对于每个时间 t：

$$inclB_{X_t \Rightarrow Y_t} = \frac{\sum_{i=1}^{N} \min(X_{it}, Y_{it})}{\sum X_{it}} \tag{10-1}$$

式（10-1）中，t 保持不变以表示某一年，并计算从 1 到 N 所有案例的一致性。

第二种一致性则相反，每个案例进行一次测量，并计算该案例的多年数据。它本质上是测量同一案例随着时间的变化，条件 X 与结果 Y 的相关程度：

$$inclW_{X_i \Rightarrow Y_i} = \frac{\sum_{t=1}^{T} \min(X_{it}, Y_{it})}{\sum X_{it}} \tag{10-2}$$

可以看出，式（10-1）和式（10-2）是非常相似的，都是测量 X 作为 Y 的子集的一致性，不管是在同一年的所有案例之间，还是每个案例在不同的年份之间。

最后一种一致性汇集了所有年份的所有案例，是一种综合（汇总）的测量：

$$inclP_{X \Rightarrow Y} = \frac{\sum_{t=1}^{T} \sum_{i=1}^{N} \min(X_{it}, Y_{it})}{\sum_{t=1}^{T} \sum_{i=1}^{N} X_{it}} = \frac{\sum \min(X, Y)}{\sum X} \tag{10-3}$$

式（10-3）可以用最简单的形式表示（不指定对什么求和，意味着它加总所有年份的所有案例），也可以分离两个求和以使年份和案例的加总更明显。

覆盖度的测量也是同样的道理，只须用 Y 替换分母中的 X。原则上，一致性和覆盖度的测量可用于两个或三个单位的观测值，但面板数据中测量的时间越多，这些测量就越精确。

还有一些针对面板数据的其他测量，使用真实的数据集可以更好地举例说明。首先应加载 SetMethods 包，以访问其数据集和函数：

```
library(SetMethods)
```

该软件包提供了一个名为 SCHLF 的数据集，被 Schneider 等人（2010 年）用于探讨高科技公司的制度资本及其出口业绩，他们使用了 1990 ~ 2003 年期间 19 个 OECD 国家的数据。

```
data(SCHLF)
head(SCHLF)
```

	EMP	BARGAIN	UNI	OCCUP	STOCK	MA	EXPORT	COUNTRY	YEAR
Australia_90	0.07	0.90	1.00	0.68	0.45	0.33	0.19	Australia	1990
Austria_90	0.70	0.98	0.01	0.91	0.01	0.05	0.25	Austria	1990
Belgium_90	0.94	0.95	0.14	0.37	0.26	0.14	0.14	Belgium	1990
Canada_90	0.04	0.21	0.99	0.11	0.62	0.31	0.28	Canada	1990
Denmark_90	0.59	0.78	0.10	0.55	0.53	0.10	0.34	Denmark	1990
Finland_90	0.70	0.97	0.20	0.95	0.02	0.13	0.17	Finland	1990

除了特定用于 QCA 的条件列和结果列之外，SetMethods 包还需要另外两列用于面板数据集分析：一列包含每个案例所收集数据的年份的标识符，另一列包含案例的标识符。

R 中的常规数据框可以选择使用行名称提供案例标识符，行名称必须是唯一的。由于在同一时间内可能对相同的案例进行多次测量，因此不能将它们分配给行名称，而是要指定到不同的列中。

这些列可由函数 cluster( ) 实现，用参数 unit 指代案例，用参数 cluster 指代年份。函数的整体结构如下所示：

```
cluster(data, results, outcome, unit_id, cluster_id, sol = 1,
        necessity = FALSE)
```

参数 data 和 results 也可以是向量，但它们最初是用于原始数据集的。在多个模型的情况下，参数 sol 要指定解的数量。参数 results 可用于为函数提供"qca"类的最小化对象，在这种情况下，参数 sol 被指定为"c1p1i1"型的字符串，以指定复杂解（c），简约解（p）和中间解（i）的精确组合。

例如，以下对象在最小化 Schneider 数据产生中间解时被创建（出于演示目的，仅使用前四个条件，但软件包的文档包含完整示例）：

```
ttSL <- truthTable(SCHLF, conditions = "EMP, BARGAIN, UNI, OCCUP",
                   outcome = "EXPORT", incl.cut = .9,  show.cases = TRUE)
sol_yi <- minimize(ttSL, include = "?", dir.exp = "0, 0, 0, 0")
cluster(results = sol_yi, data = SCHLF, outcome = "EXPORT",
        unit_id = "COUNTRY", cluster_id = "YEAR")
```

Consistencies:
----

	emp*bargain*OCCUP	EMP*bargain*occup	emp*BARGAIN*occup
Pooled	0.909	0.960	0.924
Between 1990	0.839	0.991	0.838
Between 1995	0.903	0.991	0.912
Between 1999	0.928	1.000	1.000
Between 2003	0.951	0.878	0.954
Within Australia	1.000	1.000	0.791
Within Austria	1.000	1.000	1.000
Within Belgium	1.000	1.000	1.000
Within Canada	1.000	1.000	1.000
Within Denmark	1.000	1.000	0.774
Within Finland	1.000	1.000	1.000
Within France	1.000	1.000	1.000
Within Germany	1.000	1.000	1.000
Within Ireland	1.000	1.000	1.000
Within Italy	1.000	1.000	1.000
Within Japan	1.000	1.000	1.000
Within Netherlands	1.000	1.000	1.000
Within NewZealand	0.414	0.868	0.437
Within Norway	0.965	0.958	0.948
Within Spain	1.000	0.706	1.000
Within Sweden	1.000	1.000	1.000
Within Switzerland	0.880	1.000	1.000
Within UK	1.000	1.000	1.000
Within USA	1.000	1.000	1.000

Distances:
----

	emp*bargain*OCCUP	EMP*bargain*occup	emp*BARGAIN*occup
From Between to Pooled	0.023	0.026	0.032
From Within to Pooled	0.031	0.017	0.033

Coverages:
----

	emp*bargain*OCCUP	EMP*bargain*occup	emp*BARGAIN*occup
Pooled	0.194	0.229	0.334
Between 1990	0.231	0.289	0.399
Between 1995	0.206	0.249	0.469
Between 1999	0.174	0.206	0.261

```
Between 2003           0.184          0.203          0.274
Within Australia       0.415          0.333          0.951
Within Austria         0.075          0.075          0.442
Within Belgium         0.138          0.138          0.372
Within Canada          0.328          0.299          0.545
Within Denmark         0.273          0.273          0.604
Within Finland         0.059          0.059          0.332
Within France          0.070          0.070          0.173
Within Germany         0.236          0.251          0.308
Within Ireland         0.113          0.103          0.580
Within Italy           0.173          0.327          0.276
Within Japan           0.161          0.656          0.064
Within Netherlands     0.150          0.169          0.355
Within NewZealand      1.000          0.917          0.861
Within Norway          0.598          0.739          0.598
Within Spain           0.204          0.828          0.204
Within Sweden          0.061          0.075          0.189
Within Switzerland     0.738          0.315          0.337
Within UK              0.075          0.080          0.282
Within USA             0.037          0.052          0.045
```

由于此特定示例仅包含一个中间解，因此无须在命令中重新指定它的默认参数。在 Garcia-Castro 和 Ariño 的论文中，对于每个单元（unit）和每个集群（cluster），该函数返回一组汇总、组间和组内一致性及覆盖度。虽然上述三种不同的一致性或覆盖度存在差异，但却捕捉到了此数据集中复杂的面板关系。

所有这些拟合参数都是针对充分性关系计算的，函数 cluster( ) 可以通过激活参数 necessity 来计算必要性关系的参数。

SetMethods 包具有多种功能，大大扩展了主程序包 QCA，不仅适用于面板数据，还适用于最热门的 QCA 扩展——集合理论的多方法研究。由于方法和相关功能仍然处于开发阶段，因此本书暂不介绍，但是强烈鼓励读者遵循该包中的帮助文件和相关功能继续开展研究。

10.4 稳健性检验

作为融合了定性和定量二者特征的方法，QCA 不可避免地引起了诸多关注，但也遭到了很多批评，特别是来自定量研究人员的批评。QCA 的一个独特竞争优势是能够处理少量案例（适合中小样本），而不需要大量案例进行推理测试。

可以说，收集小样本数据更容易，因为收集大样本数据需要耗费大量的精力。很明显，定量研究关注成千上万个个体的标准化，而定性研究则倾向于对每个案例进行深入研究。

例如，为了确定特定的校准阈值，QCA 研究人员不仅应该深入理解每个案例，而且应该将每个案例与所有其他案例进行比较。在相同的情况下，定量研究人员则简单地计算平均值和标准差（第 4 章清楚地说明了为什么这种方法在 QCA 中不适用）。

然而，定量研究人员仍然对将小样本的推论推广到更大的样本中这一方法表示怀疑。因为定量研究与 QCA 方法相差甚远，QCA 方法不使用中心极限定理，不使用正态曲线，也不使用置信区间或 p 值。相反，QCA 观察前因条件各种组合之间的一致性，以及它们如何与感兴趣的现象相关联。

定性研究的案例无法使用标准统计技术进行分析，并且当被要求提出有意义的分析时，定量研究人员也无能为力。

另外，仅仅因为这些案例不符合正态曲线而不对其进行分析，将会是一个大错。因为它们都显示相同的结果，并且存在一些明显的相似性和差异性，所以可以使用比较方法对它们进行分析。

探索前因条件与结果之间的一致性正是 QCA 所做的事。Marx 和 Duşa（2011）为提供案例数量和前因条件数量之间可能的最佳比率奠定了基础，并且这项工作应扩展使用模糊集以进行更多的测试。利用这种最佳比率，布尔最小化方法可用于识别一致性，但定量研究人员仍将该算法的结果与标准统计技术进行比较。

从 King，Keohane 和 Verba（1994）的著作（因从定量角度对定性研究进行解释而闻名）中产生了一种对选择分析案例的批判。一般在定性研究中，特别是在 QCA 中，不使用随机抽样技术（它通常适用于定量研究）选择案例，而是根据它们在理论上的意义进行选择。

在抽样语言中，这类似于选择案例时的目的抽样（一种非概率方法），在这种方法中，案例被选择是因为它们是某些研究场景中的典型案例，或者是因为与其他案例相比它们是不正常的（在这些案例中可能会发生有趣的事情，并且我们想从中发现些什么）。

最容易被误解的是，QCA 是一种组态分析，关注案例（的数量）是次要的。布尔最小化过程不知道每个组态中的案例个数，这是由组态自身造成的。QCA

较少关注案例的数量，因为有限多样性的现象表明：实际上，只有少数前因组态是能够被观察到的。

可能存在数千种情况，但只有少数前因组态能够被观察到，这与定量研究关注案例数量有所不同。唯一关注案例数量的情形是案例数量对于特定真值表输出值有影响，不管是通过一致性阈值还是通过频数阈值实现。

以上段落通过相当长的篇幅引入了本节主题——QCA结果稳健性，有必要清楚的是，稳健性是一个经常被曲解的主题。这与QCA结果应该和之前的发现相一致的自然期望有关。在这方面，这与总体科学要求相一致，即如果一项研究可以推广到未来类似的研究情况（或者更为严格的是，可以推广到群体），那么这项研究才是有效的。

但这是对稳健性的一种非常量化的评估，类似于期望微观研究下的实验室结果能在现实世界中起作用，或者预计从样本中得出的推论会推广到整个群体。这是一种对QCA模型的推论式的观察方式，并期望在相似的输入数据上获得一致的结果。

稳健性确实是一个重要的问题。有很多发表的作品在讨论这个问题（最近的一些包括Skaaning，2011；Hug，2013；Lucas和Szatrowski，2014；Seawright，2014；Ragin，2014；Lucas，2014；Krogslund等，2015），它们中有许多在本质上是相似的，因此难以介绍他们所有的论点。

然而，可以说，许多批判者有时误解了其他人先前所写的内容。例如，Lucas和Szatrowski（2014）认为Ragin和Rihoux（2004）：

拒绝模拟，声称QCA是为那些对他们研究的案例有内在兴趣的研究人员准备的。

在仔细阅读该论文后，可以发现几乎没有证据表明Ragin和Rihoux明确拒绝模拟。QCA研究人员的确对他们研究的案例有内在兴趣，但因此就宣称这种方法等同于拒绝模拟，是不合理的，二者相去甚远。

在随后的论证中，Lucas（2014）进一步混淆了它们。例如，Ragin的关于集合隶属度和概率之间差异的例子非常明晰，但是 Lucas 将特定贝叶斯概率解释为信度，并将概率解释为集合隶属度的数学函数。这（充其量）是一种观点，因为不存在这样的数学函数。

这种刻意的误解（因为 Lucas 似乎理解 QCA 的全部内容）与将组态等同于交互效应有关。虽然他拒绝从定量的角度看待 QCA，但这些强有力的证据表明这恰恰是他的误导。

QCA 是否能够找到"正确"的答案取决于原始数据的质量，并遵循 Skaaning（2011）关于校准阈值的选择，以及构建真值表时频数阈值和一致性阈值的选择。测量误差在微观定量和宏观定性比较分析中都很重要。在宏观层面上，测量误差对结果的影响较小。社会指标的波动比个体分数小很多，如果我们就这一点达成共识，那么很明显"误差"在 QCA 中具有不同的含义。

特别地，Hug（2013）尝试了一种更为系统的方法来查看误差的影响（从分析中删除案例，或更改结果的值），以计算最终解的稳健性：如果得到的解相同，则结果"稳健"。

他尝试通过适当的组合方法（完全枚举法）来计算稳健性，这已然实现了对 Thiem、Spöhel 和 Dușa（2016）的超越。模拟包括两种类型的假设：当扰动之间彼此依赖时，并事先与一定数量的案例绑定，称为依赖扰动假设；当假定扰动彼此独立时，称为独立扰动假设。

整个过程包含在 QCA 包内一个名为 retention( ) 的函数中，该函数具有以下结构：

```
retention(data, outcome = "", conditions = "", incl.cut = 1, n.cut = 1,
          type = "corruption", dependent = TRUE, p.pert = 0.5, n.pert = 1)
```

类似于函数 truthTable( )，参数 incl.cut 和 n.cut 决定哪些组态被编码为存在，哪些为缺乏，其余的为逻辑余项。参数 p.pert 指定独立扰动假设下的扰动概率，参数 n.pert 指定依赖扰动假设下的扰动数量，其中至少有一个扰动可能会改变 csQCA 的解，否则解保持不变（如果发生零扰动，保留率为 100%）。

参数 type 用来在以下二者中做出选择：改变条件中的数值（从 0 到 1 或从 1 到 0）的"corruption"，或将一些案例从原始数据中删除，但结果相同的"deletion"。

区分案例的效果是将其分配给真值表中的不同组态。这可能会对最终结果产生影响，因为最小化过程中的输入不是案例本身而是真值表。离开某个组态的案例可能会影响该组态的一致性，从而可能影响其输出值。同样，新案例进入真值表中的另一个组态也会影响输出值。

删除案例可能会对真值表中的相同组态产生影响，或者通过修改其一致性，或者如果它没有通过频数阈值，则将其转换为逻辑余项。

根据案例数量和每个组态的一致性，改变数值或删除案例也可能完全没有影响。即使在组态发生变化的情况下，如果这些组态包含冗余（仍可最小化）的条件，仍然可以导致相同的解。在相反的情况下，当每个组态的案例数量较少，正在改变的组态的一致性分数不是很高，并且改变的组态在最小化中起重要作用时，那么解发生改变。

然而，这种情况在宏观定性比较设置中是完全合乎逻辑的，改变案例（一个国家）的数值与将一个国家替换为另一个国家具有相同的效果。在这些情况下，不应该对解不相同感到惊讶，特别是当被分析的国家组案例数量很少时。真正令人惊讶的是 Hug（以及所有其他人）期望解被保留。

使用他自己的数据，可以通过以下公式计算准确的保留率：

```
Hug <- data.frame(matrix(c(
    rep(1,25), rep(0,20), rep(c(0,0,1,0,0),3),
    0,0,0,1,0,0,1,0,0,0,0, rep(1,7),0,1),
nrow = 16, byrow = TRUE, dimnames = list(
c("AT","DK","FI","NO","SE","AU","CA","FR",
    "US","DE","NL","CH","JP","NZ","IE","BE"),
c("P", "U", "C", "S", "W"))
))

retention(Hug, outcome = "W", type = "corruption",  dependent = FALSE,
        p.pert = 0.025, incl.cut = 1)
```

[1] 0.7962228

在独立扰动假设中，当干扰案例使用 0.025 的扰动概率时，精确的保留率为 0.796 [○]，这意味着解将发生改变的概率为 0.204，这既不算好也不算坏。

Seawright（2014）进行了一种不同类型的模拟。他根据一种确定的布尔函

○ 该数值为四舍五入后的数值。

数生成一个真值表，然后从 20 ～ 100 之间各种大小的组态中随机抽样（有替换）。除了布尔函数最初的 5 个条件之外，Seawright 还引入了另外 3 个不相关的条件，并测试了有限多样性问题（包括逻辑余项）对最终解的影响程度。

在文件缺失的情况下，尚不清楚该模拟研究是如何进行的。相较于答案，他的研究提出了更多的问题：

- 生成的真值表中有多少结果存在的组态？
- 生成的真值表中有多少结果缺乏的组态？
- Seawright 如何确保 3 个附加条件是因果无关的？

即使通过随机抽样，也有可能在初始真值表中对另外 3 个条件引入因果相关结构。这应该进行尝试、试验并最终验证，当然，假设 Seawright 足够谨慎并通过基函数 set.seed( ) 对采样程序使用了强制性的起点，否则结果不能被复制。

值得注意的是，尽管 QCA 本质上适用于中小样本案例，但 Seawright 将输入看成是从已知的大量群体中选取的。表面上，他似乎对已知的事物进行测试并得出结果，但实际上他进行了一次令人感到奇怪的操作，因为我们还不清楚他是从结果存在的组态中还是从结果存在和缺乏的组态中取样。

结果存在的组态和结果缺乏的组态都很重要。结果存在的组态会影响潜在模型，而结果缺乏的组态则有助于消除可能会导致错误简化的逻辑余项（从而人为地改变最终解）。

一个近期出现的、类似于 Seawright 的、涉及数据生成结构的模拟由 Baumgartner 和 Thiem（2017，首次在网上公布）运行，他们也对先前的批判者（尤其是 Lucas 和 Szatrowski）的不当使用或不充分测试进行了综合评估。他们的方法不是从饱和真值表（saturated truth table）中抽样，而是删除所有可能的行组合（从 1 到 14）并对模型保留解进行详尽枚举。与 Seawright 相反，他们发现所有模拟设置中的简约解保留率为 100%，而复杂解和中间解的保留率较低。

Baumgartner 和 Thiem 的论文有双重目的：证明为什么其他所有先前测量 QCA 稳健性的尝试都是错误的（从而保护 QCA），同时声称简约解是唯一正确的解，复杂解和中间解是不正确的（因此间接地成为 QCA 的批判者）。

Seawright（2014）、Baumgartner 和 Thiem（2017，首先在网上公布）一开始都是在相同的数据结构中使用潜在布尔函数，之后他们使用不同的方法来测量稳健性并得出不同的结论。然而，可以证明这些研究均不正确。

在 Seawright 试图验证有限多样性的作用时，他的分析中极大可能包含所有逻辑余项以获得简约解，但这是一个错误。仅产生简约解的决定忽略了 QCA 理论家和实践者围绕中间解多年的努力。应当明确的是，应该在最小化过程中避免难以置信的、困难的甚至不可能的反事实。

Baumgartner 和 Thiem 犯了类似的错误，尽管他们认为应该投入一定的努力来计算中间解。他们认为基于对"正确"解的定义，该方法是部分正确的，而结论是明显错误的。

被广泛认可的标准是复杂解和中间解都是简约解的子集。这意味着简约解"正确"时，其他两个解也是正确的，因为它们包含来自简约解的元素。受到 Seawright 的启发，Baumgartner 和 Thiem 定义只有一个解是正确的：当且仅当它没有犯下因果关系谬误时（即如果它不包含因果关系不相关的因素）。

在实际的有限多样性的场景中，经验观察到的组态数量很少而逻辑余项的数量很多。在这种情况下，能够肯定的是，复杂解不会像简约解那样简约（即复杂解几乎总是包含与因果关系不相关的因素），因此在他们的定义中，复杂解必然是"不正确"的。

这就是为什么简约解被认为"简约"，因为它具有更简单的结构。这与复杂解恰恰相反，当多样性非常有限时，复杂解就非常复杂。为了改变"正确"的实质，Baumgartner 和 Thiem 本应提供关于"不正确"的某种形式（任何形式）上的哲学的、正式的逻辑或数学证明。相反，他们依赖于定义的变化。由于 QCA 解的类型不唯一，常常会因此被拒稿，并不能被学者广泛接受。

如果解不包含任何因果不相关的因素，则该解被认为是"正确"的，这自然会增加复杂解"不正确"的可能性，从饱和真值表中消除的行也会更多。

尽管该文章没有提到特定的最小化算法，但是其证明依赖于使用 QCApro 的

1.1-1 版本（QCA 旧版的分支）执行的一系列计算机模拟，并使用由我在 2007 年开发的在 9.1 节中描述的 eQMC 算法。由于 eQMC 算法是伪 – 反事实的，它明确使用所有可能的逻辑余项，包括所有那些难以置信的、困难的甚至不可能的反事实。这种方法很多年前便被证明是不正确的，导致了增强标准分析的出现。

仅这一事实就足以否定 Baumgartner 和 Thiem 的结论，但仍有更多内容需要揭示。在他们的模拟中，从饱和真值表中迭代地删除所有可能的行，并检验是否保留了简约解的某一部分。根据这个过程，当删除的行数接近饱和真值表的总行数时（当多样性变得越来越有限时），预期产生"正确"的复杂解的百分比几乎为零。

他们的论文中的图 4 显示在删除了 5 行之后，复杂解的正确性快速趋近于零。在删除了 11 行之后，复杂解的正确性迅速回升。当所有的 16 行被删除之后，复杂解实现了 100％的正确率。这种极端情况下，真值表中的所有行都被删除了，由于根本没有数据，因此一个解都无法得到。

通过机械地应用他们的定义，一个不可能的解（没有解）被认为是"正确"的，因为它不包含因果不相关的因素。这是一个逻辑上的谬误，因为一些未知的情况（没有解）不能被认为是"正确"的或"不正确"的，它只是未知的。考虑下面这个包含 7 个值的简单示例：

```
correct <- c(1, 0, 0, 0, NA, 0, 1)
mean(correct)
```

```
[1] NA
```

对向量取平均数的结果是未知的，因为第五个值是未知的（不可获取）。平均值只能通过删除未知值来计算，在这里，是对 6 个值取平均值，而不是对 7 个：

```
mean(correct, na.rm = TRUE)
```

```
[1] 0.3333333
```

从真值表中删除 11 行之后，他们报告"正确"解的百分比实际上是没有解的情况下的百分比。

不单是"正确"的定义，同时这个定义的操作也被人为地推向了他们的假设。将一个不存在的解视为"正确"是编程错误，同时，他们的整个模拟也存在缺陷。在有限多样性的场合下，不能保证简约解是正确的这一事实（因为它涉及困难的、站不住脚的或不可能的反事实）。

当消除 11 行之后，正确性保留曲线迅速回升，中间解中也出现了相同的情况。从饱和真值表中消除的行越多，这些曲线应该更趋近于零。

简约解维持 100% 不变的正确率也是非常难以置信的，经过仔细检查后，它似乎是另一个编程构件的结果。例如，当从饱和真值表中移除第三行（基础表达式为 aB + Bc + D）时，存在两个简约解：aC + Bc + D 和 aB + Bc + D。

显然，第一个不符合他们的定义，因为 aC 不是生成数据的表达式中的一部分，这个特别的模拟只能算成功了一半。

删除行后，可能存在多个其他类似的情况。例如删除第三行和第九行产生了 3 个简约解：aC + Bc + D，aB + Bc + D 和 aB + Ac + D，并且在最极端的情况下，至少有 12 种可能的简约解，其中只有 1 种符合他们的定义。

为了解决这个问题，Baumgartner 和 Thiem 转而考虑，如果至少有 1 个解是正确的，那么整个解便是正确的。在证明他们是正确的这个过程中，他们引用了 Spirtes 等人（2000）的著作中与这一特定选择并不紧密相关的部分：

> 如果任何算法的输入都是忠实于 G 的数据，则每个算法的输出就代表 G 忠实而不可区分的形式。（p.81）

除了 Spirtes 等人（2000）用现有的统计（非布尔）算法来识别非循环有向图中的因果结构这一事实之外，目前尚不清楚如何证明"如果至少有一个解是正确的，则所有模型都是正确的"的正确性。

不仅 Baumgartner 和 Thiem 的论文依赖于未被接受的正确性定义，而且这个定义似乎被人为地扭曲以符合计算机生成的结果。在正常的科学探究中，数据应该用于测试假设或定义，但在这种情况下，定义本身被构造为 100% 适合布尔最小化算法产生的输出。

对于每个模拟情况，因果结构是已知的。但不能忘记的是，在现实生活中，研究人员完全不知道哪个并发模型是代表潜在因果结构的真实模型，因此所有模型都应被赋予相同的权重。在解存在模糊性的情况下，假设只有一个解真实地显示了因果结构，成功率应该是解的总数的倒数。

当只有一个解正确时，如果有意地将这种情况计为100%正确，只能被认为是编程滥用或编程错误。无论哪种方式，他们发布的结果都具有误导性。

从布尔最小化的角度来看，简约解包含较少的因果不相关的事实是完全符合逻辑的。假设被消除的行在最小化过程中是无关的，或者它们通过逻辑余项又重新被纳入进来，这意味着以这种方式进行模拟，简约解将始终包含最终解的部分表达式。

与他们的说法相反，简约解没有揭示因果结构的特性，它只是布尔最小化程序的直接结果：包含的逻辑余项越多，解就越简约（但永远不会比生成因果结构的数据更简约）。

另一种极端情况是，作为QMC过程的输入，从饱和真值表中消除的行越多，可观测到的组态就越少，有限多样性问题就越严重，复杂解也就更复杂。

他们的文章描述了QMC布尔最小化算法的属性，声称使用QMC算法产生QCA的复杂解是不正确的。但他们没有提到QCA的复杂解实际上是QMC固有的，因此产生了逻辑上的不可能性谬误，因为他们实则宣称QMC证明了QMC是不正确的。

由于Baumgartner和Thiem没有正式地证明其主张，他们的论文至少会受到两个逻辑谬误的影响。第一种被称为"辩护主义谬误"（Bennett，2012）：

A有定义X，但X对我的论点不利。因此，将A定义为Y。（p.96）

第二种被称为"循环谬误"：使用特定定义，将模拟结果确定为"正确"的，并且通过模拟结果将该定义"证明"为正确的。

鉴于这一系列逻辑上的不可能、逻辑谬误和（滥用）编程来改变QMC算法的实质，很难使得这篇论文提出的结论具有可信度。

回到Seawright（2014，p.121），他提出了另一个有趣的结论，即QCA"相当容易出现虚假存在的（false-positive）结果"。也就是说，根据最初的布尔函数，对于某些解，其中至少有一个附加条件，虽然这个条件与结果没有因果关系。

根据 Baumgartner 和 Thiem 的说法，如果因果关系不相关的条件真的是随机的，那么对简约解来说，这种效应就不会发生。如上所述，这一发现也可以被认为是非常主观的。因为如果至少有一种解保留了因果结构，就认为该解是正确的，由此忽略了解的模糊性。检验 Seawright 的结论会很有趣，但若没有相应的文件，这不可能实现。

然而，在官方 R 存储库（CRAN）上，还有另外一些与 QCA 相关的软件包。其中有一个由 Braumoeller（2015a）创建的被称为 QCAfalsePositive 的包，它是证明 Braumoeller（2015b）的发现的应用编程工具。这个包中有许多有趣的函数用于计算包含逻辑余项时产生 I 类错误的概率。具体应用到 QCA 中，如果解中包含偶然出现的部分，则会发生 I 类错误。

应进一步实验以评估这些推论测试的有效性。Braumoeller 承认：

如果仅在一个案例中找到解并且 90% 的观察结果中出现了感兴趣的现象，则虚假存在的结果出现的概率会非常高。

这是正确的，但它也可能反映了当观测数量非常少时，推论测试具有固有的不确定性。这可能是由于虚假存在的概率很高，或者可能是当只有一个案例时，推论测试非常不精确。但是，在可能的情况下，这种涉及统计测试的举措值得称赞。

虽然 QCA 本质上是一种与概率和统计完全无关的方法，但可能存在一些交集，特别是在最简单的 2×2 交叉表和 XY 图上，贝叶斯分析可能被证明是有趣的，并且可能非常有用（Barrenechea 和 Mahoney，2017，首次在网上公布）。

CRAN 中另一个用来处理稳健性的相关软件包名为 braQCA（Gibson 和 Burrel，2017），它用于评估 QCA 的解对随机性的敏感程度。其主要功能是随机地返回给定解的概率，因为它是随机实验的结果。

这个包特别有趣的地方是它能够为一致性和频数提供可能的阈值。这也是经典统计与 QCA 的有趣的结合，需要做更多的工作来进一步证明其对 QCA 研究的实用性。

第 **11** 章

其他功能

本章更偏向于应用，详细描述了图形用户界面的其余部分以及 QCA 包中最常用的功能。尽管 R 被广泛使用，但仍有一些特征未被开发出来。这一章讲述了一些使用函数的窍门，目的是优化用户体验。

函数和图形用户界面都是为给用户留下极简的印象而设计的，用户应较少地关注 R 代码，更多地关注实质性理论分析的部分。

为了展现可能的因果表达式，大量的精力被投入 R 代码的编写中。例如，非集可以用 4 种不同的方式表示：

- 当条件 A 是模糊数值或逻辑向量时，使用 1–A。
- 对于逻辑向量，使用非集感叹号 !A。
- 在条件名称前面使用波浪号 ~A。
- 使用小写字母，尤其是在多个集合表达式中，如 a*B。

感叹号是 R 的一部分，它应用于大多数编程语言中。使用小写和大写字母是 QCA 最初的风格，至今仍然被大量使用。而使用波浪号似乎是新标准，因为大多数函数都有一个名为 use.tilde 的参数用于识别和输出。

这些都不是 R 固有的特性，它们是被开发出来的。虽然每个函数都有特定的提示和使用技巧，但也有一些总体特性对包中的多个函数都有效。

例如，一些函数有名为 incl.cut 的参数，另一些函数有名为 incl.cut1 的参数，两个参数实际上含义相同：指定隶属阈值。后一个参数 incl.cut1 仍然是可用的（所有函数都向后兼容旧的参数），但是包的现代版本统一了一些参数的功能，在这种情况下，则使用更为通用的 incl.cut。

利用 R 的向量化性质可以指定多个隶属阈值。许多参数可以接受一个输入值，而向量可以接受更多的输入值。事实上，单个值是长度为 1 的向量。例如在方向期望参数 dir.exp 中，为一个参数提供多个值是可行的，所以 incl.cut1 和 include.cut0 这两个独立参数是冗余的，因此包中只有 incl.cut 这一个参数。这是一个很小的改变就能非常有效地提升用户体验的例子。

11.1 布尔表达式

有多个函数可以处理乘积和类型的表达式，如 pof( )、fuzzyor( )、sop( )、fuzzyand( )、compute( ) 等，这些类型的字符串在整个包中都可以被识别。例如，函数 truthTable( ) 使用波浪号来识别结果是否存在。

在 R 中，通过将字符串放在双引号里来指定字符串。另外，有些函数即使没有引号，也可以使用波浪号来表示条件缺乏。

大多数函数都依赖于一个不太知名的函数 translate( )，该函数将乘积和表达式转换为相应的矩阵，其中矩阵的列表示条件名称，单元格表示表达式的值。该函数为其他处理此类表达式的函数提供工作平台，它能够检测非集运算，甚至双重非集运算，例如：

```
translate("A + ~b*C")

      A B C
A     1
~b*C    1 1
```

在这个例子中，使用小写字母和波浪号使条件 B 非集运算了两次。这很重要，尤其是当此类表达式包含来自用户工作空间的对象名称时。用大写字母命名对象也是一个很好的建议，此建议可以应用到校准数据集的列名称上，允许使用小写字母表示条件非集。

下面有很多示例将使用函数 translate( )，尽管它与 QCA 方法无关。它能够处理 QCA 中的字符串表达式。该函数对所有函数都有效。例如，它能够识别多值集，如果每个集合的级别数已知，计算其非集：

```
translate("A{1} + ~B{1}*C{1}", snames = "A, B, C",  noflevels = c(2, 3, 2))


           A  B  C
A{1}       1
~B{1}*C{1}    0,2 1
```

表达式中每项对应一行，转换后的单元格表示每个集合的值。这些值将在重新编码步骤中被使用：对模糊集进行非集运算，将模糊集和多值集转换（重编码）为二元清晰集。在本例中，集合 B 的值 0 或 2 将被重编码为 1，而前一个值 1 将被重编码为 0。

表达式 ~B{1} 解释为"集合 B 中除 1 之外的所有值"。假设集合已校准并且它的值从 0 开始，由于集合 B 有 3 个值，因此所有其他值只能是 0 或 2。

建议使用星号来分隔交集，但多值表达式不需要，因为该集合已使用大括号表示分隔。提供集合名称时也是如此：

```
translate("AB + cD", snames = "A, B, C, D")

    A B C D
AB  1 1
cD      0 1
```

指定集合名称还有另外一个作用，即参数 snames 可以对表达式中的条目进行排序。在没有集合名称的情况下，它们默认按字母顺序排序，如下所示：

```
sop("(URB + LIT)(~LIT + ~DEV)")

[1] "~LIT*URB + ~DEV*URB + ~DEV*LIT"
```

相反，当提供集合名称时，它们在输出中按集合名称排序。在这里，条件 URB 先于条件 LIT，表达式的命令更改为：

```
sop("(URB + LIT)(~LIT + ~DEV)", snames = "DEV, URB, LIT")

[1] "URB*~LIT + ~DEV*URB + ~DEV*LIT"
```

如果提供了数据集，则不需要数据的层级数或集合名称，因为它们直接取自数据集：

```
data(LM)
compute("~DEV{0} + URB{1}*IND{1}", data = LM)
```

```
[1] 1 1 1 0 1 1 1 0 0 1 0 1 0 0 0 0 1 1
```

上面的示例使用了 Lipset 数据的多值版本，其中前因条件 DEV 有三个值。值 0 的非集表示所有其他值，即 1 和 2。也可以在大括号中直接指定它们。

```
compute("DEV{1,2} + URB{1}*IND{1}", data = LM)
```

```
[1] 1 1 1 0 1 1 1 0 0 1 0 1 0 0 0 0 1 1
```

有许多方法可以将前因条件指定为表达式，且 QCA 包中的函数与基础 R 提供的函数兼容：

```
with(LM, compute("~DEV{0} + URB{1}*IND{1}"))
```

```
[1] 1 1 1 0 1 1 1 0 0 1 0 1 0 0 0 0 1 1
```

在 QCA 包的处理布尔表达式的所有函数中，计算拟合参数的函数 pof( ) 是迄今为止最通用的函数。就像函数 compute( ) 一样，它使用来自工作空间的对象或来自特定数据集的列来计算布尔表达式，并对充分性或必要性进行计算。这个函数包括许多功能，它常常被需要拟合参数的函数所使用（最著名的是布尔最小化函数）。

当考虑一致性、覆盖度和其他拟合参数时，最基本的输入类型涉及两个校准向量：第一个是条件，第二个是结果。实际上，函数 pof( ) 的前两个参数是 setms 和 outcome。

参数 setms 表示集合隶属度（set membership scores），几乎任何对象都可以包含隶属度，如数据框、蕴含项矩阵和简单的向量，或是包含布尔表达式的字符串，甚至可以是一个包含蕴含项矩阵行数的数字向量，在这种情况下，参数 setms 会自动转换为相应的集合隶属度。因为函数 pof( ) 拥有许多功能，所以可以识别用户输入的类型并进行相应的操作。

参数 outcome 是包含结果名称的字符串（可以在对象列表或指定的数据集中找到），或是包含结果隶属度的向量。下面以 CVF 数据的模糊集版本为例（Cebotari 和 Vink，2013）：

```
data(CVF)
conditions <- CVF[, 1:5]
PROTEST <- CVF$PROTEST
```

这里，条件是 CVF 数据集的前五列，结果是名为 PROTEST 的列。这两个对象现在都是工作空间中的独立对象，可以采用"1-"表示法求非集：

```
pof(1 - conditions, PROTEST, relation = "sufficiency")

             inclS  PRI    covS   covU
---------------------------------------
1  ~DEMOC     0.601  0.354  0.564  0.042
2  ~ETHFRACT  0.614  0.337  0.661  0.036
3  ~GEOCON    0.601  0.246  0.317  0.000
4  ~POLDIS    0.493  0.250  0.631  0.035
5  ~NATPRIDE  0.899  0.807  0.597  0.025
---------------------------------------
```

在这个命令中，首先，函数 pof( ) 自动检测到参数 setms 的输入是一个数据集。然后，计算每一列的隶属度和拟合参数。最后，它确定了每一列都是非集运算（因为数据集中的所有条件都是从 1 中减去的），并且在每个输出的名称前面都加了一个波浪号来表示它们的非集运算。

这是一个简单的数据集，也有一些复杂数据集的例子，它们包含复杂表达式的隶属度，例如函数 minimize( ) 产生的解或函数 superSubset( ) 产生的解。与大多数函数一样，这两个函数的输出是包含各种组件的列表，本节中的组件是函数 minimize( )的参数 pims（质蕴含项隶属度）和函数 superSubset( ) 的参数 coms（组合隶属度）。

对于更复杂的表达式，将应用函数 negate( ) 表示输出中的非集部分。

```
ttCVF <- truthTable(CVF, outcome = "PROTEST", incl.cut = 0.8)
cCVF <- minimize(ttCVF, details = TRUE)
colnames(cCVF$pims)
```

```
[1] "DEMOC*ETHFRACT*GEOCON"
[2] "ETHFRACT*GEOCON*POLDIS"
[3] "DEMOC*ETHFRACT*POLDIS*natpride"
[4] "DEMOC*GEOCON*POLDIS*NATPRIDE"
[5] "democ*ethfract*GEOCON*poldis*natpride"
```

函数 superSubset( ) 中的参数 coms 具有与结果（必要）表达式中类似的列名：

```
sus <- superSubset(LF, outcome = "SURV", incl.cut = 0.9,  ron.cut = 0.6)
colnames(sus$coms)
```

```
[1] "STB"          "LIT*STB"      "DEV+URB+IND"
```

在这些示例中，参数 pims 包含了保守解的质蕴含项的隶属度。我们可以检查它们的非集是否对结果充分：

```
pof(1 - cCVF$pims, PROTEST, relation = "sufficiency")
```

		inclS	PRI	covS	covU
1	democ+ethfract+geocon	0.575	0.362	0.841	0.000
2	ethfract+geocon+poldis	0.508	0.288	0.790	0.000
3	democ+ethfract+poldis+NATPRIDE	0.526	0.334	0.892	0.000
4	democ+geocon+poldis+natpride	0.542	0.351	0.893	0.011
5	DEMOC+ETHFRACT+geocon+POLDIS+NATPRIDE	0.567	0.388	0.945	0.044

输出的行等价于参数 pims 中表达式的非集。当然，可以手动或直接使用函数 negate( ) 提供相同的非集表达式：

```
pof(negate("DEMOC*ETHFRACT*GEOCON"), PROTEST, data = CVF, relation = "suf")
```

		inclS	PRI	covS	covU
1	democ	0.601	0.354	0.564	0.137
2	ethfract	0.614	0.337	0.661	0.210
3	geocon	0.601	0.246	0.317	0.029
4	expression	0.575	0.362	0.841	–

上例中的命令过于复杂。如第 5 章和第 6 章所述，函数 pof( ) 接受字符串表达式，必要性关系使用左箭头符号"<="，充分性关系使用右箭头符号"=>"：

```
pof("~DEMOC + ~ETHFRACT + ~GEOCON => PROTEST", data = CVF)
```

		inclS	PRI	covS	covU
1	~DEMOC	0.601	0.354	0.564	0.137
2	~ETHFRACT	0.614	0.337	0.661	0.210
3	~GEOCON	0.601	0.246	0.317	0.029
4	expression	0.575	0.362	0.841	–

这些不同的示例都显示了这个函数的通用性，即该函数可以接受任何类型的输入，并生成隶属度。此外，它的输出是一个"pof"类的对象，有专门的呈现方法。

例如，最小化过程的输出通常包括解模型的拟合参数，这些拟合参数通常位于名为 IC（隶属和覆盖）的组件中：

```
data(LF) # if not already loaded
ttLF <- truthTable(LF, "SURV", incl.cut = 0.7)
cLF <- minimize(ttLF, details = TRUE)
cLF$IC
```

```
                    inclS  PRI   covS  covU
   ------------------------------------------
1  DEV*urb*LIT*STB  0.809  0.761 0.433 0.196
2  DEV*LIT*IND*STB  0.843  0.821 0.622 0.385
   ------------------------------------------
   M1               0.871  0.851 0.818
```

因为函数 truthTable( ) 和 minimize( ) 都没有指定解的案例，所以案例信息不会呈现出来。在这种情况下，可以通过使参数 show.cases=TRUE 来重新运行，或使用函数 print( )：

```
print(cLF$IC, show.cases = TRUE)
```

```
                    inclS  PRI   covS  covU  cases
   ----------------------------------------------------------------
1  DEV*urb*LIT*STB  0.809  0.761 0.433 0.196 FI,IE; FR,SE
2  DEV*LIT*IND*STB  0.843  0.821 0.622 0.385 FR,SE; BE,CZ,NL,UK
   ----------------------------------------------------------------
   M1               0.871  0.851 0.818
```

11.2 非集的表达

前面几章已经使用了函数 negate( )，但没有对其进行全面的解释。该函数的结构相当简单：

```
negate(expression, snames = "", noflevels, use.tilde = FALSE)
```

第一个参数是一个布尔表达式，如果表达式中的前因条件没有用"＊"或"＋"分隔，则需要对它设置名称。运算多值非集表达式需要知道取值的水平数，这些参数都将传递给函数 translate( )，使用该函数完成大量的工作。

最后，输出表达式包含以小写 / 大写符号表示的非集表达式（默认为此种方式），或者可以在集合名称前面使用波浪号将其切换为非集。

19 世纪英国数学家奥古斯都·德·摩根的贡献使得布尔表达式的非集运算成为可能。他制定了两条经过时间检验的定律，这两条定律在逻辑和计算机编程中得到高度应用：

$$\sim (A + B) = \sim A \cdot \sim B$$

$$\sim (A \cdot B) = \sim A + \sim B$$

这两条定律可以简洁地解释为：

- 并集的非集是非集的交集。

- 交集的非集是非集的并集。

举一个关于第一个定律的例子。"不是（智能手机或平板电脑）"，在非集运算后可以很容易地理解为"不是智能手机，也不是平板电脑"。

第二个定律有点难以捉摸，但也同样简单。例如布尔表达式"不是青年男人"也可被理解为"不是（青年和男人）"，在非集运算之后，最终被理解为"不是青年或者不是男人"。可以是老年人，也可以是女人，但不能同时是青年和男人。[⊖]

```
negate("~(A*B)")
```

```
S1: ~(A*B)
  N1: ~A + ~B
```

布尔表达式有多种形式。除了有多种方法表示前因条件的非集（使用小写字母、波浪号等）之外，交集通常用星号" * "表示，但是当集合名称用一个字母表示时，交集用简单的并列字母表示[⊜]：

```
negate("AC + B~C")
```

```
S1: AC + B~C
  N1: ~C + ~AB
```

在这个示例中，对用户而言有 3 个集合：A、B 和 C，但是对一个计算机程序来说，这远不是一件小事。在 QCA 包中，布尔表达式的所有函数在大多数情况下都可以检测到这种情况，但最好的做法是始终在交集中使用星号。

函数 negate( ) 不仅可以解释布尔表达式，还可以检测由最小化过程（包含" qca"类）生成的对象。当输入是这样的一个对象时，它会搜索解的所有组件，并对所有组件进行非运算：

```
data(LC)
pLC <- minimize(truthTable(LC, outcome = "SURV"), include = "?")

negate(pLC)
```

```
S1: DEV*STB
  N1: dev + stb
```

⊖ 作者想表达的公式为 negate(A*B)。——译者注

⊜ 这里需指定参数 simplify=FALSE。——译者注

它甚至可以检测中间解并对其进行非集运算（详见 8.8 节）：

```
data(LF)
ttLF <- truthTable(LF, outcome = "SURV", incl.cut = 0.8)
iLF <- minimize(ttLF, include = "?", dir.exp = "1,1,1,1,1")

negate(iLF)
```

```
S1-C1P1-1: DEV*URB*LIT*STB + DEV*LIT*ind*STB
  N1-C1P1-1: dev + lit + stb + urb*IND
```

这里输出一个编码 C1P1-1，这意味着在第一个（此处也是唯一的）复杂解 C1 和第一个（此处也是唯一的）简约解 P1 间的组合，只生成一个中间解 –1。

也有输出许多个中间解的情况，这些中间解都是复杂解和简约解之间可能的组合，复杂解和简约解自身也可以根据数据的模糊程度生成多个解。

11.3　因式分解表达式

将一个乘积和（SOP）表达式进行因式分解可以得到一个相反的和的积（POS）表达式：它在给定的表达式中找到所有公因子的组合。

当表达式与充分性有关时，SOP 表达式中的公因子都是 INUS 条件。因此，对一个表达式进行因式分解，是在尽可能多的解中找到 INUS 条件，揭示它们在结果存在时的相对重要性。

与函数 negate( ) 类似，表达式中的条件按字母顺序排列，除非使用名为 snames 的参数另外指定：

```
factorize("one*TWO*four + one*THREE + THREE*four",
          snames = "ONE, TWO, THREE, FOUR")
```

```
M1: one*TWO*four + one*THREE + THREE*four

  F1: one*(THREE + TWO*four) + THREE*four
  F2: one*TWO*four + THREE*(one + four)
  F3: four*(THREE + one*TWO) + one*THREE
```

SOP 表达式的处理是函数间通用的，条件缺乏可以用小写字母或波浪号来表示：

```
factorize("~ONE*TWO*~FOUR + ~ONE*THREE + THREE*~FOUR",
          snames = "ONE, TWO, THREE, FOUR")
```

```
M1:  ~ONE*TWO*~FOUR + ~ONE*THREE + THREE*~FOUR

 F1:  ~ONE*(THREE + TWO*~FOUR) + THREE*~FOUR
 F2:  ~ONE*TWO*~FOUR + THREE*(~ONE + ~FOUR)
 F3:  ~FOUR*(THREE + ~ONE*TWO) + ~ONE*THREE
```

在可能的情况下，输入可以转换成 POS 表达式，在 POS 表达式中，所有公因子都与 INUS 条件组合起来。但这样的 POS 表达式并不总是可能的，可以通过激活参数 pos 来搜索它：

```
factorize("ac + aD + bc + bD", pos = TRUE)
```

```
M1: ac + aD + bc + bD

 F1: (a + b)(c + D)
```

当然，这种分解可以直接用于最小化的对象，这种情况下，它应用于输出的每个模型：

```
data(CVF)
pCVF <- minimize(CVF, outcome = "PROTEST", incl.cut = 0.8,
                 include = "?", use.letters = TRUE)
factorize(pCVF)
```

```
M1: e + a*B*D + A*B*C + A*C*D

  F1: A*C*(B + D) + e + a*B*D
  F2: B*(a*D + A*C) + e + A*C*D
  F3: D*(a*B + A*C) + e + A*B*C

M2: e + a*B*D + A*B*d + A*C*D

  F1: A*(B*d + C*D) + e + a*B*D
  F2: B*(a*D + A*d) + e + A*C*D
  F3: D*(a*B + A*C) + e + A*B*d

M3: e + A*B*C + A*C*D + B*C*D

  F1: A*C*(B + D) + e + B*C*D
  F2: B*C*(A + D) + e + A*C*D
  F3: C*(A*B + A*D + B*D) + e
  F4: C*D*(A + B) + e + A*B*C

M4: e + A*B*d + A*C*D + B*C*D

  F1: A*(B*d + C*D) + e + B*C*D
  F2: B*(A*d + C*D) + e + A*C*D
  F3: C*D*(A + B) + e + A*B*d
```

最后，对某个模型的非集进行因式分解[⊖]可能会很有趣：

⊖ 这里需要指定参数 simplify=FALSE。——译者注

```
factorize(negate("e + a*B*D + A*B*C + A*C*D"))
```

M1: A*c*E + a*b*E + b*c*E + b*d*E + a*d*E + c*d*E

  F01: E*(A*c + a*b + b*c + b*d + a*d + c*d)
  F02: a*E*(b + d) + E*(A*c + b*c + b*d + c*d)
  F03: a*E*(b + d) + b*E*(c + d) + c*E*(A + d)
  F04: a*E*(b + d) + b*d*E + c*E*(A + b + d)
  F05: a*E*(b + d) + c*E*(A + b) + d*E*(b + c)
  F06: b*E*(a + c + d) + E*(A*c + a*d + c*d)
  F07: a*d*E + b*E*(a + c + d) + c*E*(A + d)
  F08: A*c*E + b*E*(a + c + d) + d*E*(a + c)
  F09: c*E*(A + b + d) + E*(a*b + b*d + a*d)
  F10: a*d*E + b*E*(a + d) + c*E*(A + b + d)
  F11: a*b*E + c*E*(A + b + d) + d*E*(b + a)
  F12: d*E*(b + a + c) + E*(A*c + a*b + b*c)
  F13: A*c*E + b*E*(a + c) + d*E*(b + a + c)
  F14: a*b*E + c*E*(A + b) + d*E*(b + a + c)

11.4　更多拟合参数

传统的拟合参数包括隶属度和覆盖度（原始的和独特的），以及 PRI 和 RoN。当前的实践表明，这些是最佳的标准参数。

但标准总是在变化。通过测试发现，标准参数似乎无法应对所有的特殊情况。例如，Haesebrouck（2015）认为，QCA 最常用的测量一致性的拟合参数存在明显的缺陷，因为：

相对于隶属度较高的不一致案例，隶属度较低的不一致案例对一致性分数的影响更大。结果是，这种方法并不能准确地表达经验证据支持充分性和必要性的程度。

我们从经典的一致性公式开始：

$$inclS_{X \Rightarrow Y} = \frac{\sum \min(X,Y)}{\sum X} \tag{11-1}$$

Haesebrouck 观察到，X 中隶属度较大的案例对一致性分数的影响小于 X 中隶属度较小的案例对一致性分数的影响，即使它们的不一致部分相等：$X=1$ 和 $Y=0.75$ 对 $X=0.25$ 和 $Y=0$。第一种情况下不一致部分（0.25）的影响低于第二种情况下不一致部分（0.25）的影响。他还注意到，X 中的隶属度可以通过一致和不一致部分的总和来重新定义：

$$inclS_{X \Rightarrow Y} = \frac{\sum \min(X,Y)}{\sum (\min(X,Y) + \max(X-Y,0))} \qquad (11\text{-}2)$$

X一致的部分等于分数的分子，而不一致的部分要么等于 0（如果 X 和 Y 完全一致），要么等于 X 和 Y 之间的差（当 X 大于 Y 时）。因此，他建议将不一致的部分的影响增加，将其乘以 X，然后取平方根：

$$inclH_{X \Rightarrow Y} = \frac{\sum \min(X,Y)}{\sum (\min(X,Y) + \sqrt{\max(X-Y,0) \cdot X})} \qquad (11\text{-}3)$$

这是对标准公式的改进，如果学术界认可并使用它，那么它将是一个新的标准。然而，对任何新的标准来说，要取代目前的标准都是困难的，因为大多数软件只提供标准的测量。

对于此类情况，函数 pof( ) 可以通过参数 add 添加其他测量。参数 add 接受用参数 x 和 y 简单定义的函数，该函数能够返回基于这两个参数的内部计算。

下面的示例定义了一个函数，并将其指定给一个名为 inclH 的对象。该对象被提供给函数 pof( )，它用新的函数名扩展输出：

```
inclH <- function(x, y) {
    sum(fuzzyand(x, y)) /
    sum(fuzzyand(x, y) + sqrt(fuzzyor(x - y, 0)*x))
}

pof("DEV => SURV", data = LF, add = inclH)
```

```
        inclS  PRI   covS  covU  inclH
    ---------------------------------------
    1 DEV  0.775  0.743  0.831   -    0.720
    ---------------------------------------
```

如果需要更多这样的函数，参数 add 也可以接受一个列表对象，其中每个组件包含一个函数。组件的名称将成为扩展的输出中新拟合参数的名称（使用前五个字符）。

在拟合参数这一部分，大多数情况下引用数据集的特定列名时，使用 SOP 表达式就足够了。下面是对该函数的一个改进，前述表达式可以用矩阵等价表示。例如，表达式 $DEV \cdot ind + URB \cdot STB$ 可以用矩阵形式表示：

```
DS <- matrix(c(1, -1, -1,  0, -1,
              -1,  1, -1, -1,  1), ncol = 5, byrow = TRUE)
colnames(DS) <- colnames(LF)[1:5]
DS
```

```
    DEV URB LIT IND STB
[1,]  1  -1  -1   0  -1
[2,] -1   1  -1  -1   1
```

此矩阵用标准值 1 表示条件存在，值 0 表示条件缺乏，如果条件被最小化了，则为 –1。在本例中，由于 DEV·ind+URB·STB 是结果 SURV 唯一的简约解（一致性阈值 0.75），因此可通过该矩阵获得其拟合参数：

```
pof(DS, "SURV", data = LF, relation = "sufficiency")
```

```
          inclS  PRI   covS  covU
------------------------------------------
1 DEV*ind 0.815 0.721 0.284 0.194
2 URB*STB 0.874 0.845 0.520 0.430
------------------------------------------
```

当然，这相当于直接使用 SOP 表达式：

```
pof("DEV*ind + URB*STB => SURV", data = LF)
```

```
             inclS  PRI   covS  covU
------------------------------------------
1 DEV*ind    0.815 0.721 0.284 0.194
2 URB*STB    0.874 0.845 0.520 0.430
3 expression 0.850 0.819 0.714   -
------------------------------------------
```

如 11.1 节所述，函数 minimize( ) 和 superSubset( ) 输出的组件 pims（质蕴含项隶属度）和 coms（组合隶属度）可用于拟合参数的计算。

```
psLF <- minimize(LF, outcome = "SURV", include = "?",  incl.cut = 0.75)
head(psLF$pims)
```

```
   DEV*ind URB*STB
AU  0.27    0.12
BE  0.00    0.89
CZ  0.10    0.91
EE  0.16    0.07
FI  0.58    0.03
FR  0.19    0.03
```

这些是质蕴含项 DEV·ind 和 URB·STB 的集合隶属度，可以使用函数 compute( ) 进行验证：

```
compute("DEV*ind", data = LF)
```

```
 [1] 0.27 0.00 0.10 0.16 0.58 0.19 0.04 0.04 0.07 0.72 0.34 0.06 0.02
[14] 0.01 0.01 0.03 0.33 0.00
```

函数 minimize( ) 输出的组件 pims 可直接用于计算拟合参数，结果相同：

```
pof(psLF$pims, LF$SURV, relation = "sufficiency")

           inclS   PRI   covS   covU
------------------------------------
1  DEV*ind  0.815  0.721  0.284  0.194
2  URB*STB  0.874  0.845  0.520  0.430
------------------------------------
```

11.5　XY 图

XY 图是测量模糊集对象间关系的散点图。它是一个可视化工具，用于检查一个集合在多大程度上是另一个集合的子集，以便评估一个集合对另一个集合的充分性或必要性。

有多种方法可以获取 XY 图，但最简单的方法是使用 QCA 包中的函数 XYplot( )。它的参数结构简单，最重要的是它提供灵活且丰富的参数，包括所有图形参数，可通过 ?par 来查看。

函数 XYplot( ) 具有以下结构：

```
XYplot(x, y, data, relation = "sufficiency", mguides = TRUE,
       jitter = FALSE, clabels = NULL, enhance = FALSE, model = FALSE, ...)
```

与 QCA 包中的其他函数类似，它有一组默认值，包括关系参数（用于计算充分性关系的拟合参数）。该函数的参数数量较少，并且大多数参数的默认值为不激活（如参数 enhanced 默认不增强 XY 图）。

参数 mguides 表示在 XY 图的中间添加两条线（水平线和垂直线），将绘图区域划分为与 2×2 交叉表对应的 4 个区域。这是一种非常有用的可视化方法，它可以将点的模糊坐标定位到表的二元清晰单元格中。

该函数的两个主要参数是 x 和 y，它们接受各种各样的输入。对这两个参数最直接的解释是两个包含 0 到 1 之间的模糊值的数值向量。第一个参数（x）用于横轴，第二个参数（y）用于纵轴。

作为第一个示例，我们将使用 11.1 节中已经加载的数据集 CVF。数据的结果变量是 PROTEST（更确切地说是种族抗议），我们感兴趣的是哪些条件是充分的。首先引起我们注意的是 NATPRIDE（民族自豪感），合理的假设是：民族自豪感缺失是种族抗议的充分条件。这个假设可以通过以下命令可视化：

```
XYplot(1 - CVF$NATPRIDE, CVF$PROTEST)
```

如图 11-1 所示，大多数点位于图的左上角，表示充分性。在标题下可以看到，一致性分数为 0.899，PRI 分数为 0.807，两者均较高，证实了民族自豪感缺失确实与种族抗议有关。

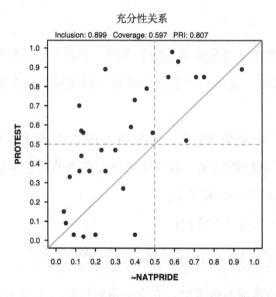

图 11-1　民族自豪感缺失与种族抗议的模糊关系

然而，我们不能得出这是一种因果关系[⊖]的结论。这是因为覆盖度（0.597）相当小，意味着尽管充分性足够明显，但民族自豪感缺失并不是种族抗议的必要条件。

回到命令中，条件 NATPRIDE 的非集采用 "1–" 表示法（在模糊集中经常使用），当输入是数字向量时，该方法总是有效的。使用以下命令也会得到相同的结果：

```
XYplot(1 - NATPRIDE, PROTEST, data = CVF)
```

在本例中，参数 x 的输入不是数字向量，而是条件 NATPRIDE 的名称，该条件将在 CVF 数据集中找到（因此需要指定参数 data），如图 11-2 所示。

⊖　因果关系，分为必要性与充分性因果关系两类。此处可以理解为充分性因果关系。——译者注

```
XYplot(~NATPRIDE, PROTEST, data = CVF, jitter = TRUE, cex = 0.7,
       clabels = rownames(CVF))
```

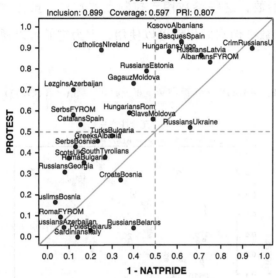

图 11-2　包含抖动的案例标签的 XY 图

与 QCA 包中的许多函数类似，尤其是函数 pof( )，这些列名可以使用双引号，也可以不使用双引号，并且可以使用"1−"表示法或在条件名称前加波浪号来求非集。

图 11-2 中使用行名作为案例标签。最好是使用每个案例的两个字母缩写作为标签，并在帮助文件中解释每个缩写的含义。

这个操作对国家来说相当容易，因为已经建立了标准来规定如何使用两个字母表示国家的名称。使用非常长的名称可能会导致字母重叠，特别是有大样本数据的时候。参数 jitter 表示每个点的位置会进行一定程度的抖动，以避免完全重叠（尤其是当值非常接近时），但这样并不能完全解决问题。

由于图 11-2 中的案例名称非常长且非常密集，因此最好使用行号作为案例的标识符，这是参数 clabels 的作用。该参数可以是案例标签的向量，其长度与参数 x 和 y 指定的数字向量的长度相同。或者可以是长度与参数 data 中行数相同的逻辑向量，只添加那些向量为真值的行名。

　　参数 clabels 提供了一个行数的向量，使非常接近的点的标签避免发生重叠，如图 11-3 所示。R 有一个名为 jitter( ) 的基本函数，它有两个名为 factor 和 amount 的附加参数，这些参数用于控制点的数量。虽然这些参数不是函数 XYplot( ) 的正式参数，但它们仍然可以使用，因为它们可以通过参数 ... 被自动捕捉和解释。

```
XYplot(~NATPRIDE, PROTEST, data = CVF, clabels = seq(nrow(CVF)))
```

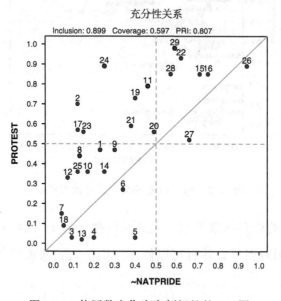

图 11-3　使用数字作为案例标签的 XY 图

　　函数 XYplot( ) 中的三点参数 ... 在这里非常特殊，它可以用来访问本地绘图函数中的所有图形参数。举几个最有用的例子：col 表示为点添加特定颜色，bg 表示为点填充特定颜色，pch（point character，点字符）表示使用不同的符号，如正方形、三角形或菱形等来绘图，cex（character expansion，默认值为 0.8）表示控制点及其相关标签的大小。

　　图 11-4 就是这样一个例子，它模拟了 Schneider 和 Rohlfing（2016）提出的增强图，通过在图的各个象限中使用不同的字符对过程进行跟踪。输入下面的命令来演示该函数：

```
XYplot("~NATPRIDE => PROTEST", data = CVF, enhance = TRUE, jitter = TRUE)
```

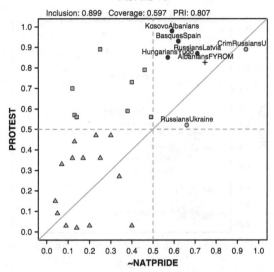

图 11-4 增强型 XY 图

图 11-4 呈现的点字符非常接近 Schneider 和 Rohlfing 原稿中的描述：

- 区域 1（右上象限，主对角线上方）中深色填充的点表示典型案例。

- 区域 1 的"+"点表示最典型的案例（最接近主对角线）。

- 区域 2（右上象限，主对角线下方）中的点表明一致性程度异常的案例。

- 区域 3（右下象限）显示没有出现一致性类别异常的案例，否则该区域将出现菱形的点。

- 区域 4（左下象限）中的三角形表示不相关的案例。

- 区域 5（左上象限）中的正方形表示有覆盖度异常的案例。

默认情况下，增强型 XY 图仅显示典型案例和一致性程度异常的案例（区域 1 和 2），这是充分性关系的特定选择。然而，当表达式是最小化过程的结果时，建议为区域 4 和 5 中隶属度低于 0.5 的点添加标签，如图 11-5 所示。

```
sol <- "natpride + DEMOC*GEOCON*POLDIS + DEMOC*ETHFRACT*GEOCON"
XYplot(sol, "PROTEST", data = CVF, enhance = TRUE, model = TRUE)
```

函数 XYplot( ) 有一个名为 model 的逻辑参数，它只在激活参数 enhance 时才能使用。上图对应于 CVF 数据中的一个简约解，使用 0.85 的一致性阈值来构造真值表。

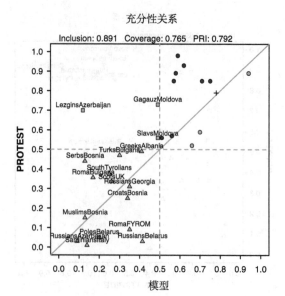

图 11-5　一种增强型解模型

只有输入表达式时才需要激活参数 model，否则函数 XYplot( ) 默认接受最小化结果的整个对象。例如，由于存在两个简约解，使用如下等效命令可以获得相同的输出：

```
ttCVF <- truthTable(CVF, "PROTEST", incl.cut = 0.85)
pCVF <- minimize(ttCVF, include = "?")
XYplot(pCVF$solution[1], "PROTEST", data = CVF, enhance = TRUE)
```

在这个命令中，函数 XYplot( ) 检测到输入是一个简约解（来自对象 pCVF），因此不需要特别切换 model=TURE 来生成与上面相同的图。对于第二个简约解，只须更改方括号中的数字为 2。对于中间解，最小化对象有一个名为 i.sol 的参数，它包含复杂解和简约解（如 C1P1）的所有组合，每个对象都包含这些解。

这些图形都是由默认设置生成的，用户也可以创建自己的选择，或者定义在哪些区域中的哪些案例需要标记。需要提醒的是，参数 clabels 也接受数据中与行数的长度相同的逻辑向量。在这种情况下，XY 图只呈现参数 clabels 的值为正的案例标签，因此可以直接命令标记哪些点。

如果参数 clabels 是逻辑向量，则点对应的案例标签将采用数据的行名称

（如果有），否则将自动生成案例序列数。虽然这是一种手动操作（不同于上述自动设置），但是它灵活地提供了关于绘图的更多可能。下面是使用了 XY 图所有功能的最后一个示例，如图 11-6 所示。

```
sol <- compute(sol, data = CVF) # turn expression to set membership scores
col <- rep("darkgreen", nrow(CVF)) # define a vector of colors
col[sol < 0.5 & CVF$PROTEST < 0.5] <- "red"   # zone 4
col[sol < 0.5 & CVF$PROTEST >= 0.5] <- "blue" # zone 5
clabels <- logical(nrow(CVF))
clabels[c(2, 5, 11)] <- TRUE # only these three labels to print
XYplot(sol, "PROTEST", data = CVF, enhance = TRUE, clabels = clabels,
        col = col, bg = col,  xlab = "Solution model")
```

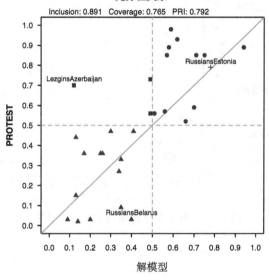

图 11-6　高度定制的 XY 图

当然，图形用户界面有一个专门的菜单来构建这样的图：

Graphs / XY plots

与书写的命令相比，对话框没有那么复杂（尤其是在最新的增强图中），而且它与用户有更多的互动。图 11-7 显示了所有设置，单击 negate 选项框可以对条件和结果进行非集运算，单击结果选择框下面的专用单选按钮可以更改因果关系，选中相应的复选框可以抖动点的位置并旋转其标签以提升可视性。

在默认设置中，点不会被标记，而是当鼠标悬停在点上时用标签标记。整个对话框旨在快速查看（来自同一个数据集的）一个条件和一个结果之间可能的集合关系，以及它们的相关参数。

对话框的未来版本应该包括选择最小化对象（不仅仅是数据框），当然还应该增强绘图以启用过程跟踪。还有一个想法是开发导出按钮提供 SVG 格式或位图格式（PNG、BMP 等），甚至是 PDF 格式的绘图。

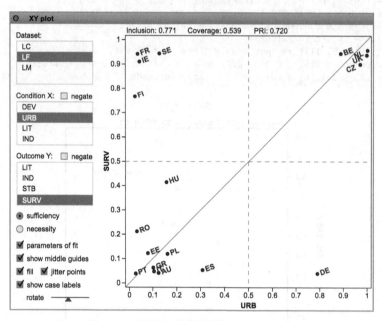

图 11-7　图形用户界面的 XY 图对话框

11.6　维恩图

维恩图也是真值表分析中非常有用的可视化工具。真值表和维恩图都与同一个数 (2^k) 有关，其中 k 是前因条件的个数。图 11-8 是最简单的例子，其中有两个集合，即 $2^2 = 4$ 个交集。

然而，应该指出，如果一个前因条件具有两个以上的取值，那么真值表就会有超过 2^k 的行，因此，只有二元清晰集或模糊集才能用维恩图将真值表可视化（在多值情况下，模糊集无论如何都要先转换为二元清晰集）。

在 R 中有很多方式能够绘制维恩图，可以使用软件包中的多种函数，如 gplots、eVenn、Vennerable，最好的是 VennDiagram。Murdoch（2004）写过一篇关于这些函数的综述，但函数的具体应用情况已经发生了很大的变化。因此，Wilkinson（2011）撰写了一份新的报告。

本节将介绍一个新的包，即 venn 1.5 版本（Duşa，2017）。它的名字与 Murdoch 所描述的名字完全相同，要么是 Murdoch 的版本没有提交给 CRAN，要么是在这个新的包出现之前，他的版本已经废弃了很多年。

不管怎样，Murdoch 最初的版本只能画出最多 3 个集合的维恩图，而较新的包最多能画出 5 个集合，而现在的 venn 包最多能画出 7 个集合。对于最初只能画出 3 个集合的情况，维恩图的形状可以是圆形。对于能够画出 4 ~ 5 个集合的情况，维恩图的形状可以是椭圆形。而对于画出 5 个集合以上的情况，这些维恩图不能是连续的（它们可能是单调不连续的）。7 个集合的维恩图则被称为 "Adelaide"（Ruskey 和 Weston，2005）。

为了完成 R 包的展示，值得一提的是 venneuler 和 eulerr，它们不仅有助于绘制维恩图，而且还可以绘制欧拉图。虽然维恩图总是有 2^k 个交集，但欧拉图不受此限制，可以在彼此之外绘制集合（如果它们之间没有交集）。欧拉图不适用于 QCA 研究，但其允许用户绘制成比例的区域图（较大的集合或较大的交集在图中也更大）。

```
library(venn)
venn(2, ilabels = TRUE)
```

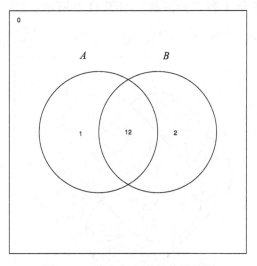

图 11-8　两个集合的简单维恩图

函数 venn ( ) 的完整语法如下：

```
venn(x, snames = "", ilabels = FALSE, counts = FALSE, ellipse = FALSE,
    zcolor = "bw", opacity = 0.3, size = 15, cexil = 0.6, cexsn=0.85, ...)
```

参数 ilabels 代表交集的标签，它为每个交集添加 1 个特有的数字。如图 11-8 所示，12 表示第一个集合和第二个集合的交集，数字 1 表示第一个集合的值，数字 0 表示所有集合之外的值。当要绘制 4 个集合的维恩图时，所有集合的交集是 1234。

与数学中绘制集合的（成比例的）交集不同，这里的 venn 包使用静态的方法。多达 7 个集合之间的全部组合的全部交集都可以预先计算好，并且在包中作为一种数据集使用，这个数据集包含为每个点定义特定的形状的 x 和 y 坐标。这使得绘图非常迅速，并具有额外的优势：预先设置的形状最大限度地扩大了每个交集的面积。

第一个参数 x 包括很多类型，但最重要的是（与 QCA 包相似），它可以是一个乘积和表达式，其中交集用星号" * "表示，并集用加号" + "表示。由于这个原因，它应该结合参数 snames 来确定图中绘制的集合总数（及集合顺序）。

与所有的维恩图函数一样，venn( ) 也可以使用颜色对特定交集进行强调，甚至可以利用透明度来显示两个区域重叠的部分（参数 opacity 的默认值为 0.3，opacity 越大，透明度越低）。下面的示例是一个包含 4 个集合的维恩图，其中灰色阴影部分表示集合 A 和 B 的并集，如图 11-9 所示：

```
venn("A + B", snames = "A, B, C, D", ilabels = TRUE)
```

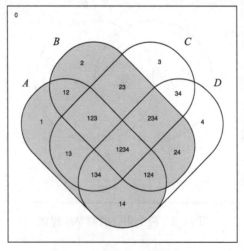

图 11-9　A 和 B 的并集

可以使用参数 zcolor（zone color）更改并集的默认颜色。上图并不是交集的颜色，而是区域（zone）的颜色，因为 *A* 和 *B* 的并集包含多个可能的独特交集，整个区域在上面的示例中表示所有这些独特形状（交集）的并集。

参数 zcolor 的默认值是 **"bw"**（黑白）。当没有给出表达式时，如图 11-8 所示，只绘制集合的形状。向量 color 的长度与集合数相同，但它还有另一个预设值 **"style"**，使用一组独特的颜色，该值来自 grDevices 包的函数 colorRampPalette( )。

对于 4 ~ 5 个集合的维恩图，可以激活参数 elipse 来使用椭圆形。但从 6 个集合的维恩图开始，它的形状是单调但不连续的。

尽管集合通常指的是 QCA 中的前因条件（数据框中的列表示集合），函数 venn( ) 也可以接受元素数量不等的列表。每个集合代表一个列表组件，函数计算具有共同元素的集合所有可能的交集，这在生物信息学中是一个非常普遍的应用。一个例子是：

```
set.seed(12345)
x <- list(First = 1:20, Second = 10:30, Third = sort(sample(25:50, 15)))
x

$First
 [1]  1  2  3  4  5  6  7  8  9 10 11 12 13 14 15 16 17 18 19 20

$Second
 [1] 10 11 12 13 14 15 16 17 18 19 20 21 22 23 24 25 26 27 28 29 30

$Third
 [1] 25 27 28 29 31 34 35 38 40 41 43 45 46 49 50

venn(x) # argument counts is automatically activated
```

当输入是一个列表时，函数以不可见的方式（不呈现在屏幕上，但可以赋值给一个对象）返回真值表和每个交集，并进行计数，其中名为 intersections 的参数包含了交集的元素。如图 11-10 所示，第一个和第二个集合有 11 个共同元素，第二个和第三个集合有 4 个共同元素。这三个集合之间不存在共同元素。在这种情况下，数字 0 不会被呈现出来，因为它与参数 ilabels 的值 0（意味着所有集合之外的元素）不同。

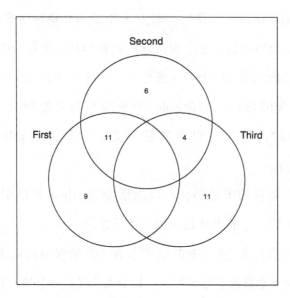

图 11-10　每个交集的共同元素数量

尽管有很大的可用空间，每个交集的计数（类似于交集的标签）的默认字号都很小。无论交集大小，所有交集的标签都需要使用默认统一的字体。图中添加的集合越多，交集就越小。但这不是一个限制，因为用户可以使用参数 cexil 手动更改这些标签的大小。该参数是来自基础包的默认参数 cex 的一个组合，il 代表交集的标签。还有另一个相关参数 cexsn，用于调整集合名称的字体大小。而基础的参数 cex 用于设置边框线的宽度。

与上一节介绍的函数 XYplot( ) 类似，函数 venn( ) 也有一个三点参数 …，以允许使用其他图形参数来自定义绘图。例如，可以通过参数 lty 更改边框线的类型，通过参数 col 更改其颜色。

如图 11-11 所示，这是最好的形状之一，它可以在一张图中容纳 5 个集合。还可以用椭圆作为基本形状，那么交集就会有大有小。灯泡形状比较独特，目前仅由 venn 包提供，它可以最大限度地扩大交集的尺寸。

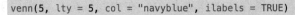

```
venn(5, lty = 5, col = "navyblue", ilabels = TRUE)
```

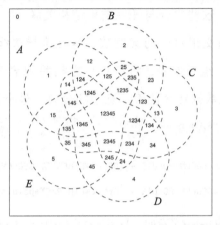

图 11-11 5 个集合的自定义维恩图

这些图很好看，但函数 venn( ) 最重要的特点是它能够识别真值表对象，并根据输出值绘制所有的交集。使用先前生成的对象 ttCVF（CVF 数据的真值表，使用 0.85 作为一致性阈值），绘制此对象的命令如下：

```
venn(ttCVF, counts = TRUE, opacity = ttCVF$tt$incl)
```

在绘制真值表时，颜色的选择是固定的，以便与输出组态一一对应：结果存在的组态是绿色，结果缺乏的组态是橙色，矛盾组态是蓝色，没有经验案例的交集即逻辑余项是白色，相关的颜色要符合容易识别的标准。[⊖]这些颜色的图例绘制在图形下方。

参数 opacity 是可选的，它可以使用组态的隶属度来绘制颜色，隶属度越低，交集的颜色越透明。当然，这意味着结果存在的组态将总是透明度较低，而对于结果缺乏的组态，只有当其隶属度差异较大的情况下，其橙色交集的透明度差异才是显著的。

如图 11-12 所示，来自集合 NATPRIDE 中的许多交集与结果缺乏的组态相关，而来

图 11-12 CVF 真值表的维恩图

_____
⊖ 在本书中，这些颜色以不同的灰度显示。

自集合 GEOCON 的许多交集与结果存在的组态相关。在中间部分，存在属于多个集合的交集（组态），这些集合与任一结果都相关联。

交集的计数表示与交集对应的案例数，这在推导最终解时并不重要。只要参数通过了频数阈值，组态本身（而不是与之相关的案例数）对最终解就有贡献。这可以体现出经验数据在真值表组态中的分布。最小化的解是：

```
pCVF <- minimize(ttCVF, include = "?")
pCVF
```

```
M1: natpride + DEMOC*GEOCON*POLDIS + (DEMOC*ETHFRACT*GEOCON)
    => PROTEST
M2: natpride + DEMOC*GEOCON*POLDIS + (DEMOC*ETHFRACT*poldis)
    => PROTEST
```

函数 venn( ) 与函数 XYplot( ) 类似，且与 QCA 包中的一般方法一致，它自动识别最小化对象（如 pCVF）的解。因此，不需要指定集合名称，因为它们直接取自最小化对象。

```
venn(pCVF$solution[1], zcol = "#ffdd77, #bb2020, #1188cc")
```

如图 11-13 所示，解的第一项（natpride，缺乏民族自豪感用浅绿色绘制，即集合 NATPRIDE 以外的区域）。交集 DEMOC*GEOCON*POLDIS 用红色绘制，即区域 a+b+c+d。交集 DEMOC*ETHFRACT*GEOCON 用蓝色绘制，即区域 b+c+e+f。大体上，此图中的信息证实了前一张图。其中，NATPRIDE 主要与结果缺乏相关（此处，NATPRIDE 缺乏对结果存在是充分的），并且 GEOCON 存在于解的其他两个交集中。在第五个集合（NATPRIDE）之外，前四个集合交集

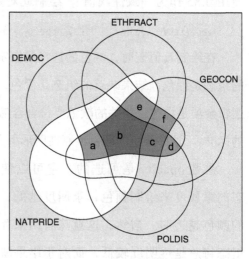

图 11-13　第一个解的维恩图

处有一个特殊的区域，即区域 c，在这个区域中所有颜色都重叠。⊖

在图形用户界面中，可通过以下菜单生成维恩图：

⊖　在本书中，这些颜色以不同的灰度显示。为方便读者区分，在原图中增加了 "a、b、c、d、e、f" 6个字母标签。

Graphs / Venn diagram

如果没有真值表对象，此菜单将打开一个空对话框。它首先在工作空间中查找真值表对象，然后仅在真值表存在时创建一个图表（在真值表对话框中，必须选中选项 Assign）。如果存在多个这样的对象，将为最新的对象绘制维恩图。值得一提的是，真值表也是由最小化函数自动生成的（"qca"类的对象包含"tt"类的真值表对象），因此，它们都对维恩图对话框有效。

图 11-14 与图 11-12 非常相似，只不过图 11-14 是在图形用户界面中生成的。它用交集的标签代替计数，最重要的区别是它能够交互地探索每个交集关联的案例。将鼠标悬停在交集上方时，将显示每个关联的案例名称。在正常的 R 图形窗口中无法实现此功能，说明基于 HTML 的 JavaScript 事件可以增强 R 的用户体验。

如图 11-14 所示，鼠标悬停的特殊的区域即图 11-13 中第一个解的所有三项的重叠部分。有趣的是，与这个交集关联的案例（AlbaniansFYROM）和图 11-4 中增强型 XY 图中识别的最典型案例是同一个案例。我们还需要进一步研究来确认这是事实还是巧合。

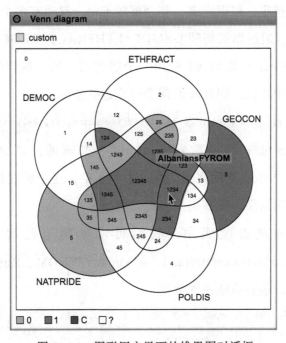

图 11-14　图形用户界面的维恩图对话框

11.7　自定义标签

函数 venn( ) 对交集预设了标签，或是表示交集所属集合的数字，或是表示某个交集（组态）的案例数的计数。

但在某些情况下，用户需要将自定义标签添加到不同的交集中，要么用隶属于特定组态的案例名称，要么用其他文本描述。为了做到这一点，重要的是要理解交集、区域（zone）和领域（area）之间的概念差异。

区域指的是集合交集的并集。如果一个区域包含来自特定集合的所有交集，则该区域等效于该集合本身。例如，在图 11-8 中，集合 A 有两个交集：Ab（在 A 内而非 B 内）和 AB（A 和 B 的交集）。我们也可以说，集合 A 是 Ab 和 AB 的并集（换句话说，$Ab+AB=A$）。

一个领域可以有一个或多个区域，这取决于维恩图的复杂性，集合越多越复杂。例如，在图 11-9 中有 4 个集合，领域 Bc（在 B 内而非 C 内）有两个区域，这是因为集合 B 被集合 C 横向分割。第一个区域由交集 2 和 12（$aBcd + ABcd$）组成，第二个区域由交集 24 和 124（$aBcD + ABcD$）组成。一个领域也可以由一个完整的解来指定，根据定义，整个解对于每个解项有多个区域。

图 11-13 可以通过添加解项 DEMOC*ETHFRACT*GEOCON 的案例的标签加以改进，该解项是对象 pCVF 的第一个解的第二项。这样的标签使用 X 和 Y 轴坐标系在图表中定位，因此我们需要计算这些坐标：

```
coords <- unlist(getCentroid(getZones(pCVF$solution[[1]][2])))
```

这是由 venn 包中的函数 getCentroid( ) 实现的，该函数返回由函数 getZones( ) 确定的区域坐标列表。在这个例子中，这个特定的解项只有一个区域，并且没有列出结果，以获得坐标的二值向量。

从一致性和覆盖度表中，我们可以看到与此解项相关的案例：HungariansRom、CatholicsNIreland、AlbaniansFYROM、RussiansEstonia。有了这些坐标，可以很容易地添加标签：

```
venn(pCVF$solution[1], zcol = "#ffdd77, #bb2020, #1188cc")
cases <- paste(c("HungariansRom", "CatholicsNIreland", "AlbaniansFYROM",
                 "RussiansEstonia"), collapse = "\n")
text(coords[1], coords[2], labels = cases, cex = 0.85)
```

上面函数 paste( ) 中的 `collapse="\n"` 确保所有 4 个案例依次呈现（字符串 `"\n"` 的作用与在每个案例名称后按回车键类似）。参数 cex 根据情况调整标签中文本的字体大小，如图 11-15 所示。

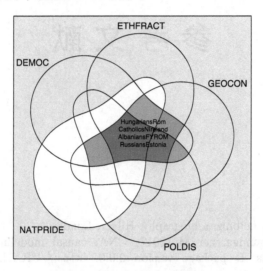

图 11-15　解项的自定义标签

参 考 文 献

Aiton EJ (1985) Leibniz: a biography. Hilger, London

Ambuehl M, Baumgartner M (2017) CNA: causal modeling with coincidence analysis. R package version 2.0.0. https://CRAN.R-project.org/package=cna

Barrenechea R, Mahoney J (2017) A set-theoretic approach to Bayesian process tracing. Sociol Methods Res. https://doi.org/10.1177/0049124117701489

Baumgartner M (2009) Inferring causal complexity. Sociol Methods Res 38(1):71–101. https://doi.org/10.1177/0049124109339369

Baumgartner M (2013) Detecting causal chains in small-n data. Field Methods 25(1):3–24. https://doi.org/10.1177/1525822X12462527

Baumgartner M (2015) Parsimony and causality. Qual Quant 49:839–856. https://doi.org/10.1007/s11135-014-0026-7

Baumgartner M, Thiem A (2017) Often trusted but never (properly) tested: evaluating qualitative comparative analysis. Sociol Methods Res. https://doi.org/10.1007/s11229-008-9348-0

Bennett B (2012) Logically fallacious. The ultimate collection of over 300 logical fallacies. eBookit.com, Sudbury. https://www.logicallyfallacious.com

Berg-Schlosser D (2012) Mixed methods in comparative politics: principles and applications. Palgrave Macmillan, Basingstoke

Bogin B (1998) The tall and the short of it. Discover 19(2):40–44

Bolton-Smith C, Woodward M, Tunstall-Pedo H, Morrison C (2000) Accuracy of the estimated prevalence of obesity from self reported height and weight in an adult Scottish population. J Epidemiol Community Health 54:143–148

Boole G (1854) An investigation of the laws of thought. Walton & Maberly, London. Available online, April 2017: http://www.gutenberg.org/files/15114/15114-pdf.pdf

Borkowski L (ed) (1970) Jan Łukasiewicz: selected works. North Holland, Amsterdam

Braumoeller B (2015a) QCAfalsePositive: tests for type I error in qualitative comparative analysis (QCA). R package version 1.1.1. https://CRAN.R-project.org/package=QCAfalsePositive

Braumoeller BF (2015b) Guarding against false positives in qualitative comparative analysis. Polit Anal 23(4):471–487. https://doi.org/10.1093/pan/mpv017

Braumoeller B, Goertz G (2000) The methodology of necessary conditions. Am J Polit Sci 44(4):844–858. https://doi.org/10.2307/2669285

Caren N, Panofsky A (2005) TQCA. A technique for adding temporality to qualitative comparative analysis. Sociol Methods Res 34(2):147–172. https://doi.org/10.1177/0049124105277197

Cebotari V, Vink MP (2013) A configurational analysis of ethnic protest in Europe. Int J Comp Sociol 54(4):298–324

Cheli B, Lemmi A (1995) A "totally" fuzzy and relative approach to the multidimensional analysis of poverty. Econ Notes 1:115–134

Cronqvist L, Berg-Schlosser D (2009) Multi-value QCA (mvQCA). In: Rihoux B, Ragin C (eds) Configurational comparative methods: qualitative comparative analysis (QCA) and related techniques. Sage, London, pp 69–86

Dalgaard P (2008) Introductory statistics with R, 2nd edn. Springer, New York

Dauben JW (1979) Georg cantor. His mathematics and philosophy of the infinite. Princeton University Press, Princeton

De Meur G, Rihoux B, Yamasaki S (2009) Addressing the critiques of QCA. In: Rihoux B, Ragin C (eds) Configurational comparative methods: qualitative comparative analysis (QCA) and related techniques. Sage, London, pp 147–165

Duşa A (2007) Enhancing Quine-McCluskey. COMPASSS Working Paper. http://www.compasss.org/wpseries/Dusa2007b.pdf

Duşa A (2010) A mathematical approach to the Boolean minimization problem. Qual Quant 44:99–113. https://doi.org/10.1007/s11135-008-9183-x

Duşa A (2017) Venn: draw venn diagrams. R package version 1.5. https://CRAN.R-project.org/package=venn

Duşa A, Thiem A (2015) Enhancing the minimization of Boolean and multi-value output functions with eQMC. J Math Sociol 39:92–108. https://doi.org/10.1080/0022250X.2014.897949

Emmenegger P, Schraff D, Walter A (2014) QCA, the truth table analysis and large-N survey data: the benefits of calibration and the importance of robustness tests. COMPASSS Working Paper. http://www.compasss.org/wpseries/EmmeneggerSchraffWalter2014.pdf

Fox J (2005) The R commander: a basic statistics graphical user interface to R. J Stat Softw 14(9):1–42. http://www.jstatsoft.org/v14/i09

Garcia-Castro R, Ariño MA (2016) A general approach to panel data set-theoretic research. J Adv Manag Sci Inf Syst 2:63–76

Gibson BC, Burrel V (2017) braQCA: bootstrapped robustness assessment for qualitative comparative analysis. R package version 0.9.9.6. https://CRAN.R-project.org/package=braQCA

Goertz G (2003) Cause, correlation and necessary conditions. In: Goertz G, Starr H (eds) Necessary conditions: theory, methodology, and applications. Rowman & Littlefield, Lanham, pp 47–64

Goertz G (2006a) Assessing the trivialness, relevance, and relative importance of necessary or sufficient conditions in social science. Stud Comp Int Dev 41(2):88–109. https://doi.org/10.1007/BF02686312

Goertz G (2006b) Social science concepts. A user's guide. Princeton University Press, Princeton

Haesebrouck T (2015) Pitfalls in QCA's consistency measure. J Comp Polit 2:65–80. Handle: 1854/LU-6834276

Hak T, Jaspers F, Dul J (2013) The analysis of temporarily ordered configurations: challenges and solutions. In: Fiss PC, Cambré B, Marx A (eds) Configurational theory and methods in organizational research. Emerald Group Publishing, Bingley, pp 107–127

Hino A (2009) Time-series QCA: studying temporal change through Boolean analysis. Sociol Theory Methods 24(2):247–265

Hug S (2013) Qualitative comparative analysis: how inductive use and measurement error lead to problematic inference. Polit Anal 21(2):252–265. https://doi.org/10.1093/pan/mps061

Hume D (1999) An enquiry concerning human understanding. In: Beauchamp T (ed) Oxford philosophical texts. Oxford University Press, Oxford

King G, Keohane RO, Verba S (1994) Designing social inquiry. Scientific inference in qualitative research. Princeton University Press, Princeton

Krogslund C, Choi DD, Poertner M (2015) Fuzzy sets on shaky ground: parameter sensitivity and confirmation bias in fsQCA. Polit Anal 23(1):21–41. https://doi.org/10.1093/pan/mpu016

Krook ML (2010) Women's representation in parliament: a qualitative comparative analysis. Polit Stud 58(5):886–908

Lazarsfeld P (1937) Some remarks on typological procedures in social research. Z Sozial 6:1–24. Available on July 2017: http://dspace.gipe.ac.in/xmlui/handle/10973/33569

Lipset MS (1959) Some social requisites of democracy: economic development and political legitimacy. Am Polit Sci Rev 53(1):69–105

Lucas SR (2014) Rejoinder: taking heat and giving light–reflections on the early reception of "qualitative comparative analysis in critical perspective". Sociol Methodol 44(1):127–158. https://doi.org/10.1177/0081175014544105

Lucas SR, Szatrowski A (2014) Qualitative comparative analysis in critical perspective. Sociol Methodol 44(1):1–79. https://doi.org/10.1177/0081175014532763

Mahoney J, Kimball E, Koivu KL (2009) The logic of historical explanation in the social sciences. Comp Polit Stud 42(1):114–146. https://doi.org/10.1177/0010414008325433

Marx A, Duşa A (2011) Crisp-set qualitative comparative analysis (csQCA), contradictions and consistency benchmarks for model specification. Methodol Innov Online 6(2):103–148. https://doi.org/10.4256/mio.2010.0037

Marx A, Rihoux B, Ragin C (2014) The origins, development, and application of qualitative comparative analysis: the first 25 years. Eur Polit Sci Rev 6(1):115–142. https://doi.org/10.1017/S1755773912000318

McCluskey EJ (1956) Minimization of Boolean functions. Bell Syst Tech J 5:1417–1444

Medzihorsky J, Oana IE, Quaranta M, Schneider CQ (2017) SetMethods: functions for set-theoretic multi-method research and advanced QCA. R package version 2.1. https://CRAN.R-project.org/package=SetMethods

Murdoch DJ (2004) Venn diagrams in R. J Stat Softw 11(1):1–3. https://doi.org/10.18637/jss.v011.c01, https://www.jstatsoft.org/v011/c01

Murrell P (2006) R graphics. Chapmann & Hall, Boca Raton

Neuman LW (2003) Social research methods: qualitative and quantitative approaches, 5th edn. Allyn Bacon, Boston

Persico N, Postlewaite A, Silverman D (2004) The effect of adolescent experience on labor market outcomes: the case of height. J Polit Econ 112(5): 1019–1053

Quine WVO (1952) The problem of simplifying truth functions. Am Math Mon 59(8):521–531

Quine WVO (1955) A way to simplify truth functions. Am Math Mon 62(9):627–631

Ragin C (1987) The comparative method. Moving beyond qualitative and quantitative strategies. University of California Press, Berkeley

Ragin C (2000) Fuzzy set social science. University of Chicago Press, Chicago

Ragin C (2005) From fuzzy sets to crisp truth tables. COMPASSS Working Paper. http://www.compasss.org/wpseries/Ragin2004.pdf

Ragin C (2006) User's guide to fuzzy-set/qualitative comparative analysis 2.0. Tucson, Arizona

Ragin C (2008a) Measurement versus calibration: a set theoretic approach. In: Box-Steffensmeier J, Brady HE, Collier D (eds) The Oxford handbook of political methodology. Oxford University Press, Oxford, pp 174–198

Ragin C (2008b) Redesigning social inquiry. Fuzzy sets and beyond. University of Chicago Press, Chicago

Ragin C (2014) Lucas and Szatrowski in critical perspective. Sociol Methodol 44(1):80–94. https://doi.org/10.1177/0081175014542081

Ragin C, Rihoux B (2004) Qualitative comparative analysis (QCA): state of the art and prospects. Qual Methods 2:3–13

Ragin C, Sonnett J (2005) Between complexity and parsimony: limited diversity, counterfactual cases, and comparative analysis. In: Kropp S, Minkenberg M (eds) Vergleichen in der Politikwissenschaft. VS Verlag für Sozialwissenschaften, Wiesbaden, pp 180–197. https://doi.org/10.1007/978-3-322-80441-9

Ragin C, Sonnett J (2008) Limited diversity and counterfactual cases. In: Ragin C (ed) Redesigning social inquiry. Fuzzy sets and beyond. University of Chicago Press, Chicago, pp 147–159

Ragin C, Strand SI (2008) Using qualitative comparative analysis to study causal order. Comment on Caren and Panofsky. Sociol Methods Res 36(4):431–441. https://doi.org/10.1177/0049124107313903

Rihoux B, De Meur G (2009) Crisp-set qualitative comparative analysis (csQCA). In: Rihoux B, Ragin C (eds) Configurational comparative methods: qualitative comparative analysis (QCA) and related techniques. Sage, London, pp 33–68

Royston P, Altman DG (1994) Regression using fractional polynomials of continuous covariates: parsimonious parametric modelling. J R Stat Soc Ser C 43(3):429–467

RStudio, Inc. (2013) Easy web applications in R. http://www.rstudio.com/shiny/

Ruskey F, Weston M (2005) Venn diagrams. Electron J Comb Dyn Surv DS5. http://www.combinatorics.org/ojs/index.php/eljc/article/view/DS5/html

Sauerbrei W, Royston P (1999) Building multivariable prognostic and diagnostic models: transformation of the predictors by using fractional polynomials. J R Stat Soc Ser A 162(1):71–94

Schneider CQ, Rohlfing I (2013) Combining QCA and process tracing in set-theoretic multi-method research. Sociol Methods Res 42(4):559–597. https://doi.org/10.1177/0049124113481341

Schneider CQ, Rohlfing I (2016) Case studies nested in fuzzy-set QCA on sufficiency: formalizing case selection and causal inference. Sociol Methods Res 45(3):536–568. https://doi.org/10.1177/0049124114532446

Schneider C, Wagemann C (2012) Set-theoretic methods for the social sciences. A guide to qualitative comparative analysis. Cambridge University Press, Cambridge

Schneider CQ, Wagemann C (2013) Doing justice to logical remainders in QCA: moving beyond the standard analysis. Polit Res Q 66(1):211–220. https://doi.org/10.1177/1065912912468269h

Schneider MR, Schulze-Bentrop C, Paunescu M (2010) Mapping the institutional capital of high-tech firms: a fuzzy-set analysis of capitalist variety and export performance. J Int Bus Stud 41:246–266

Seawright J (2014) Comment: limited diversity and the unreliability of QCA. Sociol Methodol 44(1):118–121. https://doi.org/10.1177/0081175014542082

Shannon CE (1940) A symbolic analysis of relay and switching circuits. Master's thesis, Massachusetts Institute of Technology, Department of Electrical Engineering. Available on, July 2017: https://dspace.mit.edu/handle/1721.1/11173

Skaaning SE (2011) Assessing the robustness of crisp-set and fuzzy-set QCA results. Sociol Methods Res 40(2):391–408. https://doi.org/10.1177/0049124111404818

Smithson M, Verkuilen J (2006) Fuzzy set theory. Applications in the social sciences. Sage, Thousand Oaks

Spirtes P, Glymour C, Scheines R (2000) Causation, prediction, and search, 2nd edn. MIT Press, Cambridge

Thiem A (2014) Membership function sensitivity of descriptive statistics in fuzzy-set relations. Int J Soc Res Methodol 17(6):625–642

Thiem A (2016) Standards of good practice and the methodology of necessary conditions in qualitative comparative analysis. Polit Anal 24(4):478–484

Thiem A, Duşa A (2013) Qualitative comparative analysis with R. A user's guide. Springer, New York

Thiem A, Spöhel R, Duşa A (2016) Enhancing sensitivity diagnostics for qualitative comparative analysis: a combinatorial approach. Polit Anal 24:104–120. https://doi.org/10.1093/pan/mpv028

Thompson SL (2011) The problem of limited diversity in qualitative comparative analysis: a discussion of two proposed solutions. Int J Mult Res Approaches 5(2):254–268. https://doi.org/10.5172/mra.2011.5.2.254

Valero-Mora PM, Ledesma RD (2012) Graphical user interfaces for R. J Stat Softw 49(1):1–8

Verkuilen J (2005) Assigning membership in a fuzzy set analysis. Sociol Methods Res 33(4):462–496. https://doi.org/10.1177/0049124105274498

Verzani J (2005) Using R for introductory statistics, 2nd edn. Chapman & Hall, Boca Raton

Weber M (1930) The protestant ethic and the spirit of capitalism. Routledge, London

Wilkinson L (2011) Exact and approximate area-proportional circular venn and Euler diagrams. IEEE Trans Vis Comput Graph 18(2):321–331. https://doi.org/10.1109/TVCG.2011.56

Yamasaki S, Rihoux B (2009) A commented review of applications. In: Rihoux B, Ragin C (eds) Configurational comparative methods: qualitative comparative analysis (QCA) and related techniques. Sage, London, pp 123–145

Zadeh LA (1965) Fuzzy sets. Inf Control 8:338–353

Zuur A, Ieno E, Meesters E (2009) A beginner's guide to R. Springer, New York

推荐阅读

中文书名	作者	书号	定价
公司理财（原书第11版）	斯蒂芬·A. 罗斯（Stephen A. Ross）等	978-7-111-57415-6	119.00
财务管理（原书第14版）	尤金·F. 布里格姆（Eugene F. Brigham）等	978-7-111-58891-7	139.00
财务报表分析与证券估值（原书第5版）	斯蒂芬·佩因曼（Stephen Penman）等	978-7-111-55288-8	129.00
会计学：企业决策的基础（财务会计分册）（原书第19版）	简·R. 威廉姆斯（Jan R. Williams）等	978-7-111-71564-1	89.00
会计学：企业决策的基础（管理会计分册）（原书第19版）	简·R. 威廉姆斯（Jan R. Williams）等	978-7-111-71902-1	79.00
营销管理（原书第2版）	格雷格·W. 马歇尔（Greg W. Marshall）等	978-7-111-56906-0	89.00
市场营销学（原书第13版）	加里·阿姆斯特朗（Gary Armstrong）菲利普·科特勒（Philip Kotler）等	978-7-111-62427-1	89.00
运营管理（原书第13版）	威廉·史蒂文森（William J. Stevens）等	978-7-111-62316-8	79.00
运营管理（原书第15版）	理查德·B. 蔡斯（Richard B. Chase）等	978-7-111-63049-4	99.00
管理经济学（原书第12版）	S. 查尔斯·莫瑞斯（S. Charles Maurice）等	978-7-111-58696-8	89.00
战略管理：竞争与全球化（原书第12版）	迈克尔·A. 希特（Michael A. Hitt）等	978-7-111-61134-9	79.00
战略管理：概念与案例（原书第12版）	查尔斯·W. L. 希尔（Charles W. L. Hill）等	978-7-111-68626-2	89.00
组织行为学（原书第7版）	史蒂文·L. 麦克沙恩（Steven L. McShane）等	978-7-111-58271-7	65.00
组织行为学精要（原书第13版）	斯蒂芬·P. 罗宾斯（Stephen P. Robbins）等	978-7-111-55359-5	50.00
人力资源管理（原书第12版）（中国版）	约翰·M. 伊万切维奇（John M. Ivancevich）等	978-7-111-52023-8	55.00
人力资源管理（亚洲版·原书第2版）	加里·德斯勒（Gary Dessler）等	978-7-111-40189-6	65.00
数据、模型与决策（原书第14版）	戴维·R. 安德森（David R. Anderson）等	978-7-111-59356-0	109.00
数据、模型与决策：基于电子表格的建模和案例研究方法（原书第6版）	弗雷德里克·S. 希利尔（Frederick S. Hillier）等	978-7-111-69627-8	129.00
管理信息系统（原书第15版）	肯尼斯·C. 劳顿（Kenneth C. Laudon）等	978-7-111-60835-6	79.00
信息时代的管理信息系统（原书第9版）	斯蒂芬·哈格（Stephen Haag）等	978-7-111-55438-7	69.00
创业管理：成功创建新企业（原书第5版）	布鲁斯·R. 巴林格（Bruce R. Barringer）等	978-7-111-57109-4	79.00
创业学（原书第9版）	罗伯特·D. 赫里斯（Robert D. Hisrich）等	978-7-111-55405-9	59.00
领导学：在实践中提升领导力（原书第8版）	理查德·L. 哈格斯（Richard L. Hughes）等	978-7-111-73617-2	119.00
企业伦理学（中国版）（原书第3版）	劳拉·P. 哈特曼（Laura P. Hartman）等	978-7-111-51101-4	45.00
公司治理	马克·格尔根（Marc Goergen）	978-7-111-45431-1	49.00
国际企业管理：文化、战略与行为（原书第10版）	弗雷德·卢森斯（Fred Luthans）等	978-7-111-71263-3	119.00
商务与管理沟通（原书第12版）	基蒂·O. 洛克（Kitty O. Locker）等	978-7-111-69607-0	79.00
管理学（原书第2版）	兰杰·古拉蒂（Ranjay Gulati）等	978-7-111-59524-3	79.00
管理学：原理与实践（原书第9版）	斯蒂芬·P. 罗宾斯（Stephen P. Robbins）等	978-7-111-50388-0	59.00
管理学原理（原书第10版）	理查德·L. 达夫特（Richard L. Daft）等	978-7-111-59992-0	79.00

推荐阅读

中文书名	作 者	书 号	定价
创业管理（第5版）（"十二五"普通高等教育本科国家级规划教材）	张玉利 等	978-7-111-65769-9	49.00
创业八讲	朱恒源	978-7-111-53665-9	35.00
创业画布	刘志阳	978-7-111-58892-4	59.00
创新管理：获得竞争优势的三维空间	李宇	978-7-111-59742-1	50.00
商业计划书：原理、演示与案例（第2版）	邓立治	978-7-111-60456-3	39.00
生产运作管理（第6版）	陈荣秋 等	978-7-111-70357-0	59.00
生产与运作管理（第5版）	陈志祥	978-7-111-74293-7	59.00
运营管理（第6版）（"十二五"普通高等教育本科国家级规划教材）	马风才	978-7-111-68568-5	55.00
战略管理（第2版）	魏江 等	978-7-111-67011-7	59.00
战略管理：思维与要径（第4版）（"十二五"普通高等教育本科国家级规划教材）	黄旭	978-7-111-66628-8	49.00
管理学原理（第2版）	陈传明 等	978-7-111-37505-0	36.00
管理学（第2版）	郝云宏	978-7-111-60890-5	49.00
管理学高级教程	高良谋	978-7-111-49041-8	65.00
组织行为学（第4版）	陈春花 等	978-7-111-64169-8	49.00
组织理论与设计	武立东	978-7-111-48263-5	39.00
人力资源管理（第2版）	刘善仕 等	978-7-111-68654-5	55.00
战略人力资源管理	唐贵瑶 等	978-7-111-60595-9	39.00
市场营销管理：需求的创造与传递（第5版）（"十二五"普通高等教育本科国家级规划教材）	钱旭潮 等	978-7-111-67018-6	49.00
管理经济学：理论与案例（"十二五"普通高等教育本科国家级规划教材）	毛蕴诗 等	978-7-111-39608-6	45.00
基础会计学（第2版）	潘爱玲	978-7-111-57991-5	39.00
公司财务管理（第2版）	马忠	978-7-111-48670-1	65.00
财务管理	刘淑莲	978-7-111-50691-1	40.00
企业财务分析（第4版）	袁天荣 等	978-7-111-71604-4	59.00
数据、模型与决策：管理科学的数学基础（第2版）	梁樑 等	978-7-111-69462-5	55.00
管理伦理学	苏勇	978-7-111-56437-9	35.00
商业伦理学	刘爱军	978-7-111-53556-0	39.00
领导学	仵凤清 等	978-7-111-66480-2	49.00
管理沟通：成功管理的基石（第4版）	魏江 等	978-7-111-61922-2	45.00
管理沟通：理念、方法与技能	张振刚 等	978-7-111-48351-9	39.00
国际企业管理	乐国林	978-7-111-56562-8	45.00
国际商务（第4版）	王炜瀚 等	978-7-111-68794-8	69.00
项目管理（第2版）（"十二五"普通高等教育本科国家级规划教材）	孙新波	978-7-111-52554-7	45.00
供应链管理（第6版）	马士华 等	978-7-111-65749-1	45.00
企业文化（第4版）（"十二五"普通高等教育本科国家级规划教材）	陈春花 等	978-7-111-70548-2	55.00
管理哲学	孙新波	978-7-111-61009-0	59.00
论语的管理精义	张钢	978-7-111-48449-3	59.00
大学·中庸的管理释义	张钢	978-7-111-56248-1	40.00

推荐阅读

中文书名	作者	书号	定价
管理学原理（英文版·原书第10版）	（美）理查德·L.达夫特	978-7-111-61000-7	79.00
组织行为学（英文版·原书第7版）	（加）史蒂文·L.麦克沙恩	978-7-111-59763-6	79.00
人力资源管理（英文版·原书第11版）	（美）约翰·M.伊万切维奇	978-7-111-32926-8	69.00
人力资源管理（英文版·原书第2版）	（美）加里·德斯勒	978-7-111-38854-8	69.00
战略管理：概念与案例（英文版·原书第21版）	（美）小阿瑟·A.汤普森	978-7-111-65382-0	99.00
战略管理：竞争与全球化（概念）（英文版·原书第12版）	（美）迈克尔·A.希特	978-7-111-61962-8	79.00
商务与管理沟通（英文版·原书第12版）	（美）基蒂·O.洛克	978-7-111-70730-1	79.00
国际企业管理（英文版·原书第8版）	（美）弗雷德·卢森斯	978-7-111-49571-0	85.00
管理信息系统（英文版·原书第15版）	（美）肯尼斯·C.劳顿 等	978-7-111-66853-4	109.00
运营管理（英文版·原书第13版）	（美）威廉·J.史蒂文森	978-7-111-63594-9	109.00
服务管理：运作、战略与信息技术（英文版·原书第8版）	（美）詹姆斯·A.菲茨西蒙斯	978-7-111-49377-8	79.00
项目管理（英文版·原书第4版）	（美）杰弗里·K.宾图	978-7-111-61543-9	119.00
供应链物流管理（英文版·原书第5版）	（美）唐纳德·J.鲍尔索克斯	978-7-111-69934-7	79.00
物流管理（英文版·原书第4版）	（英）艾伦·哈里森	978-7-111-43863-2	50.00
数据、模型与决策：基于电子表格的建模和案例研究方法（英文版·原书第4版）	（美）弗雷德里克·S.希利尔	978-7-111-48099-0	85.00
市场营销原理（亚洲版）（英文版·原书第4版）	（美）菲利普·科特勒	978-7-111-67126-8	99.00
营销管理（英文版·原书第2版）	（美）格雷格·W.马绍尔	978-7-111-57756-0	99.00
消费者行为学（英文版·原书第12版）	（美）德尔·L.霍金斯	978-7-111-48769-2	89.00
服务营销（英文版·原书第7版）	（美）瓦拉瑞尔·A.泽丝曼尔	978-7-111-61428-9	119.00
公司理财（英文版·原书第13版）	（美）斯蒂芬·A.罗斯	978-7-111-75460-2	159.00
公司理财（精要版）（英文版·原书第12版）	（美）斯蒂芬·A.罗斯	978-7-111-65678-4	119.00
公司金融（基础篇）(英文版·原书第12版）	（英）理查德·A.布雷利	978-7-111-58124-6	79.00
公司金融（进阶篇）(英文版·原书第12版）	（英）理查德·A.布雷利	978-7-111-58053-9	79.00
财务报表分析与证券估值（英文版·原书第5版）	（美）斯蒂芬·佩因曼	978-7-111-52486-1	99.00
国际财务管理（英文版·原书第8版）	（美）切奥尔·S.尤恩	978-7-111-62825-5	89.00
会计学：企业决策的基础（管理会计分册）（英文版·原书第19版）	（美）简·R.威廉姆斯	978-7-111-74901-1	89.00
会计学：企业决策的基础（财务会计分册）（英文版·原书第19版）	（美）简·R.威廉姆斯	978-7-111-74699-7	109.00
国际商法（英文版·原书第6版）	（美）罗伊·A.奥古斯特	978-7-111-61240-7	89.00
当代全球商务（英文版·原书第9版）	（美）查尔斯 W.L.希尔	978-7-111-57235-0	89.00
国际商务谈判(英文版·原书第6版）	（美）罗伊·J.列维奇	978-7-111-55634-3	49.00